de opinión
pública

Ariel

Ariel Comunicación

Irving Crespi

El proceso de opinión pública

Cómo habla la gente

Traducción, Prólogo y notas
a la versión española
MARÍA GÓMEZ Y PATIÑO

Editorial Ariel, S.A.
Barcelona

Diseño cubierta: Nacho Soriano

Título original:
The Public Opinion Process

Traducción de
MARIA GOMEZ Y PATIÑO

1.ª edición: septiembre 2000

ISBN: 84-344-1281-0

Depósito legal: B. 35.176 - 2000

Impreso en España

ÍNDICE

AGRADECIMIENTOS DEL AUTOR

Deseo expresar mi más profunda gratitud por el ánimo y la ayuda que recibí de amigos y colegas. Sin intentar cargarles con ningún tipo de responsabilidad por las limitaciones de esta obra, sus comentarios y sugerencias críticas me ayudaron a replantear y a dar forma a un buen número de mis formulaciones iniciales y guiaron mis ideas que, de otra forma, podría haber omitido.

Siento especial gratitud hacia Leo Bogart y su ánimo personal, así como a su lectura crítica de un borrador inicial, y por haberme recordado algunos ejemplos relevantes de investigación. La lectura detallada y perceptiva del borrador inicial por parte de Kurt Lang fue particularmente útil para destacar algunos puntos que requerían ampliación. Los comentarios de Harold Mendelsohn al borrador dirigieron mi revisión crítica.

Estoy en deuda con Albert Gollin, cuya orientación en la tecnología de la comunicación es incalculable, así como con Juan Linz, con relación a temas electorales en estados autoritarios. Igualmente, Helene Riffault y Norman Webb me facilitaron una ayuda insustituible con relación a las elecciones en regímenes comunistas.

Michael Kagay, Samuel Reed y Cliff Zukin contribuyeron en gran medida y con una productiva naturalidad en sus respectivas áreas de experiencia. Robert Trulio me prestó una ayuda incalculable en los diferentes estadios de la producción física del manuscrito original.

EL AUTOR

AGRADECIMIENTOS DE LA TRADUCTORA

Quiero agradecer, en primer lugar, su colaboración al autor, a quien me siento muy unida, no sólo tecnológicamente, es decir, el correo electrónico, sino intelectualmente por todo lo que sabe y dice sobre la Opinión Pública. Durante mi trabajo ha sido capaz de precisar lo imprecisable ante algunas de las dificultades que entraña toda traducción.

Después, he de nombrar a mi amigo José María García Casasnovas, que como director de comunicación, que fue, de una de las grandes empresas españolas, se ha brindado a leer los borradores del original, haciendo prueba de una gran paciencia y de una gran amistad (espero no perderla por esto), y a algunos de mis colegas en la Universidad Europea-CEES que, tanto por sus conocimientos del inglés, o por otros más específicos, me han aportado alguna luz a la hora de desentrañar algunas expresiones.

A todos ellos, y a mis seres queridos, que me han hecho sentir que estaban ahí, apoyándome, a quienes he privado de mi presencia durante algunas horas (siempre me lo agradecerán, si se lo piensan bien).

LA TRADUCTORA

INTRODUCCIÓN A LA VERSIÓN ESPAÑOLA

En el mundo académico, cuando una persona comienza a crear su trayectoria, a labrarse un provenir, a hacerse una carrera, o, como en la jerga universitaria se dice, «a hacer currículum», pone todo su empeño en demostrar que está muy documentado, que ha leído mucho, que está preparado a fondo (esto lo hemos hecho todos). No sucede así con el profesor Irving Crespi. ¿Por qué? Porque él ya no tiene que demostrar nada, lo ha demostrado todo, y a estas alturas de su trayectoria tanto académica, profesional, como personal, hay muy pocas cosas que le resulten nuevas, que tenga que experimentar o que demostrar. Es un maestro. Ésta es la gran diferencia. Eso es lo que yo, como traductora, he venido sintiendo a lo largo de toda la obra: su maestría y su sabiduría. Esta sensación no es, claro está, la de una traductora generalista, que debido a su dominio de la lengua inglesa es capaz de traducir lo mismo una novela, que un manual de instrucciones. No, mi impresión procede de algo más concreto, como es la docencia de esta materia, precisamente, la Opinión Pública, durante algunos años, en la Facultad de Ciencias de la Información de la Universidad Europea-CEES.

En este mismo sentido, recuerdo las palabras de un académico, querido para mí, hablando de estos mismos temas: «María, yo no necesito citar a este o a aquel autor para dar autoridad a mis comentarios, ya que yo, como sabes, puedo almorzar con ellos.» Efectivamente, cuando uno está a un nivel determinado, la necesidad de documentar y justificar cada cosa que se dice está fuera de lugar, o al menos, no es necesario.

Cuando uno descubre que una buena parte de la supuesta apoyatura académica viene de lo que Irving Crespi ha dado en llamar «comunicación personal», o «correspondencia personal», ¿qué se puede añadir?

Creo que nada. Lo más elegante sería decir: «de acuerdo», ¿qué, si no?

Mi abuela tenía una expresión más plástica para esto. En realidad, las abuelas son siempre muy expresivas y muy plásticas, porque ya han perdido esa estúpida timidez de los más jóvenes. Pues bien, ella solía decir: «una cosa —hija— es saborear el caldo y otra, muy distinta, estar en él». Pues bien, Irving Crespi no necesita saborearlo, porque está en él. Su intervención directa en los procesos de la opinión pública americana le facultan y habilitan para opinar libremente sobre todo el proceso. No obstante, y a pesar de todo lo expuesto, cuando cita a alguno de sus colegas o conocido de la misma disciplina lo hace como dejándolo caer, no como una pieza fundamental de su argumentación, sino algo dicho como de pasada, como que efectivamente también éste o aquel autor han dicho cosas al respecto con cuya esencia construye su discurso. ¿No es eso una prueba de conocimiento y respeto por lo otros? Demuestra con ello tener un gran número de colegas, y amigos que están involucrados en el estudio y en la práctica de la opinión pública y eso les hace incontestables.

El trabajo es muy denso, pero está resuelto con gran naturalidad. Se citan muchos de los fenómenos y de las teorías de la opinión pública, sin necesidad de especificar o de detallar todas sus posibilidades, y siempre selecciona la esencia de las cosas que resuelve de una forma absolutamente lógica. De hecho, sus planteamientos pueden parecer dictados por la espontaneidad, cuando lo que sucede es que su gran experiencia hace que resuelva los mayores problemas de la disciplina con total naturalidad.

Lo que yo ahora siento, después de haber leído, y en ocasiones, estudiado diversos manuales de Opinión Pública, monografías, ensayos y todo tipo de aproximaciones teóricas, es que tenemos en nuestras manos un libro quintaesenciado, síntesis de toda una vida dedicada a la Opinión Pública desde sus dos vertientes, la teoría y la práctica.

De una forma ágil hace repaso a los procesos de opinión pública tanto en los regímenes democráticos como en los autoritarios, con especial incidencia en el proceso que más conoce y ha vivido en primera persona, tanto como sujeto activo como pasivo: el proceso norteamericano.

Como decía antes, después de haber estudiado distintos trabajos sobre este tema, yo diría que éste es el libro imprescindible, clara síntesis de todo lo que se ha venido produciendo en el ámbito de la Opinión Pública.

Prueba de ello es que en un texto tan breve, como el que tenemos entre nuestras manos, se revisa el concepto de Opinión Pública de autores clásicos como Platón o Aristóteles, resueltos en un par de páginas, hasta llegar a Tocqueville, o a los autores más recientes de la década de 1990. Cronológicamente no se puede ser más sintético, pero es que incluso geográficamente, la evolución de la Opinión Pública está igualmente resuelta. Revisa de una forma específica el caso de la España de Franco, o la Europa comunista del Este, la Unión Soviética de Gorbachev, la Primavera de Praga checa, o el Portugal de Salazar, analizando sus similitudes y sus diferencias.

Para mí, como docente, ésta es la mejor síntesis que he utilizado, y no precisamente porque haya sido yo quien la haya traducido. En realidad, ésa fue una de las razones para traducir la obra: su capacidad sintética.

Así que, si yo fuera estudiante de Opinión Pública, y sólo pudiera comprarme un libro sobre el tema, sin duda, éste sería el que yo adquiriría. Por supuesto, es ya uno de los libros de referencia imprescindibles en esta área profesional.

MARÍA GÓMEZ Y PATIÑO

Madrid, primavera del año 2000

INTRODUCCIÓN

¿Qué es la opinión pública? ¿Cómo podemos estudiarla mejor?

Este volumen presenta un modelo del proceso de opinión pública que responde a estas dos preguntas definiéndola de tal forma que al mismo tiempo conduce a una aproximación de su estudio. El modelo se ocupa de la opinión pública como un fenómeno interactivo, multidimensional, y continuamente cambiante, cuyos diversos aspectos constituyen sus pautas causalmente interrelacionadas. Esto contrasta con la idea de que la opinión pública debería ser estudiada como un estado de consenso o de disenso público, sobre aspectos que enfrentan a la gente en distintos momentos, simultáneamente, como por ejemplo, los sondeos de opinión pública. El modelo integra la teoría de la ciencia social general establecida mediante: *a*) lo que se sabe de la investigación empírica sobre distintos aspectos del proceso de opinión pública; y, mediante: *b*) las teorías de rango medio existentes.

La necesidad de una definición de opinión pública

La opinión pública es un fenómeno de interés para todo tipo de personas. Tanto los políticos, como los investigadores y periodistas políticos, así como los filósofos sociales, se ocupan de la opinión pública como una parte esencial de la vida política de las personas. La opinión pública es, asimismo, objeto de estudio extensivo por parte de los investigadores sociales que están interesados en saber cómo se generan las opiniones de los individuos, cómo se convierten en una fuerza colectiva de importancia, y qué relación tiene todo esto con el funcionamiento del gobierno, especialmente en sociedades democráticas.

Como continuación a los escritos más especulativos de siglos pasados, durante el siglo XX, los investigadores sociales empíricos, representantes de todas las disciplinas posibles, han generado un gran cuerpo de conocimiento en torno a la opinión pública.

Infinidad de departamentos de Ciencia Política, Sociología, Psicología y Comunicación ofrecen cursos de Opinión Pública, y aquellos que no lo hacen, habitualmente incluyen la Opinión Pública como tema en cursos de más amplio alcance. En las bibliotecas se le dedica un gran espacio al tema y existen revistas especializadas en Opinión Pública. De hecho, los artículos sobre diversos aspectos de Opinión Pública constituyen el menú estándar en muchas otras revistas de ciencia social.

Con tanta atención prestada a la opinión pública, por otros tantos tipos de personas a lo largo de tanto tiempo, es lógico asumir que debe de existir un acuerdo general sobre ello. Sin embargo, y a pesar de las muchas definiciones que se han ofrecido durante años, todavía no hay consenso. El comentario de Sir Henry Maine (citado en Lowell, 1926: 21), «Vox Populi puede que sea Vox Dei, pero resulta muy evidente que no existe acuerdo sobre lo que significa Vox, o Populi» sigue siendo tan acertado, hoy como cuando lo hizo, hace más de 100 años.

La ausencia de acuerdo se debe, en buena parte, a la complejidad del fenómeno, observación hecha por Bryce hace unos 100 años cuando buscaba respuesta a la pregunta: «¿Qué es la opinión pública?» Se dio cuenta de que algunos respondían a la cuestión en términos de la existencia y el tamaño de la opinión de la mayoría; otros en términos de la opinión prevalente o dominante, sin considerar el número; y aun otros, por los medios u «órganos» a través de los cuales se expresan las opiniones (Bryce, 1891).

La búsqueda de una respuesta a la pregunta de Bryce ha sido un tema recurrente a lo largo del siglo XX. En 1924, la dificultad de alcanzar una definición consensuada condujo a un grupo de científicos sociales a recomendar que no se utilizara el término (Childs, 1937). Diez años más tarde, revisando los intentos de alcanzar un concepto común, Childs (1937: 327) observó que «hay tantas definiciones como estudios en la disciplina». Aún más recientemente, Key (1961: 8) escribió : «Hablar con precisión de la opinión pública es una tarea no muy distinta de encontrar el Santo Grial.» Con este mismo espíritu, en su revisión subsiguiente del concepto de opinión pública en la *International Encyclopedia of the Social Sciences*, Davison (1968: 188) hizo la siguiente observación: «No existe ninguna definición aceptada de una forma generalizada de la opinión pública.» Posteriormente, Donsbach (1994: 6) hizo referencia a la pregunta centenaria de Bryce en su revisión del panel celebrado dentro del Congreso de 1994 de la World Association of Public Opinion Research (WAPOR) sin ser capaz de ofrecer una respuesta a la misma: «¿Qué es la opinión pública? Ésta es una pregunta para la que muchos querrían poder tener una respuesta, tanto dentro como fuera de la WAPOR. Lamentamos decir que Joohoan Kim (uno de los panelistas) tampoco la tuvo.»

Las diferentes perspectivas desde las que se ha estudiado la opinión pública impidieron llegar a un acuerdo común que aceptaran la mayor parte de los observadores y los analistas de la opinión pública. Comprensiblemente, los políticos a la búsqueda de cargo, las autoridades del funcionariado gubernamental, y los filósofos, en sus esfuerzos por justificar —o atacar— la implicación popular en la gestión de gobierno, tienen intereses muy distintos al considerar la opinión pública. Incluso al reflexionar sobre la complejidad de la opinión pública, los investigadores de Opinión Pública proceden de muchas disciplinas, en su mayor parte de la Ciencia Política, de la Sociología, de la Psicología, y de la Comunicación. Cada uno tiende a focalizar aspectos distintos del fenómeno y a su funcionamiento. Como resultado, el estudio de la opinión pública se caracteriza por un cúmulo de conceptos y teorías derivadas de diferentes, y, en ocasiones, enfrentadas tradiciones.

Afortunadamente, la ausencia de un concepto aceptado de una forma generalizada de lo que queremos decir por el término *opinión pública* no ha impedido su estudio por parte de los científicos sociales. Durante la segunda mitad de siglo, la investigación empírica ha generado un extenso cuerpo de información y de conceptos, apoyado en diversos aspectos del fenómeno. Es más, se ha producido cierta convergencia, de forma que —a pesar de la ausencia de consenso sobre lo que es la opinión pública— hasta ahora existe un considerable cuerpo de conocimientos y teorías de rango medio en las que sí existe un acuerdo considerable. El modelo del proceso presentado aquí sirve, por lo tanto, como una solución a la continua controversia en cuanto a lo que es realmente la opinión pública, ya que construye un nuevo marco de referencia, de lo que hasta ahora no era más que una colección de ideas y de hechos malamente relacionados entre ellos.

Un proceso multidimensional

El punto de partida de nuestro modelo del proceso es la asunción de que no se puede restringir cualquier teoría operativa de la opinión pública a una perspectiva unidimensional. El rigor intelectual requiere un modelo teórico que defina la opinión pública de una forma que incorpore su multidimensionalidad. No existe ninguna otra forma de que, intereses tan dispares de tan diferentes disciplinas, puedan estudiar la opinión pública de una forma satisfactoria.

Un modelo multidimensional del proceso nos permite evitar el doble obstáculo del reduccionismo y de la reificación, de tal forma que integra los resultados de medio siglo de investigación empírica. Al reconocer el doble interés de los aspectos individuales y colectivos del proceso de la opinión pública no nos sentimos obligados, por una parte, a explicar los fenómenos colectivos únicamente como la consecuencia de los procesos de nivel individual, ni, por otra parte, a asumir la existencia de un nivel colectivo de realidad independiente de esos procesos. Nuestro objetivo es relacionar estas dimensiones entre ellas y no explicar una, asumiendo que sólo la otra representa la realidad subyacente.

Desacuerdo público y disenso social

El único punto de la definición en el que hay consenso es que la opinión pública tiene que ver con el conflicto el desacuerdo en cuanto a cómo deberían ser resueltos los asuntos públicos. Este consenso existe entre los estudiantes de Opinión Pública, cuyas percepciones suelen ser, frecuentemente, muy diferentes. Blumer (1939: 245) hacía referencia a «un grupo de personas... que habiendo sido confrontadas por un tema... [y] que están divididas en sus ideas sobre cómo afrontar el tema»; F. Allport (1937: 13) se refiere a la opinión pública como «conflicto entre individuos de posiciones opuestas»; mientras que Doob (1948: 36) hizo que «conflicto entre personas» resultara esencial para su definición. Desde una perspectiva muy distinta, Lippmann (1946: 7) estableció que «los símbolos de la opinión pública... están sujetos al control, a la comparación y a la argumentación» y que «el simbolismo de la opinión pública habitualmente comporta [...] este equilibrio de intereses». De acuerdo con este consenso, el modelo del proceso excluye de la consideración todo el espectro de opiniones que la gente tiene acerca del mundo que les rodea, y en cambio se centra en cómo se debería resolver un asunto público. Es más, el modelo del proceso, no sólo se ocupa de las opiniones individuales que surgen cuando hay desacuerdo sobre algún asunto público, sino que de igual forma se ocupa del colectivo que juzga lo que sucede con el asunto.

El modelo rechaza igualmente la noción de que la opinión pública es preeminentemente una forma de control social, un mecanismo para forzar la conformidad social y para reducir el disenso social. En lugar de esto, nuestro interés reside en el juicio —individual y colectivo— que se produce cuando hay desacuerdo sobre asuntos de interés público. Por lo tanto, el modelo se ocupa de cualquier función de control social como resultado del proceso de opinión pública más que como su esencia.

La idea del proceso

La idea de que la opinión pública puede estudiarse mejor como proceso que como una condición o un estado político ha pervivido durante un largo período de tiempo. Sin embargo, se ha prestado muy poca atención a la necesidad de una teoría comprensiva de opinión pública como proceso basado e integrado en la teoría de la ciencia social aceptada. El modelo del proceso presenta tal teoría.

Hace casi un siglo, Cooley (1918) formuló explícitamente el principio de que la opinión pública debería ser entendida como proceso y no como un estado de acuerdo, un principio que hoy está casi universalmente aceptado. Un efecto difuso de este principio es que ha servido como correctivo contra los estudios estáticos sobre lo que piensa el público acerca de determinados asuntos puntuales, estudios que hacen poco más que correlacionar opiniones con diferentes variables independientes, sin investigar los procesos causales subyacentes. Un efecto más específico ha sido generar interés al describir los estadios por los que pasa la opinión pública, desde la aparición de un asunto mediante la cristalización de un consenso sobre qué hacer, hasta su eventual desaparición como preocupación pública. Mientras que se ha conseguido un considerable éxito en la descripción de los estadios del proceso, ha habido mucho menos progreso al identificar los componentes de ese proceso como un todo articulado. Más concretamente, ha habido muy poca continuidad en el pensamiento de Bryce cuando decía que un estadio más alto de desarrollo implicaría una transición del nivel de opinión individual al nivel colectivo (V. Davison, 1958 y Bryce, 1891).

Cualquier teoría aceptable de la opinión pública como proceso debe reunir los siguientes criterios:

1. La teoría debe especificar los componentes del proceso y la forma en que se relacionan unos con otros, y no basta la afirmación general del principio de que la opinión pública es un proceso.
2. Los componentes del proceso deben referirse a la teoría de la ciencia social en lugar de ser formulaciones *ad hoc* que sean relevantes sólo, o sobre todo, para la opinión pública.
3. La teoría debe estar basada en un gran cuerpo de conocimientos empíricos y teorías de rango medio que han sido desarrolladas durante la primera mitad de siglo.
4. La teoría debe abarcar la dimensión individual, colectiva y política del proceso de opinión pública, en lugar de centrarse sólo en una de ellas.

Una teoría que reúna estos criterios resultará tan familiar como desconocida. Concretamente, estará compuesta por los conceptos habituales y por los hallazgos de la investigación que se encuentren en cualquier tratado de opinión pública. No obstante, la articulación de estos detalles —la forma en que están organizados y relacionados entre ellos— diferirá significativamente, de alguna forma, de lo que se puede encontrar en los tratamientos estandarizados. Por estas razones, aunque el modelo del proceso de opinión pública se basa en la investigación y en la teoría de la ciencia social, su organización se desvía de la práctica común.

Datos de encuestas, datos históricos y filosofía política

Inevitablemente, la mayor parte de nuestro examen del proceso de opinión pública se basa en datos de encuestas. El método de encuesta ha dominado la investigación empírica de la opinión pública a lo largo de la primera mitad del siglo XX, de tal forma que gran parte de lo que conocemos sobre la opinión pública está basado, casi exclusivamente, en lo que hemos aprendido de las encuestas.

A pesar de que el empirismo nos exige confiar sólo en los resultados provenientes del análisis cuantitativo de los datos de las encuestas, si lo hiciéramos así estaríamos ignorando las fuentes históricas de información relativas al proceso de opinión pública, así como a la información sobre fenómenos tales como la organización institucional de personas, que han sido escasamente tratadas en las encuestas sobre opinión pública. Consecuentemente, en algunos temas depositamos nuestra confianza en datos históricos no cuantitativos. Este contraste en las fuentes de los datos es inevitable si el modelo del proceso ha de ser explicado en su totalidad. Sin embargo, no es nuestra intención, en ningún momento, presentar una historia de cómo ha funcionado la opinión pública a lo largo del tiempo. Nuestra intención es, más bien, utilizar cualquier posible dato que sea relevante para desarrollar el modelo del proceso, tanto si se trata de datos de encuestas como de archivos históricos.

Finalmente, un examen completo del proceso de opinión pública debe tener en cuenta lo que los filósofos políticos han dicho sobre el tema. Sin embargo, debemos poner énfasis en destacar que nuestro objeto de examen es ampliar el análisis del proceso de opinión pública y no evaluar la corrección de las filosofías rivales. Por todas estas razones, el modelo del proceso, tal como se presenta en este volumen comprende un examen de datos provenientes de encuestas, de documentos históricos y de la filosofía política.

Plan de la obra

El plan de este volumen, su contenido y su organización, se guía por el modelo del proceso de opinión pública propuesto. El modelo, tal como se presenta en el capítulo 1, consta de tres dimensiones: una, relacionada con los fenómenos de nivel individual; una segunda, relacionada con los fenómenos colectivos, y una tercera, con los fenómenos políticos. Se identifica el subproceso que define cada dimensión, sus componentes y la forma de relación entre ellos. El modelo se compara con otros intentos y se revisan sus ventajas. El resto de los capítulos, no son más que el desglose, en detalle, de la dinámica de cada dimensión del modelo propuesto.

Una característica clave de modelo es que las tres dimensiones son interactivas, sin que ninguna de ellas tenga ninguna prioridad teórica o empírica sobre las otras. Por lo tanto, el hecho de seleccionar una dimensión como punto de partida para nuestra exposición, en cierta medida, no es más que una decisión arbitraria. No obstante, y dada la tendencia habitual de la metodología de la investigación de las encuestas y su predominio en la investigación empírica, es conveniente comenzar con fenómenos de nivel individual.

El capítulo 2, por lo tanto, se centra en las opiniones individuales, sus fuentes y su dinámica como una dimensión del proceso de opinión pública. Las opiniones se discuten como un producto de las transacciones del individuo con el mundo en que él o ella vive. Un aspecto crucial de esta discusión es la distinción entre los sistemas actitudinales, como variables intervinientes en aquellas transacciones y las opiniones como resultados o productos finales.

Un análisis transaccional de las opiniones individuales por sí solas no puede explicar cómo se combinan para convertirse en una fuerza colectiva importante. Para explicarlo, el capítulo 3 trata de la segunda dimensión del proceso de opinión pública, es decir, la forma en que aparece la opinión colectiva a través de la comunicación, como una fuerza social empíricamente demostrable, que es más que la suma de opiniones individuales. En este marco se discute el conocimiento común, la participación en universos de discurso compartido, y el liderazgo de opinión.

Aunque la tecnología de la comunicación es exógena al modelo del proceso, ha de ser tratada necesariamente, ya que las relaciones interactivas con el ambiente social influencian el alcance, la amplitud y la estructura de la opinión colectiva. Sin olvidar esto, y utilizando más los datos históricos que los procedentes de encuestas, el capítulo 4 rastrea la aparición de la imprenta, el incremento de las telecomunicaciones de masas en el siglo XIX y el desarrollo de los medios electrónicos del siglo XX.

Los dos capítulos siguientes se ocupan de la dimensión política del proceso de opinión pública, siendo el subproceso central el grado aceptado como base legítima para el gobierno. El capítulo 5 se centra en los estados autoritarios y totalitarios. Dada la dispersión de los datos de encuestas de tales estados, predominan las fuentes históricas y anecdóticas. Con respecto al autoritarismo, se presentan dos ejemplos del rol de la opinión pública bajo el fascismo. El comunismo se analiza mediante los archivos históricos complementados con material obtenido directamente de los encuestadores que trabajaron en países con gobiernos comunistas.

El capítulo 6 trata del rol político de la opinión pública en las democracias. Se contrasta la oposición filosófica entre las concepciones elitistas y las populistas de lo que debería ser el rol legítimo de la opinión pública. Se arroja luz, se discute y se revisa la controversia en la investigación de la ciencia social reciente en torno a legitimidad de las relaciones contemporáneas entre el gobierno y la opinión colectiva.

Se han propuesto los sondeos de opinión pública como una nueva forma de unir la opinión colectiva a las instituciones políticas en las democracias. En el capítulo 7 volvemos al desarrollo de los sondeos de opinión pública como influencia, tanto positiva como negativa, en la cohesión democrática de la opinión colectiva y el gobierno.

El capítulo final, y resumen, trata brevemente las implicaciones del modelo. El resultado del proceso de la opinión pública no es una situación estática, como en las elecciones y en los sondeos, que pueda ser resumida en unas pocas cifras. Es más bien un movimiento calidoscópico sin fin. Las implicaciones del modelo del proceso están sintetizadas desde este punto de vista.

CAPÍTULO 1

UN MODELO DE OPINIÓN PÚBLICA

> La opinión pública, si deseamos verla como es, debería ser considerada como un proceso orgánico, y no simplemente como un estado de consenso sobre alguna cuestión de actualidad (Cooley, 1918: 378).

Un sistema interactivo tridimensional

En temas concretos, la opinión pública aparece, se expresa y desaparece como parte de un proceso tridimensional (3-D), en el que las opiniones individuales se forman y cambian. Estas opiniones individuales surgen y se movilizan en una fuerza expresiva colectiva de juicios colectivos, y esa fuerza se integra en el sistema rector de un pueblo. Asociado a cada dimensión, aparece el correspondiente subproceso: a) *transacciones* entre los individuos y sus ambientes, b) *comunicación* entre los individuos y las colectividades que les acogen, y c) *la legitimación política* de la fuerza colectiva emergente.

Estos tres procesos son aspectos interactivos de un proceso más amplio y continuo cuya importancia ha de ser entendida en la relación entre ellos. Esta conceptualización de la opinión pública como un proceso interactivo multidimensional sirve como un modelo analítico para estudiar la opinión pública.

Llegados a este punto, existen tres características de este modelo de opinión pública como proceso que se deben explicitar:

1. Ninguna de las tres dimensiones de la opinión pública es inherentemente anterior a ninguna otra.
2. Las tres dimensiones forman un sistema interactivo que no se caracteriza por un flujo causal unidireccional.
3. Cada dimensión se modela a sí misma en torno a las interacciones relacionadas con la dinámica transaccional, comunicativa y legitimizadora de la opinión pública, respectivamente.

Cada una de estas tres dimensiones puede ser descrita considerando la forma en que el subproceso asociado con él relaciona un número concreto de variables, a saber:

1. *Transacciones:* Este subproceso tiene que ver con las interacciones entre sistemas actitudinales (consistente en creencias, estados afectivos, valores/intereses), contextos situacionales controvertidos, y universos percibidos de la realidad que conducen a la aparición de opiniones individuales.

2. *Comunicación:* Este subproceso, que crea opinión colectiva como una fuerza social desarrollando un conocimiento común de las opiniones de los otros, implica las interacciones entre el lenguaje utilizado en el discurso público y en contextos grupales y los roles relacionados con ese discurso.

3. *Legitimización:* Este subproceso establece el rol político de la opinión colectiva a través de interacciones entre los principios que establecen si la opinión colectiva es políticamente legítima y los vínculos de la opinión colectiva con el gobierno.

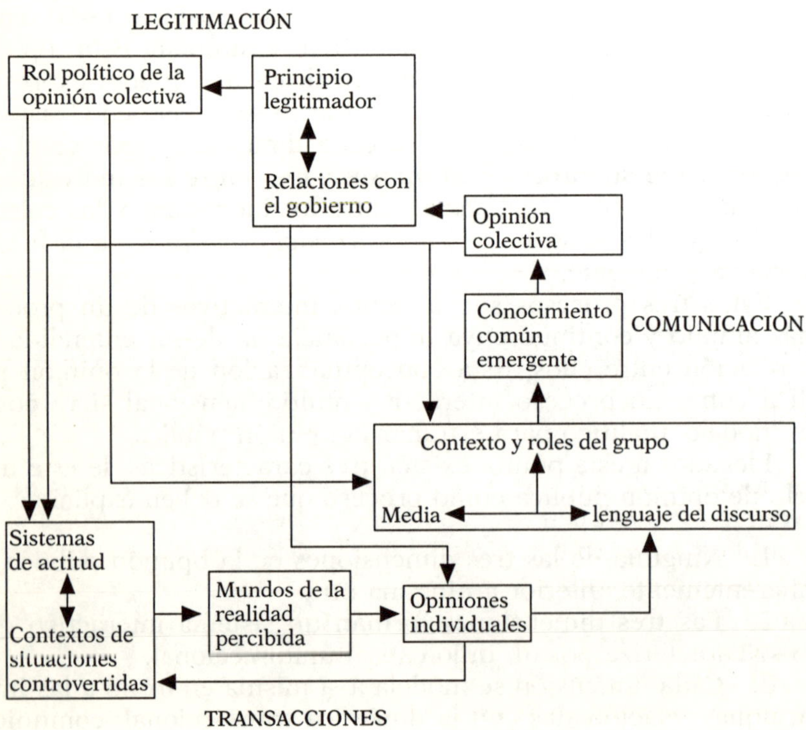

FIG. 1. *El Proceso de la opinión pública.*

La figura 1 sirve de modelo para esta noción de la opinión pública como proceso más que como condición de decisión de una sociedad. Obsérvese que el proceso de opinión pública, tal como se describe en dicha figura, crea un sistema interactivo y no una secuencia de causalidad unida a los estadios de desarrollo. A título de ejemplo, parte de los contextos situacionales de los que surgen las opiniones individuales en las democracias contemporáneas son las opiniones colectivas que los individuos experimentan —tanto por medio de contactos políticos como no políticos— y las expectativas de que la opinión debería tener, y de hecho tiene, un rol legítimo en la vida política de una sociedad. Más que ser característicos de un estadio particular, estos dos elementos afectan al proceso de opinión pública en todos los estadios.

Junto a este modelo de opinión pública, como proceso, aparece intrínseca la constatación de que la opinión pública no es ni un aspecto grupal, ni institucional, ni estructural de una sociedad, ni tampoco son estados mentales distintos de una serie de individuos. Hace referencia, más bien, a las continuas interacciones y resultados. Davison (1958: 93) se refería a «la acción o a la disponibilidad para la acción con relación a un asunto determinado por parte de los miembros de un público que reaccionan con la esperanza de que otros miembros del público estén igualmente orientados hacia el mismo asunto». Contrastaba esta perspectiva con la idea de que la opinión pública es la visión mayoritaria (por ejemplo, tal como se refleja en un sondeo), las ideas que dominan las comunicaciones públicas, o que actúan como agentes de control social. Para mostrar la opinión pública como proceso, en lugar de describir un estado determinado de opinión pública, Davison rastreaba una secuencia de estadios, a saber: la aparición de un asunto público, el rol del liderazgo para atraer la atención pública, el establecimiento del debate y la discusión pública, el intercambio continuo de opiniones individuales, lo que conduce al conocimiento y a las expectativas concernientes a las opiniones de otros, que, a su vez, pueden concluir en un cambio de opinión, y finalmente, la desaparición del asunto del pensamiento público. Nuestro modelo añade, a la descripción de Davison, la idea de que en cada estadio de la evolución existe una interacción multidimensional de elementos psicológicos, sociológicos y políticos.

El modelo acomoda las teorías de rango medio derivadas de distintas disciplinas sin reducir los múltiples aspectos de la opinión pública a una dimensión. Los elementos individuales del modelo presentado aquí representan los resultados contrastados de la investigación empírica. La contribución del modelo sirve para estructurar, explícitamente, las dimensiones separadas del proceso de opinión pública y los elementos que lo componen dentro de un fenómeno multidimensional, integrado y dinámico. De esta forma, el modelo resuelve la vieja y estéril controversia sobre si la opinión pública no es más que un agregado de opiniones individuales, o si es un fenómeno colectivo que se refleja en las opiniones individuales. El modelo también nos ayuda a examinar las interrelaciones entre las dinámicas psicológicas, sociológicas y políticas del proceso de opinión pública. Con ello se evita la doble falacia del reduccionismo y de la reificación.

Antes de volver a los detalles de las tres dimensiones del modelo parece útil revisar brevemente cómo afecta el modelo la forma de ver la opinión pública.

La importancia de la multidimensionalidad

Existe desde hace tiempo una controversia teorética referida a qué atributo, o qué cualidad, define la esencia de la opinión pública, por ejemplo, si es la posición mayoritaria o la opinión dominante (Lang y Lang, 1983). Bajo tal controversia subyace la asunción unidimensional de que existe una cualidad central que define lo que es verdaderamente la opinión pública, si esa cualidad se refiere a las opiniones individuales, a un tipo de estructuración colectiva de las opiniones individuales, o al rol político de las opiniones. Junto a esta asunción de la unidimensionalidad aparece la idea de si funciona un flujo causal simple, de forma que no importa lo compleja que pueda ser la opinión pública, siempre será posible identificar un factor causal subyacente, o un conjunto de factores, que expliquen el nacimiento y la evolución de la opinión pública.

Como contraste, surge la estipulación multidimensional de que la opinión pública existe simultáneamente en varios niveles de la realidad, cada uno de ellos caracterizado por procesos causales distintos. Esta idea se basa en la constatación de que la opinión pública no existe meramente como un sumatorio de opiniones sino que es un proceso en constante evolución imprevisible. Una expresión temprana de esta constatación es la descripción de Bryce (1891) de los estadios por los que la opinión pública debe pasar antes de que la opinión comience a afectar al gobierno. Estos estadios proceden de *a*) una forma rudimentaria caracterizada por expresiones de opinión individual que de alguna forma son representativas del pensamiento general sobre un asunto; *b*) un estadio en el que las opiniones individuales cristalizan en una fuerza colectiva; *c*) un tercer estadio en el que, después de la discusión y el debate, se consideran las posiciones definitivas; y después, *d*) el estadio final donde hay que pasar a la acción, habitualmente como un miembro de algún grupo, o facción.

Nuestro modelo de proceso multidimensional va más allá de la formulación de Bryce en la que no se asume una secuencia de pasos fija y unidireccional. En su lugar se reconoce que opera un complejo conjunto de procesos activos en cada estadio y que estos procesos son interactivos más que unidireccionales. El reconocimiento de este hecho incorpora los hallazgos de los investigadores de la opinión pública que han estudiado fenómenos tan distintos como la relación de la opinión con las creencias latentes y los valores; las posiciones socioeconómicas y el liderazgo político; el impacto de los eventos y las comunicaciones en el movimiento de la opinión; la socialización política; la interacción entre los líderes de opinión y sus seguidores; el rol de los medios de comunicación en la formación de la agenda; y las formas personales e impersonales de comunicación. Sin renunciar a la noción de que existe una historia de vida de opinión pública sobre cualquier tema concreto, el modelo del proceso multidimensional nos obliga a pensar en todos estos fenómenos presentes en cada estadio.

Aspectos individuales y colectivos de la opinión pública

Un problema inherente al término *opinión pública* es la forma de diferenciar entre sus aspectos individuales y colectivos, para reconciliarlos posteriormente. Un impedimento para la resolución satisfactoria de este problema ha sido la tendencia a cosificar el concepto de opinión pública, o lo que es lo mismo, a conceptualizar la relación del proceso de opinión pública a la acción colectiva, de forma que convierte el proceso en un ser o algo que actúa por sí mismo, separado de los individuos que componen la colectividad. Esta propensión a reificar el proceso de opinión pública procede del hecho de que aunque las opiniones son sostenidas por individuos, siempre existe una sensación de que el proceso tiene que ver con algo más que el pensamiento y la conducta de los individuos y que «existe una realidad social más allá de las actitudes individuales» (Back, 1988: 278).

Los científicos sociales han sido sensibles durante mucho tiempo al peligro que implica afirmar que la opinión pública, más que a las opiniones individuales, puede conducir a la falacia de «mente grupal», con la opinión pública personificada como «un tipo de ser que habita, en o sobre, el grupo, y que manifiesta su sentir sobre diferentes asuntos a medida que aparecen» (F. Allport, 1937: 8). Es especialmente importante que, los que mantienen que la opinión pública relaciona fenómenos colectivos con una realidad distinta de la de los individuos, reconozcan que esto no significa que la opinión pública sea un ser distinto que, de una forma significativa, pueda decirse que piensa, siente, decide, o actúa. Discutir el proceso de opinión pública como si se tratara una entidad viva desvía la atención de su complejidad real como fenómeno colectivo. La realidad es que existe un flujo sin fin donde el equilibrio entre las opiniones individuales y las coaliciones de opiniones se desplaza de atrás hacia delante, un flujo en el que la relevancia y la importancia de diferentes temas cambia continuamente. Reificar el proceso de opinión pública confunde nuestra comprensión de la realidad, incluso si, al ser presionados, nos apresuramos a reconocer la falacia de la cosificación.

En aras a la claridad es necesario reconocer que cuando decimos: «La opinión pública ha surgido», «la opinión pública ha hablado», o «la opinión pública ha otorgado su mandato», estamos utilizando poco más que una metáfora periodística o literaria. Pero aun siendo una metáfora periodística, reificar la opinión pública puede tener efectos perniciosos que conducirían a una interpretaión errónea de la realidad política. Esto es claramente evidente en los análisis del significado de los resultados de las elecciones, en cuanto a lo que el mandato ha determinado. La realidad no es que el electorado, como una unidad corporativa, haya alcanzado un nuevo consenso en asuntos de actualidad, sino que se ha producido un nuevo equilibrio de poder político. Los que han perdido las elecciones, como miembros de un corporativo más amplio, no han cambiado sus opiniones. Pueden reconocer el hecho de que no están en el poder, pueden cambiar sus estrategias y sus tácticas, pero con toda probabilidad, la mayor parte de ellos continúan promoviendo las mismas políticas básicas que tuvieron en el pasado.

El hecho de que los resultados de las elecciones puedan tener un impacto significativo en la forma en que se gobierne una democracia no significa que las segmentaciones basadas en los valores e intereses en conflicto se hayan resuelto, ni siquiera temporalmente. Se mantienen, aunque ocasionalmente, con formas distintas. Además, aunque los perdedores no desaparezcan en el tiempo, ganar y perder unas elecciones particulares podría afectar la habilidad de los partidos contendientes para persistir como fuerzas políticas viables. No se deberían permitir referencias metafóricas de que la opinión pública ha tomado una decisión, que confundieran la forma de pensar sobre estos temas.

Desafortunadamente, la constatación de que la opinión pública no es un actor superindividual, con frecuencia conduce a la falacia opuesta del reduccionismo, o lo que es lo mismo, a analizar los aspectos colectivos del proceso de opinión pública sólo en términos de sus componentes individuales. El hecho de que durante más de 50 años de investigación empírica haya sido dominada por la metodología de investigación de las encuestas significa que ha contribuido a la perspectiva reduccionista en el estudio de la opinión pública. Como observó Back (1988: 278), éste es un «método orientado de una forma muy individual, que suma la opinión individual para alcanzar una característica societaria y que corresponde con nuestra sociedad individualista». Añadió que este individualismo extremo ha obstaculizado el desarrollo de una definición general de opinión pública que no esté restringida a la sociedad contemporánea americana y europea.

Prueba de la aproximación reduccionista del estudio de la opinión pública es esta definición:

> La opinión pública se refiere a las actitudes de las personas hacia un tema cuando son miembros del mismo grupo social. [...] La palabra clave psicológica en esta definición es la de «actitud» [...] (es decir), la respuesta interna socialmente significativa, que las personas tienen ante los estímulos (Doob, 1948: 35).

Aunque esta definición reconoce que ser miembro de un grupo es un aspecto de la opinión pública, no hay ninguna duda de que la esencia de la opinión pública, tal como Doob la ve, reside en la expresión de las actitudes individuales.

F. Allport (1937: 11) dejó abierta la «posibilidad de que pueda existir un producto superior de interacción grupal», pero no obstante, afirmó que «si existe tal producto emergente, desconocemos dónde está, o cómo puede ser descubierto, identificado o probado, o por qué tipo de estándar debe ser juzgado su valor». De acuerdo con este punto de vista, Allport estableció un listado de 13 puntos como constituyentes del fenómeno que debía ser estudiado bajo el término de opinión pública. De los 13 puntos, 7 se refieren explícitamente al individuo, aunque en algunos casos se puede reconocer un contexto colectivo:

> Son comportamientos de *individuos* humanos.
>
> Están realizados por [...] muchos *individuos*.
>
> El objeto o la situación que les preocupa es *importante para muchos*.
>
> Frecuentemente son realizadas siendo *conscientes* de que *los otros reaccionarán ante la misma situación* de una forma similar.
>
> Las actitudes o la opinión que les preocupa son expresadas o [...] [...] [...] *individuos* que están predispuestos a expresarlas.
>
> Los *individuos* que tienen estos comportamientos, o que están dispuestos a tenerlos, puede que estén, o no, en presencia de otros.
>
> Siendo esfuerzos hacia objetivos comunes, frecuentemente tienen el carácter de *conflicto entre individuos* alineados en lados opuestos (F. Allport, 1937: 13, cursivas añadidas).

Aunque los otros seis puntos de Allport no resaltaban tan explícitamente que la opinión pública se refería a los pensamientos y al comportamiento de los individuos, se referían a fenómenos individuales, tales como la verbalización y la acción o la predisposición a la acción.

Incluso cuando los pensamientos y las acciones individuales se examinan al manifestarse en agregados, la noción reduccionista de la opinión pública excluirá la posibilidad de que las cualidades colectivas puedan aparecer y comprometer más que los pensamientos, los sentimientos y el comportamiento individual (F. Allport, 1937). Lo que sigue es un ejemplo de esta perspectiva:

> No quiero sugerir que el público sea algo más que la suma de todas sus partes. Obviamente, como en cualquier conglomerado de gente, como en una reunión urbana, algunos sentirán que el asunto es irrelevante, y que al no tener opiniones no pueden participar. En tales casos, la opinión pública es la opinión de aquellos que tienen preferencias y eligen participar. El punto más destacado del asunto para un individuo determinado es que su intensa participación podría hacer que su opinión pesara más en algunos procesos de cohesión (Luttbeg, 1974: 1).

Por contraste, otros que insisten en que son sólo los individuos los que piensan y tienen un comportamiento, y no las colectividades, puede que todavía reconozcan la realidad de una dimensión colectiva en el proceso de opinión pública. Lasswell (1927: 27) rechazó explícitamente la idea de que las «actitudes colectivas» se refieran a una entidad superorgánica que existe «en un plano aparte de la acción individual», pero argumentó que para evitar confusiones necesitamos un concepto que connote la uniformidad de conducta sin que implique una unidad biológica o metafísica. Optó por tomar prestado el término antropológico *pattern* con el fin de designar la uniformidad en la distribución de los actos individuales al discutir las actitudes colectivas. Lamentablemente, a pesar de la utilidad del término *pattern*, resulta demasiado estático para analizar adecuadamente la forma en que las opiniones individuales agregadas pueden crear opinión pública como una potente fuerza social y política. Se necesita un concepto más dinámico.

Gran parte de la atención analítica de los estudios pioneros sobre conducta del voto que se llevaron a cabo en las décadas de 1940 y 1950 por la Oficina de Investigación Social Aplicada de la Universidad de Columbia (Columbia University's Bureau of Applied Social Research) y más tarde en el Centro de Investigación de Encuestas de la Universidad de Michigan (University of Michigan's Survey Research Center) se centró en procesos psicológicos individuales. Por ejemplo, los estudios de Columbia investigaron la activación y el refuerzo sobre las características existentes de los votantes individuales y el efecto de las presiones cruzadas generadas por las características conflictivas en las decisiones de voto individual (Lazarsfeld, Berelson y Gaudet, 1948), mientras que el impacto motivacional en la elección del votante de la identificación del partido, la orientación de los temas y la orientación del candidato, y la importancia de las actitudes individuales como eficacia política fueron el centro de atención de los primeros estudios de Michigan (Campbell, Gurin y Miller, 1954).

No obstante, en aquellos primeros estudios también se reconocía el rol de los factores colectivos. La estructura del entorno institucional, el modelo de socios grupales, y las identificaciones fueron variables analíticas en los estudios de Sandusky, Ohio y Elmira; y Nueva York dirigidos por la Oficina de Investigación Social Aplicada (Bureau of Applied Social Research). Por comparación, en el primer estudio nacional dirigido por el Centro de Investigación de Encuestas (Survey Research Center), los factores superindividuales fueron especificados como variables exógenas, permitiendo centrar la atención en el nivel individual de causalidad, sin ignorar la importancia del nivel colectivo. La cuestión de si la opinión pública ha de ser tratada como un fenómeno individual o colectivo no es válida. La verdadera cuestión es cómo integrar los aspectos individuales y colectivos de la opinión pública.

De lo que se ha venido adoleciendo es de la aplicación sistemática y coherente de la teoría existente sobre la sociedad, como un fenómeno emergente, cuya naturaleza es más que la suma de sus partes. A veces se ha olvidado la necesidad de utilizar esa teoría, como cuando la opinión pública se ha definido como «la suma *o* el resultado» de opiniones individuales, de forma que dos nociones muy distintas han sido tratadas como equivalentes (p. ej., Smith, 1947: 507, cursiva añadida). El problema no reside tanto en la imposibilidad de conseguir una teoría aplicable, sino más bien en el error de aplicar la teoría existente a fenómenos sociales como si surgiesen de la comunicación entre individuos y grupos de individuos. El modelo del proceso de opinión pública trata de remediar este error, aceptando el postulado de la comunicación como un subproceso asociado con la dimensión colectiva de la opinión pública.

Para el modelo de proceso multidimensional resulta imprescindible trabajar con los aspectos individuales y colectivos de la opinión pública como aspectos distintos pero interrelacionados. No puede ser cuestionada la relevancia de los aspectos tradicionales de la psicología individual como el aprendizaje, la percepción y la motivación para estudiar cómo evolucionan y cambian las opiniones individuales. Ignorar estos aspectos no permitiría comprender el proceso de opinión pública. Y lo mismo sucede con los factores superindividuales, objeto de preocupación de la sociología y de la ciencia política, tales como la cohesión y el conflicto de grupo, la aceptación y rechazo de los estándares de conducta grupal, los modelos de liderazgo y de autoridad, y el rol del poder en el gobierno, que obviamente han de tenerse en cuenta en cualquier análisis que explique cómo afecta la opinión pública a la sociedad. Dejando a un lado, o incluso asumiendo que estos factores deben ser adecuadamente recogidos por los procesos psicológicos, esto no funciona.

Mas allá de la cosificación y el reduccionismo

Existe una propensión común, tanto a las perspectivas reificadoras como reduccionistas, a pensar que la opinión pública es el producto de un ser que actúa. En el primer caso, la opinión pública es el resultado de algún tipo de actor supraindividual y en el segundo, el de un agregado de actores individuales. Por el contrario, el modelo del proceso rechaza la noción de que la opinión pública sea el producto de ningún tipo de actor o actores. En cambio, conceptualiza la opinión pública como presente en los procesos transaccionales, comunicativos y legitimizadores señalados. Cuando esos procesos se expresan a través de organizaciones sociales —que pueden ser grupos informales o comunitarios, como la vecindad o redes de amigos, o grupos corporativos formales, como partidos políticos o asociaciones de voluntariado— les obligan a actuar. Es decir, el proceso de opinión pública es la energía movilizadora de la actividad corporativa y no el actor por sí mismo.

El error de hacer explícita la distinción entre la opinión pública como proceso y la opinión pública, como actor, es bastante responsable de la confusión que han caracterizado los intentos de definir lo que es realmente la opinión pública. No es una voluntad general acorporal; tampoco es un constructo estadístico compuesto de elementos de datos individuales. Es una expresión de energía social que integra a los actores individuales en agrupaciones sociales que afectan al gobierno. Esta noción extrae el concepto de opinión pública de la metafísica y, por lo tanto, no permite ser estudiada empíricamente y, al mismo tiempo, evita ser reducida a un conjunto de observaciones individualizadas distintas que no pueden ser tenidas en cuenta para su significación sociopolítica global.

Con esta noción, pasaremos a continuación a una detallada consideración de las tres dimensiones del proceso de opinión pública.

Capítulo 2

LA APARICIÓN DE LAS OPINIONES INDIVIDUALES

Las opiniones individuales son los resultados enjuiciados de las transacciones entre individuos y los ambientes en los que viven. Para discutir la aparición de las opiniones individuales, por lo tanto, se hace necesario definir el proceso transaccional. Una vez hecho, debemos especificar más ampliamente lo que queremos decir con el término opinión, cómo se relacionan las opiniones y las actitudes, y lo que implica que las opiniones individuales cambien. Entonces estaremos preparados para discutir asuntos relacionados con la calidad de las opiniones individuales. Esa discusión prepara el escenario de nuestra consideración, en el próximo capítulo, sobre la forma en que las opiniones individuales se convierten en una fuerza social.

Los universos de la realidad y las transacciones

Las personas son agentes activos que piensan y sienten, cuya percepción y comprensión del mundo en que viven están siempre sujetas a cambios como consecuencia de la forma en que experimentan el universo externo, que a su vez está sujeto a cambios. La aparición de las opiniones individuales, y cualquier cambio subsiguiente en ellas ha de ser considerado en estos términos.

Al observar el proceso de transformación se añade una perspectiva transaccional a las formulaciones interactivas estándar, o lo que es lo mismo, la continua y común configuración y reconfiguración de las variables internas y externas (H. Cantril, 1958, 1988). Adoptar esta perspectiva no significa que sustituyamos las cualidades, pobremente definidas, por variables mensurables, pero sí nos exige ser muy sensibles al nivel de complejidad que, con frecuencia, se ignora. Los individuos piensan, sienten y se comportan de acuerdo con el mundo que perciben —sus distintos «universos de realidad»— y no sólo como reacción a los estímulos externos objetivamente definibles.

Estos universos de la realidad son los productos psicológicos de un proceso de involucración de variables interdependientes, un proceso que no será debidamente abarcado si sólo pensamos en las interacciones entre variables independientes. Los individuos se relacionan creativamente con el mundo que les rodea, de forma que los ambientes psicológicamente significativos en los que viven no consisten simplemente en variables externas y objetivas; curiosamente, esos ambientes están compuestos por percepciones interpretativas de esas variables externas. Simultáneamente, las características de las cualidades psicológicas y neurofisiológicas de los individuos que influencian las percepciones de sus entornos no son simplemente el resultado de mecanismos biológicos internos sino ellos mismos, configurados, en parte, por las fuerzas del ambiente.

Las opiniones surgen de la influencia recíproca y creativa de un conjunto de fuerzas internas y externas. Estas fuerzas incluyen *a*) las circunstancias en las que se encuentran los individuos (incluyendo su posición social, relaciones con otros, estructura y cultura de los grupos de pertenencia, etc., así como las circunstancias específicas que rodean la controversia); *b*) cualidades y características individuales (como creencias, valores e intereses, sentimientos, aspiraciones, estándares de juicio, etc.), y *c*) la modelación de interacciones de todas estas variables que configuran y moldean el mundo tal como uno lo siente. En lugar de pensar en un tema concreto, que la opinión resulta de interacciones entre variables específicas tales como la propia afiliación grupal, las relaciones interpersonales, las creencias y demás, lo que hacemos es sustituir la idea de que la opinión es el resultado de la forma en que el proceso de modelación de interacciones de todas estas variables pone en movimiento un proceso de cambio continuo y de evolución.

Correlación entre la opinión y los contextos situacionales y demográficos

La perspectiva transaccional aparece cuando se interpretan las correlaciones entre la opinión, por una parte, y los contextos situacionales o las variables demográficas, por otra. Para entender las opiniones individuales tenemos que ver a la gente real tras las categorías en las que la colocamos. Esto exige tener en cuenta el contexto situacional particular en el que se emite la opinión y la posición social del individuo, ya que hace relación a esa situación. Los contextos situacionales ayudan a explicar por qué, a veces, los individuos expresan opiniones aparentemente contradictorias. Por ejemplo, por razones humanitarias: los individuos contrarios a la ayuda externa pueden apoyar las ayudas que alivien a las víctimas de terremotos e inundaciones. De forma similar, los promotores pacifistas de ayuda a las fuerzas democráticas en otros países pueden oponerse a la intervención armada para llevar a cabo una política diseñada para ayudar a estas fuerzas.

La naturaleza del compromiso de un individuo con un tema es una influencia adicional en la formación de la opinión. Algunas personas que están en contra del aborto legalizado, como principio general de la política pública, podrían apoyarlo, permitiendo excepciones circunstanciales después de una experiencia que les implicara a ellos mismos o a un miembro de su familia. A menos que los efectos de las circunstancias situacionales, tales como éstas, hayan sido tenidas en cuenta, las opiniones expresadas pueden ser, a menudo, incorrectamente interpretadas como irracionales o carentes de significado.

Con relación a las variables demográficas, a pesar de su aparente objetividad, pueden ser ambiguas en sus significados. Consecuentemente, las correlaciones entre datos demográficos y opiniones en sí mismas, habitualmente no tienen otro valor que el descriptivo. Para comprender las asociaciones entre los datos demográficos y las opiniones se deben considerar también los significados sociopsicológicos de tales datos demográficos. La edad, la formación, y los ingresos son tres de las variables en cuestión.

La edad es un dato diferenciador entre los individuos que sostienen opiniones diferentes. Sin embargo, una vez que una diferencia en la opinión ha sido identificada por la edad, ya sólo nos resta averiguar si ésta es una *diferencia de la edad de cohorte* o *de grado*. Ésa es la razón por la que cuando existen diferencias de edad nos preguntamos, por ejemplo, si hay diferencias entre la «generación silenciosa» de la década de 1950; la «generación Vietnam» de los últimos años de 1960 y los primeros de los setenta; y la «generación yuppie» de los ochenta. O ¿están relacionadas con el paso del tiempo y con los cambios en la situación de la vida a medida que uno se hace mayor?

Esta pregunta es muy importante, no sólo para la interpretación de las diferencias de edad en un punto dado en el tiempo, sino incluso más importante aún, para analizar las tendencias en la opinión a lo largo de dilatados períodos de tiempo (Evan,

1959). Entre otras cosas, las tendencias a largo plazo son, habitualmente, más el resultado de la sustitución de la cohorte, con una generación mayor que va desapareciendo y que va siendo reemplazada por una generación más joven, que de los cambios en la opinión individual. El análisis de Davis de tendencias durante un período de veinte años ofrece una demostración especialmente rica para este fenómeno, así como una útil revisión de la literatura existente (Davis, 1992).

Las diferencias de opinión por el nivel de formación alcanzado, entre los que han estudiado en la universidad y que mantienen opiniones diferentes de los que no lo han hecho, es otro hallazgo frecuente de las encuestas. Pero ¿a qué se debe este rasgo distintivo de los que han asistido a la universidad? ¿Es debido a la consecuencia intelectual de haber asistido a un centro de enseñanza superior; al origen de la mayoría de los estudiantes universitarios, predominantemente clase media y alta; a correlaciones de ocupación e ingresos con la formación; o a la socialización dentro de una subcultura universitaria? Las diferencias de opinión dentro de los que han asistido a la universidad, por ejemplo, entre artes liberales y especialistas en administración de empresas, o entre los graduados por las universidades de la Liga Ivy[1] (Ivy League), o entre las universidades públicas aumentan la importancia de esta cuestión. En cualquier caso, el número de años de enseñanza formal por sí misma siempre ha limitado la utilidad explicatoria del análisis de causalidad.

Por una razón similar, el valor explicativo de los ingresos no reside sólo en su objetividad interna sino que, con igual importancia, también en su utilidad como indicador de roles y significados sociales y estados subjetivos asociados con esos roles. Es cierto que tener unos ingresos anuales de 50.000 dólares tiene un impacto directo en la adquisición de poder y, por lo tanto, una relación directa con los intereses financieros que pueden afectar a la opinión. Pero los intereses financieros relacionados con los 50.000 dólares son muy distintos para un director comercial de nivel medio, casado, cuya esposa no trabaja fuera de casa y tiene un niño; o para una familia de un trabajador manual con dos ingresos y tres niños, y para un abogado, recién licenciado y soltero. En

1. *The Ivy League* consta de ocho universidades privadas y destacadas: Harvard, Yale, Princeton, Columbia, Pennsylvania, Cornell, Brown y Dartmouth, fundadas entre los siglos XVIII y XIX. Se considera que esta Liga incluye las universidades más prestigiosas del país, tanto académica como socialmente. *(N. de la t.)*

el mismo sentido, las ayudas para las transferencias de pagos de la seguridad social a familias con ingresos bajos no están relacionadas solamente con los ingresos, sino con los impuestos y sus implicaciones en la combinación de ingresos y edad (Ponza, Duncan, Corcoran y Groskind, 1988). Para entender cuál es la relación entre la formación del proceso de opinión y las variables demográficas debemos ir más allá, analizando sus correlaciones con la opinión y trabajar con sus interrelaciones y los procesos psicológicos.

Las opiniones como producto de la reflexión

Las opiniones individuales son el resultado de un juicio reflexivo y de procesos psicológicos complejos en los que se consideran los pros y los contras de las ideas opuestas (Albig, 1956). Cuando deseamos conocer la opinión de un individuo sobre un asunto hacemos preguntas para descubrir qué posición ha tomado, o qué conclusión ha alcanzado sobre ese asunto. Responder que no se tiene una opinión al respecto implica que no se ha reflexionado, quizá porque nunca se había oído hablar del tema, o porque no se ha pensado mucho sobre ello, o porque no se ha sido capaz de alcanzar una conclusión.

En una conversación informal podríamos hacer una pregunta general tal como: ¿Qué piensa sobre...?» Mientras que en una encuesta podríamos formular la pregunta así: «¿Está usted a favor o en contra de...?», «¿Cree que es una buena o una mala idea que...?», «¿Aprueba o desaprueba...?». «¿Valora favorable o desfavorablemente...?», y «¿Con quién se siente más de acuerdo o en desacuerdo...?». Para definir completamente la opinión a la que se ha llegado podemos hacer preguntas adicionales sobre aspectos específicos de la controversia. Por ejemplo, en un sondeo sobre la aprobación de la gestión de un presidente en su cargo, una pregunta sobre la gestión general podría ser seguida por preguntas sobre la forma en la que el presidente está tratando diversas áreas problemáticas, tales como la política exterior, la economía nacional, las relaciones interraciales, y así sucesivamente, o sobre temas específicos en cada área (p. ej., la situación en el Oriente Medio o la amenaza de la inflación). Se necesita una batería de preguntas como ésta cuando la complejidad de un tema puede conducir a opiniones complejas.

Las respuestas a las preguntas de opinión, tanto si es una como si es una batería de ellas la que se ha formulado, rara vez nos da suficiente información como para comprender la razón por la que se mantienen tales opiniones. No nos dicen mucho, si es que nos dicen algo, sobre el proceso reflexivo que se siguió para formar la opinión. A pesar de la frecuente y aparente simplicidad y finitud de las expresiones individuales de opinión, el proceso reflexivo comprende una compleja red de sentimientos y pensamientos. Ésta es la razón por la que las mediciones en profundidad que intentan ir más allá del cálculo numérico de opiniones individuales deben mostrar los elementos de estos procesos. Tales mediciones intentan descubrir qué experiencia personal ha tenido el individuo con el tema, la información que tiene el individuo (o no tiene) sobre la controversia; si el individuo considera la controversia importante o no, o las razones por las que lo cree, así como investigar las motivaciones individuales, los temores, las expectativas y las aspiraciones. Éstos son asuntos que van mucho más allá de la posición que un individuo ha adoptado frente a un asunto *per se*. De esta forma, se convierten en algo más que en «sondeos de opinión», son más bien investigaciones de las transacciones que conducen a la formación de opiniones.

Por ejemplo, un sondeo del *New York Times*, de junio de 1994, y del Canal 2 de la WCBS-TV que recogía las opiniones de los residentes de la ciudad de Nueva York, con relación a la importancia de la delincuencia y el servicio de las fuerzas policiales de la ciudad hacían también las preguntas siguientes:

> Comparado con el año pasado, ¿ve más agentes de policía caminando por su barrio, menos, o aproximadamente el mismo número?
>
> En la zona en que vive, ¿ha visto gente vendiendo drogas durante los últimos meses?
>
> Desde el año pasado, ¿ha hecho usted algo especial para protegerse a usted mismo o a su familia de la delincuencia, o no?
>
> Al pensar sobre usted mismo y la delincuencia, ¿qué clase de delito cree usted que es más probable que le ocurra?
>
> Cuando le preocupan sus hijos, ¿qué le preocupa más, que sean víctimas de un delito o que se compliquen con las drogas?

Aunque las preguntas que se acaban de plantear están claramente relacionadas con la delincuencia, no nos permiten deducir estas opiniones.

Los individuos con percepciones similares sobre la incidencia de la venta de drogas o sobre la policía en su comunidad de vecinos podrían sostener opiniones drásticamente diferentes sobre la calidad del trabajo de la policía o sobre lo que debería hacerse para reducir la delincuencia. Lo que las respuestas a estas preguntas pueden hacer es ayudarnos a entender el proceso mental del que provienen las opiniones.

De una forma similar, para comprender la opinión de un individuo sobre la decisión del Tribunal Supremo sobre el caso *Roe contra Wade* que estableció la base constitucional para el aborto legal, ayuda el descubrir si la aprobación o la desaprobación de esa decisión varía cuando el aborto se produce en el primero, el segundo o el tercer trimestre; si la aceptabilidad del aborto varía en contextos diferentes: si la vida de la madre está en peligro, si es un caso de violación, si el feto es deforme, si los padres son adolescentes solteros, si el padre se opone al aborto, si la mujer ya tiene dos niños y no quiere más, y así sucesivamente. Incluso para un mejor entendimiento de la opinión sobre el aborto se debería tratar de averiguar las creencias sobre el momento en que comienza la vida o cuándo empieza a experimentar dolor el feto. En otras palabras, vamos más allá de preguntar a qué conclusión ha llegado —lo que es nuestra opinión— e investigamos los procesos mentales que conducen a una persona a sostener una opinión particular.

Como respuesta a las críticas sobre las limitaciones de los sondeos que no aclaran tales asuntos y que se limitan a medir meras opiniones, Gallup (1947) propuso una estrategia de entrevista que él denominó el diseño de pregunta pentadimensional.[2]

A pesar de que este diseño de pregunta nunca fue utilizado por él o por nadie más, de una forma generalizada para este tema, representa un raro esfuerzo metodológico para relacionar el sondeo de opinión con el proceso de formación de opinión, y por lo tanto merece la pena ser revisado, si bien brevemente. Cualesquiera que sean las limitaciones que el diseño de pregunta pentadimensional pueda tener, marca muy claramente una diferencia entre las mediciones de opinión *per se* y los aspectos del proceso mental que conducen a las posiciones de opinión.

Gallup (1947) postuló cinco características para la medición, cada una de ellas asociada con una pregunta-prototipo:

2. *Gallup's quintamensional question design* es el término original utilizado para este diseño de cinco preguntas, que ha sido traducido por «pentadimensional», y que se explica con detalle en el texto. *(N. de la t.)*

1. La base de información para una opinión, o lo que es lo mismo, si la persona entrevistada ha dedicado algún pensamiento o atención por un tema y lo que sabe de él. De acuerdo con Gallup, la(s) pregunta(s) a formular serían: «¿Ha oído o leído algo sobre (el tema)?» y «¿Qué puede decirme sobre (el tema)»?
2. Los puntos de vista o perspectivas importantes que establecen el contexto en el que se han formado las opiniones. Para este propósito se deberían formular preguntas abiertas o no estructuradas tales como: «¿Qué le parece que debería hacerse en (el tema)?»
3. La posición sobre el tema, por ejemplo, una reacción positiva o negativa a propuestas específicas. Con el fin de acotar las respuestas relativas a temas complejos deberían haber sido desglosadas en preguntas separadas que interrogaran por cada componente del tema. Se deberían formular preguntas sobre opiniones estándar como las que acabamos de citar.
4. El razonamiento subyacente para sostener una opinión: las razones «¿por qué?». Una pregunta típica podría ser: «¿Por qué cree eso?» (referido a la posición apoyada en el paso 3).
5. Intensidad del sentimiento o el compromiso con la opinión propia. Se debería formular una pregunta «cerrada» y estructurada, como por ejemplo: «¿Con qué firmeza cree que...?»

Desde una perspectiva transaccional, la estrategia de preguntas propuesta por Gallup puede ser descrita como un intento de operacionalizar la distinción entre la opinión como resultado *(output)* y alguna de las variables de entrada *(input)* que deben tenerse en cuenta, si queremos comprender los procesos por los que las opiniones aparecen. Más que permitirnos conceptualizar la opinión como poco más que una expresión patente de actitudes latentes, la perspectiva transaccional nos exige pensar en el proceso mental que interviene y que vincula las condiciones externas, con las variables psicológicas preexistentes y la opinión que aparece.

Opiniones y actitudes

Lamentablemente, es frecuente conceptualizar opiniones y actitudes como fenómenos prácticamente equivalentes (Price, 1992, para un resumen de cómo las opiniones y las actitudes se han diferenciado en el transcurso del tiempo). En repetidas ocasiones, o no han sido diferenciadas, o, en la mayor parte de los casos, han sido tratadas como clasificaciones basadas en diferentes formas de mirar la misma cosa. McGuire (citado en Keissler, Collins y Miller, 1969: 4) defendió que la distinción entre la actitud y la opinión es una «situación que utiliza nombres buscando una distinción, más que una distinción que busca una terminología». De una forma similar, al rastrear la historia de la investigación de las actitudes, McGuire (1986) trató la opinión y la actitud como conceptos intercambiables.

Thurstone (1928), uno de los primeros en intentar una diferenciación precisa entre opiniones y actitudes, definió las actitudes como estados psicológicos latentes que no pueden ser observados directamente, sino que han de ser inferidos de opiniones y comportamientos patentes y verbalizados. Sin embargo, Fleming ignoró repetidamente incluso esta pequeña distinción, y con frecuencia usó el término *actitud* cuando sus propias percepciones requerían el de *opinión* (citado en Price, 1992). Análogamente, incluso cuando G. Allport reconoció una diferencia entre opinión y actitud, discutió, sin embargo, la medición de la opinión como una forma de medir la fuerza y la naturaleza de las actitudes personales (G. Allport, 1967). Rokeach siguió en buena medida la línea de Thurstone al definir la opinión como la verbalización de las actitudes, sentimientos y valores (Rokeach, 1968). Una distinción más sustantiva describe las actitudes como orientaciones globales duraderas, en contraste con la especificidad puntual de las opiniones (Wiebe, 1953; Hovland, Janis y Kelley, 1953). Otra distinción enfatiza el contenido afectivo de las actitudes como contraste con la cualidad más cognitiva de la opinión que implica juicios conscientes (Fleming, 1967).

Aunque la verbalización, la especificidad de la situación y la cualidad cognitiva pueden ser características muy significativas de la opinión, al ser usadas de una forma descriptiva, lo cierto es que contribuyen muy poco a la comprensión de cómo se generan las opiniones. En cambio, la perspectiva transaccional conduce a que distingamos entre la opinión emergente y las variables de actitudes anteriores que se centran en su desarrollo. Sin embargo, para establecer esa distinción ha de ser clarificada nuestra definición de las actitudes.

Se ha dicho que el concepto de *actitud* es «el concepto más distintivo e indispensable en la psicología social americana contemporánea [...] De hecho, varios autores [...] definen la psicología social como el estudio científico de las actitudes» (G. Allport, en Fishbein, 1967: 3; véase también Green, 1954). Sin embargo, las actitudes han sido definidas de muchas formas, frecuentemente conflictivas. Existe un acuerdo general en el significado de las actitudes con respecto a una característica, que es su efecto persistente (tono de sentimiento): «Las actitudes hacen referencia a estados psicológicos persistentes y afectivamente cargados, que permiten a los individuos relacionarse con su entorno y con los «objetos» (personas y/o cosas) comprendidos en sus ambientes, de forma que construyen su coherencia conductual» (G. Allport, 1967: 3; véanse también G. Allport, 1954; Beninger, 1987: 352-353; Doob, 1948: 39; Fishbein y Raven, 1967: 183-189; Green, 1954: 335-336; Krech y Crutchfield, 1948: 152; Rosenberg, 1960: 230; Rosenberg y Hovland, 1960: 3; Sherif, Sherif y Nebergal, 1965: 4; Thomas y Znaniecki, 1958: 23-24). Además, muchas de las definiciones que han sido propuestas pueden ser insertadas, con una distorsión mínima, en un *continuum* behaviorista/cognitivo-funcional.

En el polo behaviorista de este *continuum* está la idea de que las actitudes son estados de buena disposición aprendidos, mentales o neuronales, que predisponen al individuo a comportarse de formas específicas (p. ej., F. Allport, 1954; Doob, 1947). Así definidas, las actitudes son comportamientos latentes, mientras que las opiniones son poco más que verbalizaciones patentes de tales latencias. En ese caso, el análisis de la opinión individual se convierte, finalmente, en un caso especial del análisis de las actitudes.

Sin embargo, si se adopta la conceptualización behaviorista, las actitudes son prácticamente indistinguibles de otras formas de conducta aprendida, punto éste que ha conducido a algunos a recomendar el abandono total del concepto (Doob, 1947; véase también Chein, 1948). Pero todavía es más perturbadora la investigación que demuestra la tenue y reiterada relación entre las actitudes medidas y la conducta subsiguiente (p. ej., Festinger, 1964). Obviamente, la posición behaviorista no ofrece un marco teórico utilizable para investigar la formación de la opinión individual, como enjuiciamientos sobre los temas.

Contrariamente, resulta evidente en nuestra posterior discusión que la conceptualización de las actitudes simplifica la tarea de relacionar la opinión con los procesos psicológicos subyacentes. En el polo funcional del *continuum*, las actitudes son conceptualizadas como tendencias evaluativas persistentes y no como predisposiciones del comportamiento. De esta forma, en la tradición funcionalista, una definición sucinta de la actitud es que: «La actitud se define, en el plano individual, como la forma de organización específica de sentimientos y creencias, con la que una persona determinada evalúa un objeto o símbolo, positiva o negativamente» (D. Katz, 1960; Krech y Crutchfield, 1948; Rokeach, 1968: 18; Rosenberg y Hovland, 1960; véase también Blumler y Katz, 1974). Por lo tanto, adoptar la perspectiva funcional conduce a pensar en los sistemas de modos de respuestas constituyentes de las actitudes, más que en una predisposición al comportamiento que nosotros llamamos «una actitud».

De acuerdo con lo que se ha dicho hasta ahora, no usamos el término *actitud* por sí mismo (excepto cuando citamos a otros). En su lugar, lo sustituimos por la frase *sistema actitudinal*, y definimos los sistemas actitudinales compuestos por cuatro tipos de componentes:

1. Marcos evaluativos de referencia (valores e intereses).
2. Cognición (conocimiento y creencias).
3. Afecto (sentimientos). Como muchos usan el término actitud referido sólo, o primariamente, al modo afectivo mientras que otros lo usan de una forma más general, adoptar esta nomenclatura tiene una ventaja añadida y es que evita confundir la respuesta afectiva con el sistema completo.
4. Aspecto conativo (intenciones referidas al comportamiento).

Finalmente, postulamos que los sistemas actitudinales influencian la conducta indirectamente, como una variable interviniente que mediatiza la percepción, estableciendo de este modo predisposiciones evaluativas (Beninger, 1987).

Esta noción funcional de los sistemas actitudinales suministra una base teórica para nuestra discusión anterior sobre las opiniones individuales como el producto de un juicio de las transacciones de un individuo con su mundo circundante. Los componentes del sistema —valores e intereses, creencias, sentimientos e intenciones behavioristas— influencian la formación de la opinión a través de sus efectos interactivos sobre la forma en que el universo exterior es percibido y juzgado.

Desgraciadamente, la distinción entre opinión y los componentes de los sistemas actitudinales se desvanece fácilmente. Una razón para ello es que existen técnicas similares de preguntas que se usan habitualmente para medirlo todo. Como ya se observó en la discusión previa sobre las opiniones como juicios, cuando las encuestas de opinión intentan ir más allá de la mera contabilización de las opiniones, invariablemente formulan baterías de preguntas que averiguan los valores, intereses, creencias y sentimientos junto con las opiniones relacionadas. Aunque difieren sustancialmente, las preguntas suelen ser estilísticamente similares, y se administran como parte de un instrumento común. Sin embargo, para comprender el proceso de formación de opiniones es esencial especificar las diferencias entre los componentes del sistema y la forma en que interactúan en los procesos de formación de opinión.

Valores e intereses. Lo que piensan los individuos es importante, tanto intrínsecamente (valores), como instrumentalmente (intereses), ya que crea un marco de referencia para juzgar los temas. De esta forma, ayudan a definir los estándares de valoración que se emplean para pensar sobre ciertos temas y formar opiniones (Cantril, 1941). Al alcanzar una opinión sobre si el presupuesto militar de la nación se debería aumentar o reducir tiene mucha importancia si el marco de referencia es el miedo de la amenaza militar externa, la posibilidad de financiación para los programas nacionales deseados, el deseo de reducir el déficit nacional, o la dependencia del propio puesto de trabajo en la producción de armas.

El sostener valores e intereses, aparentemente contradictorios, no es inherentemente irracional. Un individuo puede, simultáneamente, estar preocupado tanto por amenazas militares como por programas de bienestar nacional. En tales casos resulta decisiva la forma en que los individuos priorizan sus valores y sus intereses. Ésta es la razón por la que dos individuos que coinciden en que se necesitaría mayor presupuesto para los programas internos podrían no obstante tener opiniones enfrentadas en cuanto a la conveniencia de reducir el presupuesto militar.

Las prioridades pueden modificarse en circunstancias cambiantes, tales como la relajación de la tensión internacional al comienzo de la recesión económica. Y, a menudo, se da el caso de que un individuo puede respaldar valores enfrentados al mismo tiempo, por ejemplo, el principio de no matar y el derecho a ir a la guerra para resistir contra una nación agresora. Las diferencias, al considerar qué marco de referencia es el apropiado en una situación dada, subyacen en el conflicto de opinión relacionado con asuntos tales como la libertad de los miembros intolerantes de una Facultad para expresar sus prejuicios en el campus y el derecho de los grupos tales como el Ku Klux Klan (KKK) para desfilar en una comunidad sudista el día del cumpleaños de Martin Luther King, Jr., o en una ciudad como Skokie, Illinois, que tiene una gran población judía.

Conocimiento. Las creencias (incluido lo que uno sabe, o piensa que sabe, la información errónea, y la ignorancia) pueden ejercer una poderosa influencia en la formación de opinión. Definen el campo perceptivo de forma que marcan el sentido de la dirección y establecen límites al proceso de opinión. Así, cuanta más información tiene un sujeto sobre un asunto, y cuanto más detallada es la información, más probable es que el individuo se haya hecho una composición de lugar evaluadora sobre él (Einseidel, 1994). Además, en un estudio sobre la reacción sobre los debates presidenciales de 1980 Carter-Reagan, los votantes con menos conocimientos utilizaron los debates para obtener información y fueron los más fácilmente influenciados por ellos. Por comparación, entre los votantes con más conocimientos, su conocimiento previo filtró las nuevas ideas incoherentes, de forma que los debates tuvieron escaso efecto en ellos (Lanoue, 1992). Desarrollar esta función, sin embargo, no quiere decir que las opiniones alcanzadas provengan directamente de las creencias. Por ejemplo, una persona que cree que la vida comienza con la concepción podría pensar, sin embargo, que los abortos en el primer trimestre deberían ser legales en casos de violación o incesto.

Una encuesta de Gallup, de junio de 1963 (realizada en un momento de intenso activismo sobre los derechos civiles), ilustra el grado en que la opinión no puede ser predicha directamente por sus creencias. En respuesta a una pregunta sobre la prevalencia del trato discriminatorio a los afroamericanos en los arrendamientos, casi la mitad (48 %) tenía la sensación de que los «negros no tienen tan buenas oportunidades como los blancos para conseguir cualquier tipo de trabajo para los que están cualificados, en su comunidad», y el 43 % dijo que sus oportunidades eran las mismas. Pero estas creencias no eran en sí mismas expresiones de apoyo a favor o en contra de la acción gubernamental para reducir la discriminación racial: el 41 % pensaba que la Administración Kennedy estaba favoreciendo la integración racial demasiado rápidamente; el 14 % tenía la sensación de que la administración no lo favorecía lo suficientemente rápido; y el 31 % tenía la impresión de que la promoción hacia la integración era la adecuada (el 14 % no contestó; Gallup, 1972*b*: 1828-1829).

Por distintas razones, los individuos pueden llegar a mantener creencias incoherentes o contradictorias. Cualquiera que sea la razón, una tendencia a la coherencia se desarrolla como reacción a la tensión resultante. A pesar de que las cuestiones en relación a los procesos específicos a través de los cuales se puede llegar a la coherencia no han sido totalmente resueltas, parece claro que pueden conducir al cambio de opinión (véase el apartado siguiente para una discusión más amplia sobre la tendencia a la coherencia como vía para el cambio de opinión). Por otra parte, la exposición al conocimiento nuevo y potencialmente inductor de tensión, en sí mismo, no asegura el cambio de opinión. La exposición selectiva, la percepción y la retención pueden inhibir la integración de nueva información en los sistemas de creencias existentes, de ahí la militancia contra el cambio (Klapper, 1960). Las campañas de información pública que intentan influir en la opinión, a menudo fracasan porque asumen que la exposición a nueva información será por sí misma lo suficientemente persuasiva como para cambiar la opinión.

Afecto. Que nuestros sentimientos con relación a algún comportamiento, persona, o cosas sean positivos o negativos representan una papel decisivo en el proceso de formación de opinión. Sin embargo, no es la dirección del sentimiento, considerado por sí mismo, lo importante, sino la forma en que se asocia con creencias, valores e intereses relevantes. Sólo entonces puede ser adecuadamente entendida su influencia combinada en la formación de opinión.

Por ejemplo, si uno aprueba o desaprueba una propuesta legislativa para cambiar la forma de financiación del sistema de Seguridad Social se verá influenciada, en principio, por el hecho de que a uno le guste o le disguste la Seguridad Social, en contraposición a otros medios que permitan obtener los ingresos para la jubilación. Análogamente, lo que uno siente, en general, hacia las personas o los partidos políticos que hacen las propuestas puede influenciar nuestro apoyo o nuestra oposición, sin ninguna otra razón que ese sentimiento. La forma en que uno vive el objetivo del cambio propuesto —por ejemplo, si el objetivo es equilibrar el presupuesto federal, reforzar la financiación de la Seguridad Social, o reducir la carga financiera sobre las fuerzas activas del trabajo— también tiene importancia a la hora de opinar sobre este tema.

Sin embargo, la opinión de un individuo no es una proyección directa del afecto asociado con un tema. Consideremos las opiniones de tres individuos hipotéticos en torno a lo que debería hacerse con las protestas que se produjeron tras la absolución de cuatro agentes de polícia de Los Ángeles en 1993 acusados de golpear injustificadamente a un afroamericano, Rodney

King. Asumamos que dos de ellos están de acuerdo con que el jurado estuviera equivocado y el tercero acepta el veredicto del jurado. Los dos que están de acuerdo pueden diferir, sin embargo, de una forma importante, en sus sentimientos sobre la absolución y las revueltas que siguieron, y uno de ellos puede llegar a una opinión similar a la tercera persona. El primero puede estar profundamente impactado por el veredicto y tener la sensación de que, independientemente de las protestas, las drásticas medidas para erradicar el racismo entre los agentes de policía debe tener la máxima prioridad. El segundo puede tener la sensación de que, a pesar de lo equivocado que estaba el veredicto, la actuación más preocupante fue rechazar el procedimiento correcto y recurrir a la violencia ilegal. Por esa razón, la segunda persona podría estar de acuerdo con la tercera persona (quien tiene la sensación de que el veredicto fue correcto) con que la prioridad más importante debe ser prevenir cualquier otra repetición de conflictos.

El afecto difiere tanto en la fuerza como en la dirección. Se han diferenciado cinco dimensiones de fuerza (Krosnick y Abelson, 1994; Scott, 1968), a saber:

1. Medida extrema: El grado de apoyo o de ausencia de él, por ejemplo, completamente favorable, o parcialmente favorable.
2. Intensidad: La fuerza de los sentimientos, por ejemplo, sentimientos fuertes *versus* débiles.
3. Certeza: el grado de convicción de que uno está en lo cierto, por ejemplo, muy seguro *versus* no demasiado seguro.
4. Importancia: el grado de compromiso personal, por ejemplo, personalmente muy importante *versus* no tan importante.
5. Complejidad: la cantidad de información que se tiene sobre el asunto, por ejemplo, bastante *versus* solamente un poco.

Es evidente que el afecto no conduce directamente a la opinión. Por ejemplo, la fuerza relativa de nuestro compromiso hacia el derecho de libertad de expresión; y la libertad académica *versus* nuestra oposición hacia el racismo o la intolerancia religiosa; junto con la certeza con la que uno siente que está siendo amenazado cada valor definirán la importancia de los valores y las creencias relevantes para llegar a una opinión sobre asuntos como: permitir las manifestación del KKK, garantizar la docencia a los profesores racistas, o imponer sanciones contra los discursos racistas o incendiarios.

Intenciones de comportamiento. Las opiniones pueden ser consideradas análogas a las intenciones de comportamiento en el sentido de que ambas son el resultado de las transacciones entre estados psicológicos preexistentes y situaciones concretas. Las opiniones difieren de las intenciones en que las últimas implican una consecuencia en los comportamientos, mientras que las opiniones, no. Un individuo puede estar a favor de los trámites para legislar el medio ambiente sin tener una intención específica de actuar sobre esa opinión, por ejemplo, escribir a su diputado para que vote por esta ley; contribuir con dinero a la acción de los grupos ecologistas, como una forma de proteger la calidad del aire; o utilizar el transporte público mejor que usar el coche hasta el trabajo.

La opinión individual es también comparable a la intención de comportamiento, como un resultado actitudinal, en tanto que es un producto condicional. Las opiniones son condicionales en el sentido de que las combinaciones particulares de factores específicos de distintas situaciones evocarán configuraciones diferentes de cualesquiera valores, intereses, creencias o sentimientos individuales. Y, dado que son evocadas diferentes configuraciones, surgirán opiniones diferentes.

Es más, en un proceso de retroalimentación comparable al efecto que el comportamiento puede tener sobre la actitud, el hecho de formar y de expresar una opinión puede conducir a modificaciones en valores, intereses, creencias y sentimientos específicos.

El fallo explícito para identificar las opiniones como resultado de la formación de un criterio que ha sido influenciado por las variables actitudes previas no quiere decir que esas variables serán necesariamente ignoradas por alguien que intente analizar las opiniones. Existe un amplio reconocimiento entre los investigadores de las encuestas de que los marcos de referencia, las creencias y los sentimientos que son construidos por la redacción de las preguntas formuladas en los sondeos pueden influenciar, de una forma significativa, los resultados de las encuestas. Por ejemplo, en la afirmación de Adamek (1994) de que los resultados de las encuestas sobre el aborto habían revelado cómo muchos estadounidenses adultos aprobaban o desaprobaban la sentencia del Tribunal Supremo en el caso Roe *versus* Wade ponía un gran énfasis en el hecho de que la proporción que expresaba la aprobación variaba considerablemente, dependiendo de la definición del marco de referencia de las diferentes organizaciones de sondeos y de sus asunciones de hecho en la redacción de sus preguntas. Sin embargo, no aparecía en toda la discusión ninguna indicación de que, bien él, o las organizaciones que realizaban las encuestas que el revisaba, consideraran sistemáticamente el proceso subyacente que tendría que ser tenido en cuenta para estas variaciones. En lugar de esto, Adamek (1994: 417) se limitó a la constatación de que: «Incluso las preguntas cuidadosamente elaboradas podrían ser consideradas como menos que apropiadas por las circunstancias cambiantes y debían ser continuamente testadas para validar su vigencia. La ventaja de identificar las opiniones como resultado de una reflexión procede de un proceso en el que las creencias, los sentimientos, los valores y los intereses son *inputs*, y es entonces cuando tenemos un modelo teorético que trata específicamente del problema de cómo analizar estos componentes actitudinales en relación con los enjuiciamientos resultantes (Bishop, 1980).

El proceso del cambio de opinión

Resulta una obviedad observar que una vez que los individuos han formado sus opiniones, todavía puedan cambiar sus mentes. Al mismo tiempo, los individuos pueden ser tenaces en sus opiniones, de forma que uno no puede asumir que las opiniones son inheremente volátiles. Sin embargo, en algunos casos, es poco decir que las opiniones son volátiles y están sujetas a repentinos cambios nocturnos, mientras que en otros casos, las opiniones están como fijadas a hormigón. Necesitamos ser capaces de especificar cuándo y por qué las opiniones cambian o no cambian. ¿Por qué, por ejemplo, entre los individuos políticamente activos es más probable encontrar persistencia que cambio de opinión? (Marwell, Aiken y Demerath, 1987). Para arrojar luz en la razón de tal relación existente, para sorpresa de algunos, tenemos la necesidad de examinar la forma en que cambian las opiniones.

El cambio de opinión es más que un proceso unidireccional en que uno vuelve a pensar sobre un tema y llega a una nueva opinión. Comprende los efectos de las influencias situacionales en los individuos, junto con las interacciones entre los valores, las creencias y los estados afectivos invididuales asociados con ellos. Además, las opiniones recién formadas pueden retroalimentar y modificar las creencias, los valores y los sentimientos, iniciando así un cambio adicional. Sin embargo, comprender cómo cambia la opinión requiere considerar las interacciones que comprenden todas estas variables.

El estudio del cambio de opinión ha sido obstaculizado por dos factores. Uno es el hecho de que, tal como se ha expuesto, muchos no diferencian entre opiniones y actitudes. El error de confundirlas conduce al tratamiento del cambio de opinión como idéntico, o como no más que un aspecto, del cambio de actitud. Por el contrario, tratar las opiniones como la consecuencia de la reflexión nos obliga a pensar sobre la forma en que los cambios de valores, creencias o sentimientos se relacionan con los cambios subsiguientes en los juicios que hace la gente. Los estudios basados en el modo en que se producen los cambios de actitud no pueden hacer más que ofrecernos guías para reflexionar sobre cómo cambian las opiniones. Sin embargo, señalamos brevemente algunos puntos clave de lo que se sabe a partir de la investigación del cambio de actitud que son pertinentes para el cambio de opinión, sin intención de tratar en profundidad los temas sustanciales, teóricos y metodológicos que comprenden. Después discutiremos la luz que puede ser arrojada sobre la manera en que cambian las opiniones individuales.

El otro factor obstaculizador es que la investigación empírica sobre el cambio de opinión y de actitud ha sido, en un grado considerable, dominado por la preocupación sobre la comunicación y sobre la persuasión, o lo que es lo mismo, cómo cambian las opiniones y las actitudes como respuesta a los mensajes difundidos por los medios de comunicación de masas. Por comparación, la cuestión de cómo cambian las opiniones como respuesta a acontecimientos y a experiencias personales, por ejemplo, las cambiantes circunstancias económicas; los índices de delincuencia; y el aprendizaje escolar, ha sido relativamente olvidada. Es cierto que los sondeos de opinión pública que repiten las mismas preguntas, bien de una forma periódica o como respuesta a algunos acontecimientos emergentes, y siguiendo con las encuestas académicas tales como la Encuesta Social General (General Social Survey: GSS) del NORC[3] y las series de Visualización del Futuro[4] *(Monitoring the Future)* realizadas por el Centro de Investigación de Encuestas de Michigan (Michigan Survey Research Center), han seguido el rastro de las opiniones, creencias, valores y sentimientos que cambian a lo largo del tiempo. Sin embargo, con demasiada frecuencia, la relación entre el cambio, tal como se mide en dichas series, y los

3. NORC es el National Opinion Research Center (Centro Nacional para la Investigación de la Opinión). *(N. de la t.)*

4. *Monitoring the Future* es un estudio estadístico americano que trata de visualizar estadísticamente la tendencias de cambio social en la opinión. *(N. de la t.)*

acontecimientos específicos ha sido inferencial más que probada. El resultado es que ahora sabemos mucho sobre los esfuerzos por influir en la forma de pensar de la gente sobre algunos temas que pueden afectar a sus creencias, a sus valores y a sus sentimientos, pero sabemos menos sobre cómo se produce el cambio de opinión del día a día. Sin embargo, sí se ha aprendido lo bastante sobre el cambio de actitud como respuesta a la experiencia directa como para establecer algunas inferencias razonables sobre la forma en que las opiniones cambian a través de la experiencia directa.

Aproximaciones al estudio del cambio de actitud

Consideraremos dos vías básicas para el cambio de actitud: a través del *aprendizaje* de información y conductas nuevas y a través de la *reconfiguración* de los sistemas de actuación y sus componentes. Estos procesos psicológicos tan diferentes han sido estudiados por dos aproximaciones teóricas muy diferentes y opuestas: la teoría del aprendizaje y la psicología sistémico-cognoscitiva. La teoría del aprendizaje examina el cambio de actitud en términos del rol del premio y el castigo, al establecer, reforzar e inhibir los sentimientos positivos o negativos sobre, o hacia, algún objeto. Por contraste, la psicología sistémico-cognoscitiva mira al cambio de actitud como una respuesta a las tensiones entre, y dentro, de los componentes de los sistemas de actitud.

A pesar de las importantes controversias teóricas y metodológicas que giran en torno a estas dos aproximaciones resulta difícil, por no decir imposible, ignorar el hecho de que los hallazgos empíricos de cada tradición de investigación han contribuido de una forma significativa a que podamos entender la forma y la razón por las que se producen los cambios en la actitud. Debemos reconocer también que, a pesar de las distinciones reales que existen entre estas aproximaciones, la investigación realizada por ciertos individuos asociados con cada una de ellas no siempre ha sido fácilmente clasificada, de forma que insistir en marcar una línea profunda y fácil entre las dos aproximaciones no es productivo para nuestros propósitos. Nos limitaremos a esbozar las posibles implicaciones de lo aprendido sobre el cambio de actitud de las dos tradiciones, ya que son pertinentes para el cambio de opinión, sin intentar resolver las controversias subyacentes.

Incluso sin una discusión exhaustiva (y agotadora) sobre los entresijos del cambio de actitud y los méritos comparativos de las teorías alternativas podemos esbozar una conclusión general, a saber: el cambio de opinión no se puede entender adecuadamente sólo como un tema de persuasión, tal como se suele entender el término, es decir, la inducción al cambio a través de la fuerza del argumento de alguien. El cambio de opinión es más bien el resultado de complejos procesos psicológicos en los que el peso de una sólida lógica aplicada al hecho empírico es, a menudo, limitado. Esta calidad del cambio de opinión es la base para la efectividad de muchos manipuladores de opinión: desde los retóricos de la antigua Atenas, a los «malabaristas» de la política. Una breve revisión de esta idea demuestra este punto.

Aunque parcialmente superada por los avances teóricos y metodológicos que se han producido a la luz de la investigación continua (Kiesler, Collins y Miller 1969), todavía existe un análisis destacado, detallado y crítico de las teorías alternativas del cambio de actitud. (Véanse también Hovland, Janies y Kelley, 1953; Jahoda y Warren, 1966; Petty y Cacioppo, 1981, Rosenberg, Hovland, McGuire, Abelson y Brehm, 1960, Uleman y Bargh, 1989.)

Teoría del aprendizaje

Una fórmula estándar para estudiar el cambio de actitud y las comunicaciones es responder a la pregunta: «¿Quién dice qué a quién y con qué efecto?» Este interrogante dirige nuestra atención a cuatro grupos de variables que deben ser analizados. Los dos primeros grupos tienen que ver con los estímulos que provoca el proceso de aprendizaje: características del comunicador y las características del mensaje comunicado. Con respecto a los comunicadores, lo que nos interesa son las variables que influyen en su credibilidad, por ejemplo, la confianza que despiertan y sus conocimientos (Hovland, Janis y Kelley, 1953). En cuanto a los mensajes por sí mismos, las variables relevantes hacen relación a: *a*) cómo se organizan, por ejemplo, la efectividad comparativa de los argumentos abiertos contra los cerrados (primacía contra lo novedoso) y el introducir o excluir argumentos contrarios (Hovland *et al.*, 1953), y *b*) qué clases de apelaciones motivadoras son más eficaces: por ejemplo, el miedo, el altruismo, la aceptación social y similares (Hovland *et al.*, 1953).

Otro importante grupo de variables hace relación a «a quién» en la pregunta que acabamos de exponer. Miden las características de la audiencia que afecta la predisposición a aceptar o a resistirse a un mensaje dado. Éstas incluyen los miembros de un grupo que establecen normas con las que los individuos sienten que deberían mostrarse conformes, y factores de la personalidad tales como una predisposición general a prestar atención a determinados puntos de vista y también las creencias y los sentimientos existentes que son relevantes para el tema en cuestión. Finalmente, con respecto al efecto de la comunicación, necesitan ser consideradas las variables que miden la convicción y la retención (Hovland *et al.*, 1953). También deben tratarse estas variables con el fin de determinar si cualquier cambio que se produce como respuesta a una comunicación es superficial y transitorio, o si resulta en la conversión a una nueva forma de ver las cosas.

A pesar de la controversia teórica, no hay duda de que los cuatro grupos de variables descritos arriba inciden en aspectos fundamentales del cambio de actitud. Es más, estos aspectos de cambio tienen una implicación inmediata y razonable, concretamente con respecto al cambio de opinión como parte de las transacciones entre individuos y sus entornos. No podemos esperar que cambien las opiniones solamente como respuesta al contenido de los hechos y a la coherencia lógica de los mensajes. Las características percibidas de quien transmite un mensaje son tan importantes como el mensaje en sí mismo. De una forma análoga, la organización psicológica de un mensaje y su fuerza motivacional pueden tener más que ver con su efecto en la forma de juzgar un asunto que con la validez de sus quejas y la calidad lógica de su presentación. Adicionalmente, los mensajes no se reciben en una «superficie virgen» como solían, sino en el contexto de un cúmulo de predisposiciones que pueden alterar significativamente el significado que se intentaba transmitir. Y finalmente debemos preguntar no sólo si se ha producido algún cambio de opinión, sino lo que es más importante, por la calidad del cambio: si éste es sólo una aquiescencia temporal o si es una conversión convencida.

Psicología sistémico-cognoscitiva

Como alternativa a algunas formas de condicionamiento, como mecanismo por el que se produce el cambio, esta aproximación da una idea de lo que se debe estudiar en la dinámica de los sistemas de actitud como *sistemas.* Eso quiere decir que debemos mirar la organización de creencias, valores y sentimientos como conjuntos integrados, interdependientes y que se apoyan mutuamente. Aunque no hay ninguna teoría de sistemas —de hecho, existen algunas teorías que de alguna manera discrepan—, tienen en común el énfasis en la dinámica de sistemas. Tres conceptos —tendencia hacia la coherencia; asunción del cambio y la novedad; y la conservación de la energía psicológica— captan gran parte de la esencia de la aproximación al sistema.

Otras contribuciones importantes que se deberían mencionar incluyen la idea de que el cambio de actitud puede realizar la función de satisfacer las necesidades motivacionales de un individuo (Kelman, 1961; Smith, Bruner y White, 1956) y que el cambio implica un proceso de reflexión como si, por ejemplo, cualquier elemento actitudinal estuviera dentro de lo que es aceptable para un individuo, de lo que es claramente rechazado y de lo que es un rango intermedio de no compromiso (Sherif *et at.*, 1965; véanse también Cohen, 1960; McGuire, 1960, 1966; Osgood, 1960; Zajonc, 1960).

«La tendencia a la coherencia» es una forma de teoría de la armonía. Hace referencia a la disposición de los componentes de un sistema de actitudes para ajustarse unos a otros de forma que se refuercen recíprocamente. Cualquier disarmonía, incoherencia o contradicción que pueda existir entre los componentes del sistema crea tensión o incomodidad psicológica. Esa tensión despierta una reacción para restablecer la coherencia al sistema y por lo tanto reduce la tensión psicológica (Brehm, 1960; Fishbein, 1967; Kiesler, Collins y Miller, 1969; McGuire, 1967). Cualquiera que pueda ser la forma de incoherencia, la esencia de esa reacción es una reorganización y una modificación del sistema y no una respuesta aprendida. Se debe enfatizar que existen algunas formulaciones específicas de cómo una tendencia a la coherencia conduce al cambio actitudinal. Sin embargo, la presión común subyacente es que el esfuerzo por conseguir la coherencia o la armonía es vital para el cambio de actitud. No es necesario considerar todas las variedades de la teoría del sistema para demostrar el tema de que la tendencia a la coherencia dentro de un sistema de actitudes puede representar un papel primordial en el cambio de opinión. Para ese propósito debería bastar con una revisión de dos teorías solamente: la teoría de la armonía y la disonancia cognoscitiva.

La teoría de la armonía (Heider, 1958) analiza las percepciones interpersonales en términos de reciprocidad, de aprecio o desaprecio mutuo y algún objeto (p. ej., entre dos individuos con respecto a un objeto común). Cuando estas percepciones son coherentemente positivas, o coherentemente negativas, existe armonía y el sistema es estable. Cuando son incoherentes, el sistema no está en armonía y el cambio se produce como una consecuencia del esfuerzo por establecer la armonía. En un ejemplo hipotético dado por Heider, Jim, a quien le cae muy mal Bob, lee un poema que le encanta. Entonces descubre que Bob escribió el poema. Para solucionar esta disonancia, Jim puede, o bien cambiar su sentimiento hacia Bob, o hacia el poema; o puede cambiar su creencia de que fuera Bob quien escribió el poema. Si, por alguna razón, Jim cree que le es imposible seguir cualquiera de estas estrategias se puede retirar del campo, lo que es, simplemente, dejar de pensar en el tema. Aunque esta simple ilustración no abarca todas las complejidades de la teoría de la armonía, el principio básico de que un sistema disonante de percepciones interpersonales puede actuar como un impulso para el cambio ofrece un modelo para analizar el cambio de opinión.

Sin embargo, primeramente debemos hacer notar que la teoría de la armonía se ha ampliado para tratar el conocimiento y su afecto relacionado, de forma que no se restrinja sólo a percepciones interpersonales (Rosenberg y Abelson, 1960). El conocimiento y el afecto siempre están asociados unos a otros; siempre existe algún tono sentimental asociado (tanto positivo como negativo o neutro); siempre existe alguna asociación con una creencia concreta. Resulta que la armonía o la disonancia implican las relaciones de muchas creencias y sus afectos asociados, y no solamente las relaciones entre creencias y afecto considerados separadamente (véase Anderson y Fishbein, 1965). Es decir, para conseguir la armonía debe existir coherencia dentro de un sistema de creencias articuladas y sus sentimientos asociados.

Ahora consideraremos un ejemplo hipotético de cambio de opinión que sigue la estructura formal usada por Heider, aunque no sean elementos de percepción: un individuo siente que la sociedad tiene una obligación trascendente, moral, de ofrecer ayuda financiera a los pobres y, por eso, transmite la opinión de que el gobierno debería fundar un sistema de bienestar público. Pero esta misma persona siente también que es moralmente degradante aceptar la caridad, así que experimenta la tensión de la disonancia resultante. De acuerdo con la formulación de Heider, esa tensión puede ser relajada al decidir que no es moralmente degradante aceptar la caridad, que la obligación de ayudar a los pobres está sujeta a posibles circunstancias mitigadoras (tales como la pesada carga de impuestos) o al ignorar el tema de lo que debería hacerse sobre las necesidades financieras de los pobres. Dependiendo de la forma adoptada para relajar la tensión, el individuo puede cambiar su opinión sobre el tema de que el gobierno debería fundar un sistema de bienestar público. En tal caso, el mecanismo a través del cual cambia la opinión es una dinámica de sistema y no de aprendizaje.

La teoría de la disonancia cognoscitiva también hace de la tendencia a la coherencia la palanca para el cambio de actitud, evitando así la tensión psicológica que se genera cuando dos elementos de un sistema de creencias no están de acuerdo entre ellos. Sin embargo, tiene algunas propiedades distintas comparadas con la teoría de la armonía (Brehm, 1960; Festinger, 1957; véase también Kiesler *et al.*, 1969; Petty y Cacioppo, 1981, para revisiones críticas de la teoría). Estas propiedades incluyen: *a*) considerar la disonancia sólo entre elementos cognoscitivos *b*) pensar en términos de grado de disonancia más que en una dicotomía consonante-disonante, y *c*) relacionar la disonancia con las elecciones que el individuo debe hacer y no simplemente con su preferencia.

A modo de resumen y simplificación podemos decir que la disonancia cognoscitiva tiene que ver con el grado en que un individuo experimenta incomodidad psicológica al tener que tomar una decisión a causa de una o dos creencias relevantes que no son consecuencia una de la otra. Para evitar, o al menos, minimizar, esa incomodidad, el individuo puede seguir algunas estrategias tales como cambiar una de las creencias relacionadas con la elección del comportamiento, o con el contexto situacional en que se debe hacer la elección, o aceptar nuevas creencias que mitiguen la disonancia inicial. Según esta formulación, no se puede predecir qué estrategia seguirá cada individuo en una situación específica. Sin embargo, sí se puede predecir claramente algún tipo de cambio cognoscitivo. Cuando se produce cualquier cambio cognoscitivo deberíamos esperar que afectara a la opinión individual concerniente al asunto en cuestión. Es decir, esperaríamos que su opinión cambiara de una forma acorde.

Las implicaciones de la teoría de la disonancia cognoscitiva para el cambio de opinión se pueden ver cuando consideramos la encuesta del *New York Times/CBS News* sobre la reforma en el bienestar, realizada entre el 6 y el 9 de diciembre de 1994. En esa encuesta, el 71 % creía que hay puestos de trabajo disponibles para la mayoría de los beneficiarios del sistema de bienestar que desean realmente trabajar, y sólo el 34 % tenía la sensación de que la mayoría de los beneficiarios del sistema de bienestar deseaban trabajar realmente. En esa misma encuesta, el 87 % estaba a favor de la creación de programas de trabajo por el gobierno, en los que se exigiría a los beneficiarios participar del sistema de bienestar.

El hecho de que una aplastante mayoría estuviera a favor de programas de trabajo obligatorios se puede considerar que, en buena medida, es consecuencia de las creencias constantes de que los puestos de trabajo están disponibles para aquellos que desean trabajar, pero que la mayoría de los beneficiarios del sistema de bienestar no lo desea. Sin embargo, en tiempos de desempleo extendido y persistente anticiparíamos que habría también una fuerte reducción en el número de personas que creen que los puestos de trabajo están disponibles para los beneficiarios del sistema de bienestar que desean trabajar. Como una forma de resolver, la por otra parte inevitable disonancia cognoscitiva, anticiparíamos un cambio comparable en la proporción de quienes piensan que la mayor parte de los beneficiarios del sistema realmente no desean trabajar. Bajo tales circunstancias, podríamos predecir un notable descenso en el apoyo para los programas obligatorios de trabajo para los beneficiarios del sistema de bienestar. Eso quiere decir que la teoría de la disonancia cognoscitiva nos lleva a esperar que las opiniones cambien como resultado de los esfuerzos por resolver las creencias discordantes incluso si no ha habido «persuasión» para convertirlas a una opinión opuesta.

Ocuparnos del cambio puede conducir a un cambio de opinión a través de rutas alternativas, dependiendo de cómo se lleve ese cambio. La mera observación casual indica que, independientemente de los temas implicados, algunos individuos están habitualmente dispuestos a reconsiderar sus opiniones a la luz de una nueva información, una nueva experiencia y la exposición a otros puntos de vista, mientras que otros tienden a ser indestructibles en sus opiniones, y altamente resistentes al cambio. Estas diferencias en la disposición a afrontar ideas y experiencias nuevas o diferentes no son ni idiosincrásicas, ni de azar; más bien proceden de contrastar estilos opuestos de pensar, abiertos o cerrados, arraigados en la personalidad. Las características de la personalidad que influyen en los distintos estilos individuales de pensamiento incluyen: rigidez *versus* flexibilidad para solucionar problemas; concreción y estrechez *versus* abstracción y amplitud; cierre temprano *versus* cierre tardío en la percepción; y rechazo *versus* tolerancia de la ambigüedad (Rokeach, 1960).

El pensamiento de aquellos con estilos relativamente cerrados se caracteriza por la rigidez y el dogmatismo. Por comparación, otros están relativamente abiertos al cambio cognoscitivo y afectivo en su pensamiento (Rokeach, 1960). El pensamiento rígido está caracterizado por una persistencia en mantener creencias particulares que impiden la habilidad analítica del individuo para considerar un asunto. El pensamiento dogmático difiere en que tiene que ver con la preservación de los sistemas de creencias, de forma que se resiente la habilidad individual para pensar sintéticamente, es decir, para integrar o tratar nuevos pensamientos e ideas con relación a las configuraciones cognoscitivas (Rokeach, 1960).

El pensamiento dogmático puede estar asociado con distintas coloraciones políticas, de forma que el pensamiento doctrinal tanto de la izquierda como de la derecha política es característico del pensamiento cerrado. Lo que nos interesa no son las posiciones de opinión específicas que adopta un individuo sino, más bien, cómo la ruta seguida para alcanzar una opinión influye en su calidad. De forma análoga, aunque los dogmáticos son resistentes a opiniones nuevas, el contraste entre el pensamiento cerrado frente al abierto no debería ser confundido con la frecuencia en el cambio de opinión. El pensamiento rígido o dogmático no excluye que uno cambie de opinión sobre un tema, ni el pensamiento abierto implica que las opiniones sean, como consecuencia, fácilmente susceptibles de cambio. Más bien, el contraste tiene que ver con lo que implica que cambien las opiniones. En un caso, el cambio es más probable que requiera reflexión sobre los temas, mientras que en el otro, el cambio es más un asunto de sustituir o reemplazar una opinión, o un grupo de opiniones, por otra. El contraste, sin embargo, está en la calidad de la reflexión y en la calidad de los resultados de procesos de valoración.

La conservación de la energía psicológica

McGuire llamaba a los humanos «organismos perezosos» (McGuire, 1969) porque parecen tener aversión a hacer más esfuerzo que el necesario al pensar sobre cualquier asunto. Esta aversión ejerce una influencia importante en la forma en que los sistemas actitudinales procesan el material cognoscitivo nuevo o alternativo que puede conducir al cambio de opinión. Esta idea también es recogida por el concepto: *satisficing,*[5] prestado por las Ciencias Económicas, es decir, que los individuos, habitualmente, se detienen un poco antes de encontrar total satisfacción para decidir si algo es aceptable (Simon, 1976). Dependiendo del grado en que la mayor parte de los valores o intereses estén en juego, las soluciones consiguen menos de lo que a uno le gustaría —el segundo mejor— *(the second best)*; pue-

5. Las consultas realizadas para encontrar un término equivalente en español para *satisficing* han sido absolutamente infructuosas. La aproximación que más encajaba ha sido, paradójicamente: *second best,* para traducir algo tan poco correcto como *el segundo mejor óptimo,* cuyo término en inglés utiliza el autor a continuación. *(N. de la t.)*

den ser aceptables si el coste o esfuerzo extra necesario para conseguir el objetivo más deseado se considera que no merece la pena. A gran escala, *satisficing* puede servir como la base para una negociación y un compromiso político. Con relación al cambio de las opiniones individuales, implica sopesar costes y beneficios: ¿exactamente cuánto me merece la pena ser más exigente en la valoración, frente a adoptar una posición posiblemente menos satisfactoria, en tanto que no tengo la sensación de que la última posición sea censurable o contraria a mis intereses y sí me parece que tiene cualidades rescatables?

El hecho es que «las actitudes pueden cambiarse siguiendo, bien una consideración cuidadosa y laboriosa de una comunicación persuasiva, o una inferencia y proceso de asociación menos laboriosa y cognoscitiva» (Priester y Petty, 1995: 637). Es decir, hay dos vías de procesar la información para el cambio, una que implica un esfuerzo considerable en un amplio proceso de mensajes persuasivos y otra que no (Chaiken, Liberman y Eagly, 1989; Petty y Cacioppo, 1986).

1. Cuando los individuos están suficientemente motivados y son cognoscitivamente capaces de hacerlo así pueden seguir una ruta que requiere una consideración cuidadosa y reflexiva de los méritos de un argumento. Aplicando niveles de esfuerzo, de moderados a altos, el individuo determina la información que está disponible por su utilidad y su relevancia para algunas tareas de decisión. Seguir esta ruta conduce a un cambio relativamente duradero que tiende a ser resistente a modificaciones posteriores y a ser predictivo del comportamiento subsiguiente. Es identificado por la profundidad y la intensidad del proceso cognoscitivo asociado para obtener un criterio específico. No se debería confundir con la apertura de mente, que se refiere a un estilo de pensamiento personal y persistente y no a la forma en la que se llega a opiniones.

2. A menudo un individuo puede estar limitado, o no tener motivaciones, para un procesado laborioso de información. O el individuo, por cualquier razón, puede ser incapaz de captar adecuadamente el contenido y el significado de un mensaje, incluso cuando hay suficiente motivación. En tales circunstancias, la aceptación o el rechazo de un mensaje será inducido primariamente siguiendo indicaciones o reglas externas sin dedicarle demasiada reflexión al contenido del mensaje en sí mismo. Es ilustrativo, de estos indicadores o reglas externas, el alcanzar una decisión sobre la base de la credibilidad percibida del comunicador, el mero volumen de los ar-

gumentos proferidos, y el atractivo percibido del comunicador. Al confiar en tales indicadores y reglas, cuya supuesta validez deriva de la experiencia recordada, el individuo cortocircuita cualquier necesidad de pensar en el valor de un argumento. Cualquier cambio que se pueda producir al seguir esta ruta es relativamente probable que sea temporal y susceptible de modificaciones posteriores.

Esta explicación de por qué a veces se produce el cambio de opinión con escasa atención a los detalles de un asunto suministra una defensa teórica a la observación de Popkin (1991: 212) de que «*la racionalidad con escasa información,* o la racionalidad "básica" es la mejor descripción del tipo de razonamiento práctico sobre el gobierno y la política para la gente, de hecho [...] La racionalidad básica introduce atajos en la información y reglas manidas que los votantes utilizan para obtener y evaluar la información y para elegir entre los candidatos». La racionalidad con escasa información es un fenómeno relevante para el debate, en el capítulo 6, de la significación política de las opiniones individuales caracterizadas por el escaso contenido cognoscitivo.

Adicionalmente, para considerar qué ruta se ha seguido para el procesado de información debemos también tener en cuenta el hecho de que las dos rutas para el cambio no se excluyen mutuamente. Al juzgar un tema, un individuo puede emplear un profundo procesado cognoscitivo con relación a algunos aspectos de la opinión y seguir las reglas con respecto a otros (Chaiken *et al.*, 1989). Es más, cualquier variable puede tener efectos diferentes, incluso opuestos, dependiendo de la ruta seguida para el cambio (Petty y Cacioppo, 1986).

Una implicación importante de esta descripción del cambio de opinión es que la calidad de las opiniones individuales procede del nivel y calidad del referido procesamiento de la información. Es más, la misma persona puede formarse opiniones que varíen considerablemente en su calidad, dependiendo del objeto y de la intensidad de su implicación con un tema, comparado con otro, y de su competencia para tratar con cada uno de ellos. Así, en algunos casos, las opiniones de un individuo pueden ser consideradas tras un procesado cognoscitivo profundo, o adoptadas, en otros casos, a través de alguna combinación de un procesado cognoscitivo y seguimiento de señales, e incluso, en otros, pueden representar nada más que la aquiescencia superficial tras seguir señales mínimas. Este tema de la calidad de la opinión es uno de los que trataremos, más detalladamente, en un apartado posterior.

El cambio de opinión y de actitud y la experiencia directa

Se ha realizado relativamente poca investigación empírica relacionada con la dinámica de cómo las creencias, los sentimientos y las opiniones individuales cambian en el curso de la vida cotidiana. Las dificultades inherentes al diseño de investigaciones controladas bajo condiciones naturales explican, en buena medida, el porqué de esto. Sin embargo, la investigación que se ha realizado sobre este asunto demuestra que la experiencia directa y personal es una fuente importante de cambio de opinión y de actitud, que de alguna forma es congruente con lo que se sabe partiendo de los estudios sobre los efectos de la comunicación. Aunque no resulte conmovedor, esta conclusión necesita ser enfatizada para contrarrestar cualquier tendencia a concluir, a partir del gran cúmulo de estudios de comunicación que el cambio de opinión es, solo o primariamente, un asunto de los efectos de la comunicación. La aparición de opiniones individuales y su cambio implica transacciones entre los individuos y la totalidad de sus entornos, donde los medios de comunicación constituyen sólo una parte.

Para entender cómo y por qué cambian las opiniones debemos darnos cuenta de que no son sólo producto de la exposición y de la manipulación de los todopoderosos medios de comunicación social. Los individuos son seres activos y creativos, cuyas experiencias personales y directas pueden y, de hecho, representan una parte muy importante de lo que piensan y sienten.

Los estudios de evaluación de los efectos del cambio controlado dentro de la planificación institucional han analizado, entre otras cosas, el cambio de opinión y de actitud (véase, p. ej., Rossi y Freeman, 1993). Un ejemplo históricamente interesante del cambio de actitud y de opinión en un plan institucional es el *Proyecto Clear (Project Clear)*, un estudio que trataba sobre los efectos de integrar unidades militares en acción (Bogart, 1992). Los hallazgos de este estudio documentan lo importante que puede ser la experiencia directa. El diseño de la investigación buscaba entrevistar a blancos y a negros que sirvieran en unidades integradas y segregadas, tanto en Corea como en Estados Unidos.

A principios de 1951, a pesar de la orden del presidente Harry S. Truman pidiendo la integración racial de los militares, el 80 % del personal del Ejército Negro que prestaba sus servicios en Corea todavía estaba en unidades segregadas. Existía evidencia probada de que las acciones de estas unidades eran insatisfactorias y que el problema estaba en el nivel de unidad, y no a nivel individual. Además, existían disparidades en la disponibilidad de los reemplazos de los blancos y de los negros, y la necesidad de los reemplazos estaba conduciendo, de una forma creciente, a la integración, *de facto*, de las unidades segregadas hasta entonces, a pesar de la oposición de muchos.

Al considerar los resultados de la investigación se debería recordar que en ese momento la segregación estaba legal y socialmente reforzada en el sur con respecto a asuntos como el matrimonio, las escuelas, el transporte, los restaurantes, las áreas públicas de descanso, y las fuentes de agua potable. Los contactos sociales interraciales, especialmente entre hombres y mujeres, eran tabú en toda la región. En el resto del país, a pesar del predominio de las creencias y sentimientos con prejuicios a nivel individual, la discriminación era privada e informal y no un asunto de política pública legalmente establecida. Y, por muchísimas razones, incluyendo el deseo de mantener buenas relaciones con los líderes locales de la comunidad, la práctica habitual de los comandantes de puesto militares era adaptarse a las prácticas segregacionales locales, donde quiera que existieran.

Como se esperaba, los blancos nordistas y sudistas llevaron con ellos creencias y sentimientos raciales distintos cuando ingresaron en el Ejército de los Estados Unidos. Por ejemplo, los sudistas blancos estaban bastante más dispuestos a expresar su desaprobación a servir en unidades que incluyeran tropas negras. Pero cuando se les preguntaba cómo se comportarían, de hecho, si los reemplazos de negros fueran asignados a su unidad, la respuesta predominante, tanto de sudistas como de nordistas blancos era, en igual grado, que aceptarían la integración. Por supuesto, la estructura autoritaria del ejército hacía improbable que muchos hicieran otra cosa (Bogart, 1992). Sin embargo, la ausencia de una resistencia abierta a la integración era más fuerte que la aceptación. Existía una diferencia sistemática en la expresión de una oposición personal o de aceptación de la segregación por parte de los blancos asignada a unidades racialmente homogéneas u heterogéneas. Por ejemplo, el porcentaje de blancos que dijo que los negros deberían ser asignados «como individuos sin tener en cuenta su color» fue coherentemente más bajo entre los blancos que prestaban sus servicios en unidades sólo de blancos que aquellos que servían en unidades integradas. Esta diferencia existía con relación tanto a preferencias personales, como a políticas oficiales (Bogart, 1992). Esta diferencia era atribuible específicamente a la experiencia de prestar sus servicios en unidades segregadas o integradas y no a otras influencias tales como los indicadores demográficos personales (Bogart, 1992).

Las entrevistas con tropas en los Estados Unidos continentales produjo resultados comparables: «El contacto con los negros en unidades mixtas en los Estados Unidos Continentales conduce a las tropas de blancos a actitudes más favorables hacia la integración, aunque el modelo de relación es más complejo que el hallado en Corea» (Bogart, 1992: 195). El ambiente civil circundante tenía un efecto independiente significativo. La aceptación de la integración entre los blancos nacidos en el norte asignados a campos de entrenamiento en el norte aumentaba en los niveles de entrenamiento más recientes. Por otra parte, tanto entre blancos nordistas como sudistas entrenados en localizaciones sudistas se cumplía lo contrario (Bogart, 1992). También se detectó que se producía un cambio menos favorable cuando el número de negros en las unidades integradas alcanzaba una densidad que conducía a que fueran percibidos, no como individuos sino como un agregado socialmente distinto. También se produjo un cambio desfavorable entre los blancos nordistas cuyos contactos con los negros no ofrecían expectativas optimistas. Los sentimientos iniciales cambiaron notablemente como respuesta a la experiencia con la integración durante el período de entrenamiento y con asignación a unidades integradas o segregadas.

Claramente, los cambios en la aceptación de la segregación se produjeron como resultado de los cambios en el entorno del ambiente social, que dio a los individuos nuevas experiencias a las que se tenían que ajustar. Esta conclusión no debería ser interpretada como que el cambio de actitud y de opinión puede ser incorporado simplemente por el hecho de manipular las organizaciones institucionales y sociales, sino que resultaba igualmente obvio que las diferencias por las que los individuos llegaban a una nueva situación también tenían su efecto. Pero no puede existir duda alguna sobre el hecho de que la experiencia personal pueda tener una influencia poderosa sobre la opinión, de tal forma que bajo algunas circunstancias podría sobrepasar a otras influencias.

La calidad de la opinión individual

Las opiniones que la gente da sobre los temas pueden diferir considerablemente en su calidad cognoscitiva y afectiva. El hecho de que las opiniones sean el resultado de un proceso de enjuiciamiento no quiere decir que sean necesariamente razonadas, racionales y fuertemente mantenidas como conclusiones provenientes de un amplio cuerpo de información. Aunque las opiniones pueden estar basadas en juicios realizados siguiendo una cuidadosa reflexión y un análisis de hechos, también pueden estar basadas en juicios apresurados que no hacen más que expresar una respuesta visceral sobre un tema. O pueden estar entre ambos extremos. Además, existe una considerable variación entre los individuos con relación a la perfección y a la corrección de los «hechos» que ellos consideran ciertos. Esta variación se ve complicada por las diferencias de tema a tema en la proporción en que la gente está informada sobre cada uno de ellos. Es más, algunas opiniones están asociadas con fuertes sentimientos embebidos en valores profundamente arraigados, en intereses vitales, y articuladas con identificaciones de grupo. En otros casos, hay un escaso o nulo compromiso con las opiniones expresadas, de forma que un individuo puede no hacer otra cosa que interactuar con los puntos de vista más recientemente escuchados. Los intentos para tratar sistemáticamente con tales variaciones han sido obstaculizados por consideraciones ideológicas, conceptuales y metodológicas.

En más de una ocasión se han hecho distinciones contradictorias que conducen, no sólo a confusiones semánticas, sino que frecuentemente han tenido más que ver con preferencias ideológicas, o con las opiniones que deberían ser escuchadas, que con hipótesis que puedan ser probadas. Volveremos a este punto en el capítulo 6, en el contexto de una comparación de las justificaciones que elitistas y populistas dan para sus puntos de vista de lo que debería ser el rol adecuado de la opinión pública en una democracia. En este punto, sin embargo, nuestra tarea es clarificar el concepto de opinión pública a nivel individual.

Resulta típico de las definiciones contrapuestas que confunden el análisis del siguiente contraste: unos diferencian entre «sentimiento» y «opinión», es decir, entre el sentimiento no razonado y el pensamiento razonado. Otros oponen «mera opinión» a «juicio razonado». Lippmann (1946) oponía la opinión casual, que es el producto del contacto parcial, de la tradición y del interés personal con la opinión real, que está caracterizada por los datos exactos, las mediciones, el análisis y la comparación. Blumer (1939: 249) hizo una distinción comparable en su afirmación de que cualquier opinión dada puede situarse «en cualquier lugar entre un punto de vista altamente emocional y prejuiciado y una opinión altamente inteligente y reflexiva». Young (1954: 63) difería ligeramente en que él restringía el término *opinión* a la mitad de un *continuum* de calidad: «Opinión quiere decir una creencia o una convinción más verificable y más fuerte en intensidad que un mero presentimiento o impresión, pero menos válido y fuerte que el conocimiento positivo o realmente verificable. Distinguimos así entre un hecho y una opinión.»

Existe un hipotético *continuum* de calidad común a todas las distinciones que acabamos de hacer. En un polo de este *continuum* están los juicios a los que llegaría alguien que aplique una lógica razonada a hechos verificables y que, consecuentemente, pueden ser fiables. En el otro polo están los juicios basados en la ignorancia o en la información errónea, guiados por la emoción irracional y el producto del pensamiento limitado e indisciplinado. A pesar de su apariencia de razonabilidad, esta conceptualización tiene serias debilidades.

Una debilidad es que el *continuum* no cuenta con las opiniones enfrentadas que son igualmente altas en el contenido cognoscitivo pero que implican valores e intereses en conflicto. Por ejemplo, el apoyo o la oposición a la eliminación del impuesto de beneficio de capital puede reflejar efectos anticipados de tal impuesto sobre los impuestos individuales, más que lo bien informado que está un individuo. De forma similar, la experiencia directa con un tema, como la subida de los precios en el supermercado, puede constituir una base cognoscitiva sensata para las opiniones en las tendencias inflacionarias del dinero incluso en ausencia de conocimiento sobre las estimaciones del Bureau of Labour[6] (que en cualquier caso estarían sujetas a revisión, de la misma forma que los datos son actualizados, corregidos y reanalizados). Más generalmente, casos como la continuada controversia sobre la corrección de las implicaciones de Estados Unidos en Vietnam, después de décadas de debate y la liberación de la información clasificada, remarca la subjetividad de todos los juicios.

Las afirmaciones generales de la calidad cognoscitiva de la opinión de alguien puede ser útil para la retórica política, pero tienen una utilidad analítica limitada. Para esto último puede ser bastante más productivo relacionar la profundidad, el grado, y la corrección del conocimiento relevante que se cita como apoyo a una opinión concreta que los valores, los intereses y los sentimientos asociados con ella. Eso nos permitiría analizar la forma en que los individuos llegan a mantener una opinión, la estabilidad de tal opinión, y las prospecciones para que sea expresada de forma manifiesta.

6. Me ha parecido más correcto no traducir el término, porque no tenemos el equivalente exacto en España. Algo aproximado sería Gabinete de Trabajo, pero no necesariamente en un ministerio. *(N. de la t.)*

La controversia conceptual está centrada en la incidencia de la ausencia de actitudes y de opiniones en los datos de encuestas. Existe una gran evidencia que muestra un número sustancial de entrevistados que expresan su opinión en asuntos de los que tienen escaso conocimiento, conciencia, o interés, de forma que, hasta un punto considerable, los datos de las encuestas pueden estar contaminados por la ausencia de actitudes y de opiniones (Bishop, Tuchfarber y Oldendick, 1986; Converse, 1970, 1974; Schuman y Presser, 1978). Tratar la ausencia de actitudes como si fueran reales, no sólo genera problemas analíticos, sino que también plantea la pregunta de si tienen un papel significativo en el proceso de opinión pública. Como oposición, aparece el punto de vista de que «las series temporales de opinión individual constituyen mediciones fiables del cambio social, y que las tendencias de opinión agregadas muestran a menudo una gran dosis de coherencia y de cohesión» (Smith, 1994: 200; véase también cap. 6 de este volumen; Mayer, 1992; Page y Shapiro, 1992; Smith, 1990; Stimson, 1991).

Smith revisó 36 grandes cambios de opinión (10 % o más a lo largo de un año, y 15 % o más a lo largo de dos años) de acuerdo con las mediciones de la Encuesta Social General (General Social Survey: GSS). Concluyó que más que ser aleatorias o sin sentido, casi todos los cambios eran explicables, en su mayoría como resultado de acontecimientos dramáticos, en otras ocasiones, como resultado de tendencias cíclicas o seculares, mientras que la variación en la medición explicaba la mayor parte de los cambios restantes (Smith, 1994). Sólo dos no eran fácilmente explicables. En otras palabras, después de excluir la influencia de la variación en la medición, los cambios observados en la opinión tienen sentido como resultado de las transacciones entre individuos con sistemas de actitud que pueden ser muy estables, pero cuyos entornos están sufriendo un cambio drástico. Como se discute en el capítulo 6, este hallazgo tiene implicaciones significativas con relación al rol político de la opinión.

La posibilidad de que muchas opiniones medidas sean artefactos creados por una metodología deficiente complica aún más las dificultades para analizar la calidad de las opiniones individuales. De hecho, algunos han concluido que «hay [...] poco grano sustancial que medir [y] [...] el cambio de opinión [es] poco más que ruido aleatorio [...] en buena medida errático, inexplicable, y sin significado» (Smith, 1994: 187). Resultan cuestionables tanto el significado como el tratamiento de las respuestas «no sabe», los efectos de las preguntas con filtro, las respuestas intermedias, y la importancia de las estimaciones de los cortes de opinión. Debemos tener en cuenta también el hecho de que los resultados de las encuestas, habitualmente están sometidos a variación causada por las diferencias en el formato o la estructura de las preguntas. La utilización de tales técnicas, como preguntas abiertas *versus* cerradas, u ofrecer respuestas intermedias más que dicotomías de sí-no, o presentar sólo uno o dos aspectos del tema, y las preguntas filtro para diferenciar a los informados de los no informados, puede influir sensiblemente en el número de personas que buscan categorías de respuestas alternativas o que responden «no sabe» o «no contesta» a una pregunta (Bishop, 1987; Bishop, Oldendick y Tuchfarber, 1982, 1983, 1984; Bishop, Oldendick, Tuchfarber y Bennet, 1980; Bishop, Tuchfarber y Oldendick, 1986; Bogart, 1967; Gilliam y Granberg, 1993; Hippler y Schwarz, 1989; Sánchez y Morchio, 1992). Es más, las respuestas «no sabe» y «no contesta», frecuentemente tratadas como sinónimos, habitualmente tienen significados distintos. Una respuesta «no sabe» puede reflejar falta de certeza, incluso después de haber pensado, mientras que «no contesta» puede indicar más la ausencia de cualquier certeza o pensamiento. No considerar esta distinción silencia los intentos de especificar la calidad de las opiniones tal como se expresan en un sondeo (Duncan y Stenbeck, 1988). Finalmente, las estimaciones de porcentaje por las que la opinión se fracciona en un tema determinado se ven significativamente afectadas por las técnicas analíticas y las redacción de las preguntas (Sigelman y Presser, 1988). En resumen, gran parte de la inestabilidad y del bajo contenido cognoscitivo de la opinión, tal como se mide en las encuestas, puede adscribirse a la metodología empleada.

Los temas conceptuales y metodológicos como los que acabamos de revisar subrayan las dificultades encontradas al intentar determinar la calidad de las opiniones individuales en términos de una presumible escala objetiva de bondad. Por contraste, las asociaciones de valores e intereses, creencias y sentimientos, y de variables situacionales a las opiniones expresadas son medibles, sin necesidad de alcanzar ninguna conclusión en cuanto a la calidad objetiva de estas opiniones. En consecuencia, evitando la tarea imposible de evaluar objetivamente la calidad de una opinión, apoyando la medición de esas asociaciones, podemos analizar hasta dónde las variables actitudinales y sustanciales antecedentes afectan a la aparición de opiniones individuales.

El rol de los medios de comunicación

La interpretación de cómo funcionan los sistemas actitudinales que se presenta aquí está basado en la proposición de que son variables intervinientes que afectan las opiniones mediante las percepciones mediatizadas. Pone de relieve esta proposición la naturaleza selectiva de los efectos de las comunicaciones. La exposición selectiva a las comunicaciones, la percepción selectiva y la interpretación del contenido del mensaje, y la retención selectiva y la integración de esas comprensiones predispone a los individuos a juzgar un tema de una forma o de otra, limitando, por tanto, al grado en el que las campañas de comunicación pueden cambiar las opiniones (Klapper, 1960). Es más, la investigación realizada en los primeros años de la década de 1940 y 1950 indicaban que «los hechos pueden ser comunicados con éxito sin producir los cambios de opinión que se esperaba que produjeran» (Klapper, 1960: 88). Las circunstancias de una situación, tales como estar sujetos a presiones cruzadas creadas por los miembros y las normas de grupos en conflicto y estar obligados a transmitir una opinión concreta abiertamente también puede limitar la efectividad de las campañas de comunicación (Klapper, 1960). Otras limitaciones importantes en el rol de los medios de comunicación son las comunicaciones interpersonales, la influencia personal y el liderazgo de opinión (como se verá en el capítulo 3).

El efecto acumulativo de los hallazgos de la investigación tales como los que acabamos de relacionar plantean un reto a la imagen de los todopoderosos medios de comunicación que manipulan la opinión a voluntad. En lugar de la asunción de que las opiniones individuales no podrían resistir la influencia de las campañas de los medios de comunicación de masas se propuso la «ley de los efectos mínimos». Esta ley propone que las comunicaciones de masas normalmente no tienen mayores consecuencias con respecto al cambio de actitudes y opiniones (Klapper, 1960). De acuerdo con la ley de los efectos mínimos, aunque los individuos puedan cambiar su opinión como respuesta a comunicaciones externas, los efectos de los medios son pequeños e incrementables.

A pesar de la gran cantidad de hallazgos empíricos que parecen sustanciar la ley de los efectos mínimos, ésta ha sido objeto de una crítica considerable.

Para muchos críticos, simplemente desde una perspectiva de sentido común, no tiene mucha razón de ser que la exposición continuada a los mensajes transmitidos por los medios de comunicación de masas (incluido todo, desde la publicidad del producto, a la violencia interpersonal o a las campañas políticas) no influye de una forma significativa en el pensamiento y el comportamiento. La teoría de la *agenda-setting* se ha presentado como un modelo alternativo a la ley de los efectos mínimos, específicamente con respecto a las opiniones. Aunque no acepta la desacreditada imagen de los todopoderosos medios de comunicación, la teoría de la *agenda-setting* les adjudica una gran parte del rol en el proceso de opinión pública.

En cierto sentido, puede decirse que la teoría de la *agenda-setting* no hace más que recordarnos que los medios de comunicación de masas afectan al proceso de opinión pública dando importancia a los asuntos seleccionados. Sin embargo, también llama nuestra atención hacia aspectos del proceso que no pueden ser ignorados. El punto de partida de la teoría de la *agenda-setting* es la proposición de que los medios de comunicación de masas son, cada vez más, el vínculo entre los candidatos políticos y los votantes, que los candidatos utilizan los medios de comunicación de masas para llegar al electorado en lugar de los contactos personales, y que los votantes obtienen la mayor parte de la información de su entorno de los medios de comunicación de masas. Esto conduce a la hipótesis de que «los medios de comunicación de masas establecen la agenda para cada campaña política, influyendo en la aparición de las actitudes hacia los temas políticos» (McCombs y Shaw, 1972: 176-177). Una elaboración de esta hipótesis es que al decidir de qué noticias informar, y a cuáles darles importancia, los editores son capaces de controlar los temas de conversación y de pensamiento de la gente. De esta forma, de acuerdo con la teoría de la *agenda-setting*, los medios de comunicación de masas vienen a representar el papel más importante para determinar lo que la gente considera que es importante (McCombs, 1992; McCombs y Shaw, 1977).

Existe un complejo abanico de los tipos de medios y de los acontecimientos noticiosos que influyen en la *agenda-setting*. Por esta razón, sería un error asumir que la agenda pública, por ejemplo, tal como se registraba en las respuestas a las preguntas del sondeo tales como: «¿Cuál es el problema más importante que tiene que afrontar el país hoy?» es un simple reflejo de lo que está en titulares. Sólo la variedad de medios de información lo hace imposible. Así, la eficacia de la *agenda-setting* varía si se trata de medios impresos o de difusión, así como de medios nacionales, regionales y locales (Wanta y Hu, 1994). Análogamente, existe una gran variedad de formas con las que los diferentes sectores del público responden a las noticias. Algunos miembros del público prestan habitualmente una atención considerable a lo que se está produciendo en las noticias, mientras que otros ponen muy poco interés. Paradójicamente, al menos en el corto plazo, el efecto de la *agenda-setting* de los medios de comunicación puede ser mayor en los que no ponen interés. Aparentemente, es más probable que los anteriores hayan desarrollado su propia agenda sobre la base de algunas influencias relacionadas con su compromiso político. Los desinteresados, por otra parte, son más susceptibles de influencias inmediatas y propias de una situación (Singer y Ludwig, 1987). Este hallazgo es relevante para la controversia elitista-populista discutida en el capítulo 6.

Adicionalmente, el flujo de temas y de acontecimientos es irregular, interrumpido en ocasiones por «temas silenciadores»[7] que dominan repentinamente las noticias (Brosius y Kepplinger, 1995). Consecuentemente, en la competición de los acontecimientos por aparecer en los medios, las opiniones editoriales sobre lo que es importante refleja un equilibrio de percepciones por el interés público, lo que el editor considera significativo, y el drama inherente a un acontecimiento. El nivel en que los medios de masas pueden situar la agenda pública está en función de lo bien que los editores realicen este acto de equilibrado, y no en una reflexión mecánica de lo que se imprime o difunde.

De forma implícita a la teoría de la *agenda-setting* surge la asunción de que los medios de comunicación de masas tienen un efecto directo en la opinión individual mayor que el producido por las comunicaciones interpersonales (McCombs y Shaw, 1977). La dinámica de lo interpersonal frente a las comunicaciones masivas se discute con más detalle en el siguiente capítulo. En esta ocasión sólo ponemos de relieve la evidencia de que la interacción de las comunicaciones masivas e interpersonales es compleja y no puede ser reducida a fórmulas excluyentes. Por ejemplo, hay alguna evidencia de que el proceso de la *agenda-setting* puede, en primer lugar, influenciar la opinión de los líderes que median entre los *mass media* y el público, sirviendo como guía de asesoramiento y de orientación para los otros (Weimann y Brosius, 1994).

7. El término utilizado, *killer issues*, hace referencia a un tipo de noticias tan emergente, que por su propia naturaleza silencian y ocultan otros temas. *(N. de la t.)*

La teoría de la *agenda-setting* destaca más los aspectos cognoscitivos que los afectivos dentro de los efectos de la comunicación de masas en la formación de opinión, enfatizando el nivel de atención, la consciencia, y la información. Estos factores llegan a ser el centro de atención más que los niveles de apoyo para competir por las posiciones de los temas (McCombs y Shaw, 1977). También, cuando la efectividad de los medios se mide a lo largo de un *continuum* cognoscitivo-afectivo, la efectividad mayor se encuentra en el extremo cognoscitivo. Por ejemplo, en una evaluación de la efectividad de una campaña oficial diseñada para generar apoyo para la reforma económica en China se descubrió que la campaña era muy eficaz al difundir la información sobre la reforma económica, bastante eficaz al suministrar razones para la reforma, algo eficaz para conseguir apoyo para la política, e ineficaz para conseguir apoyo para el partido comunista (Zhao, Zhu, Li y Bkeske, 1994). Este tipo de relación entre la eficacia y el contenido cognoscitivo *versus* el afectivo de los mensajes, indudablemente subraya la controversia de los teóricos de la *agenda-setting* que enfatizan los aspectos afectivos de la comunicación que conducen a la ley de los efectos mínimos (McCombs y Shaw, 1977). En este contexto, se debería tener en cuenta que este hallazgo es, también, coincidente con la investigación previa, que mostraba que la comunicación de hechos con éxito no conduce por sí misma al cambio de opinión.

Las dimensiones cognoscitiva y afectiva de los sistemas de actitud están íntimamente asociados con la interacción de unos con otros. Por tanto, no podemos evaluar adecuadamente el rol de los medios de comunicación de masas con relación a los efectos cognoscitivos de la *agenda-setting* y a largo plazo, así como los efectos mínimos afectivos a corto plazo, simplemente en términos de una oposición entre los aspectos afectivos y cognoscitivos de su función. Necesitamos avanzar en la especificación del rol de los *mass media* de forma que se integren los aspectos cognoscitivos y afectivos del cambio de opinión. La mejor manera para poder lograrlo sería examinando el rol de los medios de comunicación de masas con respecto al establecimiento de la importancia de los acontecimientos y de los temas en el pensamiento individual como el compromiso emocional de los individuos en esos acontecimientos y temas.

Un caso de muestra: los debates presidenciales

La investigación empírica sobre las reacciones de los televidentes hacia los debates presidenciales televisados ofrece una prueba de interpretaciones alternativas del rol de los medios de comunicación de masas en el proceso de opinión. En primer lugar, debemos enfatizar que los debates son acontecimientos comunicativos, que son experimentados por sus audiencias en su totalidad y que lo que cada orador dice es sólo parte del acontecimiento, si bien una parte central. Por ejemplo, la experiencia directa a través del visionado de los debates televisados tenía más efecto que la simple lectura sobre ellos (Graber, 1978).

Aunque los comentarios de cada candidato están preparados y ensayados, lo que ocurre durante el debate y lo que se dice es más que una manipulación simbólica planeada. Dependiendo del formato de un debate, hay lugar para la improvisación por parte de ambos oradores e interrogadores, especialmente si los miembros de la audiencia hacen preguntas. Las circunstancias no previstas tales como el fallo del equipo, la forma en que los debatientes responden a los entrevistadores y a la audiencia *in situ*, y las contestaciones abiertas de la audiencia *in situ* pueden, y de hecho, han afectado el contenido y el tono de los debates. Además, los miembros de la audiencia están «primados» por lo que saben y han pensado con antelación y anticipado lo que podría suceder (Katz y Feldman, 1962). Finalmente, dado que son acontecimientos, además de ser experimentados directamente, los debates también se experimentan indirectamente a través de la cobertura que reciben de los medios de información y a través de las conversaciones con otros (Deutschmann, 1962). Por estas razones, los efectos que los debates televisados tienen en las opiniones individuales combinan elementos tanto de las comunicaciones como de la experiencia directa de formas complejas.

Los análisis de las reacciones de la audiencia a los debates presidenciales televisados documentan la importancia del *input* cognoscitivo en la formación y el cambio que resulta de la exposición a los medios de comunicación; pero también confirman muchos de los preceptos básicos de la ley de los efectos mínimos. Con relación a los anteriores, una característica distintiva de los debates presidenciales es que la atención de los medios pueden hacer de ellos titulares de noticias, por su mera existencia. Una serie de foros esponsorizados por la Liga de Mujeres Votantes (League of Women Voters) durante la fase primaria de la campaña presidencial de 1976 atrajó la atención de pequeños medios y audiencias minúsculas. Sin embargo, los esfuerzos más recientes de la Liga se hicieron por organizar debates entre los candidatos de los partidos mayoritarios y ser emitidos en las redes más importantes durante la campaña de otoño y que fueran tratados por los medios de información como historias de noticias importantes por derecho propio, aunque sólo fuera por las dificultades en llegar a un acuerdo para que se celebrasen (Alexander y Margolis, 1978).

En el otoño de 1976, una audiencia nacional estimada en 97 millones vio o escuchó uno o más de los cuatro debates que se celebraron (*The Gallup Opinión Index,* octubre 1976, n.º 135). La casi monopolización de las ondas por las redes, en combinación con la atención de los medios más importantes, generaron, sin duda alguna, esta gigantesca audiencia, pero el contraste en los tamaños de la audiencia atraídos por los anteriores foros de la Liga es realmente instructivo. Cuando los medios informativos dan importancia a los debates presidenciales, éstos puede ser un factor importante para generar interés por verlos entre los miembros del público no informados, como sucedió en 1976. Sin embargo, también se debería observar que mientras que la novedad de los debates de 1960 y la excpectación generada por ellos puede haber contribuido a la alta participación de aquel año (63,8 %), en 1976 la participación de los votantes cayó hasta un 54,4 %. La preeminencia en las noticias conseguida por los debates presidenciales no invirtió la tendencia, a largo plazo, del descenso en la participación de los votantes.

Los debates televisados pueden reducir los efectos de la exposición selectiva, debido a la proclividad por escuchar solamente mensajes que provienen de nuestro partido o de nuestro candidato preferido (Katz y Feldman, 1964). Al contribuir a que los debates ocupen un lugar importante en la agenda pública, los medios informativos pueden, hasta un punto, contrarrestar contra la tendencia habitual de que los políticamente no comprometidos ignoren todas la actividades de la campaña, y a que los políticamente partidarios presten atención sólo a su parte de la campaña. Más aún, y lo más intrigante, es la función interpretativa de los medios informativos, que pueden incluso superar los efectos de la experiencia directa. Por ejemplo, existen pruebas de que en 1976 hubo una inversión de las reacciones de los televidentes al primer debate entre Jimmy Carter y Gerald Ford, donde Carter salía mejor parado en las medidas tomadas inmediatamente después del debate y Ford mejorando una semana más tarde (Lang y Lang, 1978). Algo similar sucedió en 1960 con las reacciones a los debates Kennedy-Nixon mediados por las interpretaciones de los medios de comunicación (Deutschmann, 1962). En este caso, existen indicios de que las conversaciones personales también mediaron los efectos inmediatos y directos. Además de los efectos a la comunicación directa al haber visto el debate, las reacciones a largo plazo de los debates presidenciales fueron el resultado de las interacciones de los efectos de la cobertura mediática y las comunicaciones interpersonales.

Aunque los debates televisados aportan mensajes de ambos lados de una campaña a segmentos del electorado que normalmente no se enterarían de ellos, no eliminan la capacidad de las predisposiciones a minimizar la influencia persuasiva de estos mensajes. Por el contrario, en 1960, y de nuevo en 1976, aunque los debates generaron algunos cambios en las preferencias de candidatos, su efecto primario era reforzar las predisposiciones existentes (Hagner y Rieselbach, 1978). Los miembros de la audiencia que asistieron a los debates con unas preferencias establecidas hacia un candidato permanecieron en gran medida leales. Si se produjo algún cambio fue primariamente entre los políticamente independientes, es decir, entre los que no tenían predisposiciones fuertes e integradas (Tannenbaum, Greenberg y Silverman, 1962). Lo que se dijo y lo que ocurrió durante los debates no tenía un significado objetivo e inevitable, sino que fue selectivamente percibido e interpretado de acuerdo con las creencias y los sentimientos previos al debate. Incluso cuando son experimentados directamente, acontecimientos comunicativos como los debates presidenciales están sujetos a los habituales y selectivos efectos de las predisposiciones que actúan minimizando el cambio de actitud y de opinión (Deutschmann, 1962; Graber, 1978).

Hay indicios de que los debates presidenciales no han dinamizado una variación importante en las intenciones de voto o incluso no han iniciado ninguna tendencia significativa. Eso no es decir que ellos no induzcan algunos cambios, sino sólo que los que se produjeron fueron limitados. Más que persuadir a los televidentes a cambiar las intenciones de voto, los debates redujeron la incertidumbre sobre las intenciones existentes, reforzando sus bases cognoscitivas (Becker, Sobowale, Cobbey y Eyal, 1978). También influyó la imaginería de los candidatos, induciendo a cambios medibles como respuesta a la calidad de la actuación de cada candidato (Lang y Lang, 1962), clarificando y reafirmando las imágenes que los televidentes ya tenían de los candidatos (Nimmo, Mansfield y Curry, 1978), y agudizando las asociaciones entre candidatos con temas concretos, lo que mejoraba su capacidad para servir como altavoces de estos temas (Lang y Lang, 1962). Un posible efecto «dormilón» *(sleeper)* a largo plazo de estos cambios en la imaginería, que necesita ser confirmada, es que, una vez que las imágenes se han establecido en un debate, actúan como predisposiciones que influyen en los juicios futuros (Lang y Lang, 1962). Así, a pesar incluso de que los debates no eran muy persuasivos con relación a las intenciones de voto, influyeron en el proceso cognoscitivo de una forma políticamente significativa.

Dado que ocurrían en el contexto de tendencias que evolucionan, es muy difícil distinguir los efectos del debate de los efectos de las tendencias a largo plazo. No está del todo claro si el Carter que se mostraba relativamente fuerte en el segundo debate de 1976 frenaba una tendencia pro-Ford o simplemente coincidía con el pico de una tendencia que ya estaba iniciada (Graber, 1978). Los contextos de una campaña también necesitan ser tratados al evaluar la importancia de los efectos del debate porque, incluso, pueden hacer mínimos los efectos políticamente significativos. La significación política de los efectos de las comunicaciones es muy diferente en su magnitud. Ciertamente, éste fue el caso en 1960, cuando el margen de victoria de Kennedy sobre Nixon se registró en décimas de punto. Si los debates de 1960 afectaron o no al resultado de las elecciones de aquel año es una cuestión muy diferente de si los medios de comunicación tienen sólo efectos mínimos sobre la opinión. Para comprender totalmente lo que ocurre como consecuencia de ver los debates televisivos debemos considerar cómo encajan en la marcha total de la campaña y no verlos sólo como acontecimientos aislados.

Como esta revisión de los efectos de los debates presidenciales demuestra, los medios de comunicación no tienen una sola función al formar y cambiar las opiniones individuales, actuando de forma separada y diferente de otras influencias. Pueden ser, y a menudo lo son, influencias poderosas sobre las opiniones individuales, pero como parte del flujo diario de actividad. Lo que importa, definitivamente, es la forma en que los medios se integran en esa marcha, no tanto si sus efectos pueden ser medidos en pequeñas fracciones o van en aumento, o como influencias mayores, que dan forma y dirección al proceso cognoscitivo del que emergen las opiniones individuales.

Las predisposiciones actitudinales tienen un efecto selectivo y limitador en la forma de respuesta de los individuos a todas las influencias, no sólo a los medios de comunicación. Cuando los debates televisivos inducen al cambio, por ejemplo, clarificando las imágenes del candidato y reforzando las preferencias hacia el candidato, lo hacen así de acuerdo con los principios generales relacionados con el mantenimiento de sistemas actitudinales y el proceso cognoscitivo y no de una forma especial. La *agenda-setting versus* la ley de los efectos mínimos no es una cuestión de los medios *per se*, sino una cuestión de la dinámica de la opinión individual bajo condiciones concretas. Para comprender el rol de los medios de comunicación en el proceso de opinión pública necesitamos examinar la forma en que se ve influenciado el proceso de comunicación por las características que definen los distintos medios y la forma en que están organizados. Lo haremos, pero sólo una vez que hayamos considerado el proceso de las comunicaciones en sí (en el capítulo 3).

La movilización colectiva de las opiniones individuales

Para recapitular, las opiniones individuales son el resultado de las transacciones entre estados psicológicos internos y circunstancias externas. Dado que son el resultado reflexivo de cómo los individuos se relacionan con sus mundos reales, es un error pensar en ellos como otra cosa que no sean verbalizaciones abiertas de actitudes latentes que han sido activadas por influencias situacionales. Sin embargo, independientemente de que las opiniones individuales puedan ser sabias o estúpidas, representan los esfuerzos individuales por dar sentido a los temas en su mundo de experiencia juzgándolos con relación a sus propias creencias, valores, intereses y sentimientos.

Cuando los individuos se reservan sus opiniones, esos temas no llegan a ser significativos, social o políticamente. Las opiniones mantenidas en privado no entran en la arena pública hasta que los individuos no se cuentan unos a otros lo que piensan sobre un tema, o actúan por ellos en presencia de otros. Sin algún tipo de intercambio o actuación pública, el proceso de opinión pública queda retenido, con las todavía privadas opiniones individuales inmóviles y en el «almacén». En ese caso, las opiniones individuales permanecen sólo como un *input* potencial, hasta que por cualquier razón pueden ser finalmente introducidas en el discurso público.

Por supuesto, incluso almacenadas, las opiniones individuales siempre están sujetas al cambio como consecuencia de las transacciones continuas entre las circunstancias externas cambiantes y los sistemas actitudinales existentes, que a su vez puede ser modificado como en alguna medida en reacción a los acontecimientos que intervengan. Éste es un argumento importante para la proverbial volatilidad de la opinión pública.

Lo que no puede ser asegurado al aplicar la perspectiva transaccional que acabamos de discutir es la forma en que las opiniones individuales llegan a ser significativas y efectivas en la vida social y política. Conseguirlo exige ir más allá de los análisis de la dinámica de la opinión individual, a la consideración de procesos colectivos. Existe un nivel distinto del proceso colectivo a través del cual *a*) un problema se convierte en importante, al menos para algunas personas, aunque sea una minoría; lo que conduciría a la discusión *b*) sobre qué resulta tener más importancia; *c*) qué soluciones alternativas se han formulado y después seleccionado, y *d*) culminar en la movilización final de opiniones para afectar la decisión colectiva (D. Katz, 1972). Este nivel colectivo del proceso debe ser examinado por su propio derecho. Para tal examen resulta vital lo que sucede con la introducción de las opiniones individuales mantenidas en privado en el discurso público.

> La opinión pública, o más apropiadamente el proceso de opinión pública, es una descripción, en el plano colectivo, y hace referencia a la movilización y a la canalización de las respuestas individuales que afectan a la toma de decisiones de grupo o nacionales (D. Katz, 1972: 13).

Esta movilización colectiva, y la canalización de las opiniones individuales, no puede ser entendida si nos ceñimos al análisis en el plano individual. Por esta razón, en el capítulo 3 consideraremos lo que ocurre cuando hay un intercambio de opiniones individuales.

CAPÍTULO 3

LA OPINIÓN COLECTIVA COMO FUERZA SOCIAL

Las opiniones individuales son los bloques constructores de la opinión colectiva como una fuerza social, pero no crean y no pueden crear esa fuerza social por sí mismas. Incluso si existe unanimidad de opiniones individuales, hasta que no se han agrupado e integrado de alguna forma unas con otras, las opiniones no tienen significación más allá del nivel del pensamiento y la acción individual. Esta agrupación implica más de lo que los agregados estadísticos de opiniones individuales pueden recoger.

Los modelos electorales de opinión pública, como los utilizados en los sondeos de opinión pública, centran la atención casi exclusivamente en unidades de opinión individuales, desviando así la atención de los procesos a través de los cuales la opinión colectiva emerge como una fuerza social. Sin embargo, la opinión colectiva no es «el agregado estadístico de las opiniones de una parte del público, sino más bien un proceso social que implica las interacciones de las opiniones expresadas públicamente» (Mutz, 1989: 21; véase también Albig, 1956; Blumer, 1939, 1948). Para tratar los procesos de los que la opinión colectiva emerge debemos contestar a las siguientes preguntas: ¿De qué forma se aglutinan las opiniones individuales en una fuerza colectiva? ¿Cuáles son los procesos a través de los que esa fuerza integra las opiniones individuales en las actividades del grupo? Una vez que las opiniones se han coaligado, ¿cuál es la naturaleza de la fuerza resultante?

Comunicación y opinión colectiva emergente

La integración de las opiniones individuales en una opinión colectiva no tiene lugar mediante un instrumento inefable o misterioso que permea la atmósfera social y que la hace sentirse mística de alguna manera. Más bien, la opinión colectiva aparece y se expresa a través de la comunicación de opiniones entre individuos y dentro de los grupos a los que pertenecen. El resultado es un modelo complejo de opiniones individuales coaligadas que se convierten entonces en una realidad y en una fuerza social por derecho propio.

La función de la comunicación de coaligar opiniones individuales en una opinión colectiva es un caso especial de la proposición establecida hace ya tiempo de que la comunicación es un instrumento para todos los procesos sociales, el medio por el que las «relaciones humanas existen y se desarrollan» (Cooley, 1909: 61). Desde esta perspectiva, las instituciones, las organizaciones y los grupos no existen como entidades sino como redes de comunicación compartidas que unen a los individuos unos con otros a través de su participación, a lo largo del tiempo, en comportamientos comunes o compartidos. Así, un partido político «como una entidad histórica es meramente el extracto de miles y miles de [...] simples actos de comunicación, que tienen en común ciertos rasgos de referencia persistentes» (Sapir, 1931, vol. 4: 78). De una forma similar, la opinión colectiva emerge de innumerables actos de comunicación interindividual e intergrupal, de «los procesos de discusión, debate y de toma de decisión colectiva» (Price, 1992: 91). Por encima de todo, la opinión colectiva es un concepto comunicativo.

Esta conceptualización emergente contrasta con la visión de la opinión pública como una forma de acción colectiva, que no existe en un plano separado de la acción individual y que es una fuerza que existe, de alguna forma, separada de las opiniones individuales. En lugar de esto, lo sustituimos con la siguiente proposición: la coaligación de las opiniones individuales en una fuerza social que llamamos opinión colectiva es la consecuencia de la aparición del conocimiento común de personas que se comunican entre sí utilizando un universo discursivo común.

Conocimiento común

Una parte esencial de la idea del conocimiento común es que la respuesta de un individuo a un estímulo puede servir como estímulo paralelo a otro individuo expuesto al mismo estímulo inicial y que puede conducir a respuestas comparables de ambos. Como resultado, el comportamiento de cada persona está, de hecho, continuamente ajustado al comportamiento del otro y a las expectativas resultantes de lo que será la respuesta del otro (véase, p. ej., G. Mead, 1934). Sin embargo, el conocimiento común explica por qué, en un partido de béisbol, la respuesta del segundo base a una pelota matada en la tercera línea de base refleja lo que espera que el tercer base hará, y viceversa. Jugar un partido no es solamente una secuencia de actos individuales, sino más bien un modelo de actos interconectados, unidos por creencias y expectativas compartidas por ambos.

El conocimiento común implica la existencia simultánea e inseparable de dos o más actores individuales y un nivel de acción que es independiente de ellos como individuos. Eso incluye el auto-conocimiento, un sentido de tus propias acciones, como expresión de los pensamientos y sentimientos íntimos, más un conocimiento de la forma en que todo se relaciona, y que en cierta forma es la consecuencia de las acciones, pensamientos y sentimientos de otros con los que uno está interactuando. La aparición del conocimiento común, sin embargo, es el producto de complejos modelos de consenso y disenso percibido dentro de una colectividad y no sólo entre individuos; de las expectativas de comportamiento de uno mismo y de los otros y de las consecuencias del comportamiento de estas percepiones y expectativas. Finalmente, la calidad del conocimiento común puede variar, dependiendo de las interacciones de estos factores.

La reciprocidad dentro del proceso de la opinión pública destaca en cada individuo las expresiones de opinión individual que son, al mismo tiempo, respuestas a las opiniones del resto de la colectividad. Más que contrastar las opiniones individuales con la opinión supraindividual incorpórea, la reciprocidad nos permite reconocer la simultaneidad de lo subjetivo y de lo objetivo; la simultaneidad en este conocimiento del yo íntimo y de lo que uno piensa, forzosamente implica el conocimiento de otros ajenos y lo que están pensando.

Sin un proceso en el que los individuos vislumbren cómo se comparan sus opiniones en las asunciones, sentimientos y creencias de otros: tanto concordantes como discordantes, las opiniones individuales pueden no ser otra cosa que una mezcolanza de idiosincrasias. Ese proceso es comunicación. El conocimiento común nace de la comunicación. Esto, a su vez, conduce a la aparición de una opinión colectiva (véase Bryce, 1891, para una descripción temprana de este proceso).

Para que las opiniones individuales lleguen a ser parte de una opinión colectiva, el individuo debe tener alguna idea de cómo encaja su opinión y se compara con la complejidad de la totalidad de otras opiniones. Ellos no llegan a ser socialmente significativos uno por uno, sino en relación con el conjunto de las opiniones percibidas de otros que están preocupados por el mismo asunto (véase G. Mead, 1934, para una discusión de la interrelación del «yo» y del «otro generalizado»).

Lo que hace posible el conocimiento común es el conjunto de interacciones complicadas entre el acuerdo o desacuerdo percibido por parte de otros, las expectativas de sus comportamientos, y las consecuencias en el comportamiento de estas percepciones y expectativas. A través de estas interacciones, un grupo de individuos experimenta los puntos de vista de los otros en términos de modelos de consenso y no sólo como una cuestión de un número de individuos con una mentalidad similar que desarrollan un sentido de solidaridad. Ésta es la razón por la que la opinión colectiva no puede ser definida como el término medio o la norma de un grupo ni como la opinión dominante. Más bien existe una representación colectiva, un conocimiento compartido de lo que la gente piensa sobre un asunto, en el entendimiento de lo que son las respuestas, probablemente diferentes, a un asunto, y de quién apoya cada punto de vista (véase Lang y Lang, 1983). Una implicación importante de esta perspectiva es que la opinión colectiva no es una forma de control social como tal, sino una fuerza que puede iniciar mecanismos de control social. Volveremos a este punto más tarde.

La comunicación es el medio por el que el conocimiento común emergente, con un reconocimiento implícito del alcance del consenso (o disenso) dentro de un grupo, produce la opinión colectiva. Esto ocurre, en su forma más simple, en aquellas conversaciones por las que los individuos intercambian opiniones sobre diferentes temas del día, conversaciones que sirven como crisoles en los que se forja la opinión colectiva (véase E. Katz, 1992, para una discusión más amplia del rol de la conversación). Dos consecuencias importantes de las conversaciones son:

1. Mientras los individuos articulan y defienden sus opiniones llegan a comprender mejor su propio pensamiento y sus implicaciones, hasta el punto de que pueden incluso sorprenderse ellos mismos por expresar opiniones de las que no tenían conocimiento previo pero que aparecen como consecuencia del esfuerzo para comunicarse con los otros.

2. Cada individuo llega a estar «más o menos enterado de la similitud de sus opiniones con las de otros; ya que si cada uno se

cree aislado en su evaluación, ninguno de ellos se sentiría (y hasta aquí no lo sería) que se hallara en estrecha asociación con otros como consigo mismo» (E. Katz, 1992: 84).

La confluencia de estas consecuencias se experimenta como una característica de la colectividad interactiva, con el resultado de que las opiniones individuales están subsumidas bajo una opinión dominante (E. Katz, 1992). Bajo la casi inefable cualidad de esta experiencia subyace la concepción histórica de «la opinión pública como un estado mental, difuso, sin forma, y que se eleva como una nube [...] una fuerza como corrientes del aire o del océano, cambiando constantemente en sus contornos y en sus direcciones». También contrasta con el sondeo de opinión pública que «requiere que estas corrientes evasivas sean tratadas como si fueran estáticas», definibles y medibles (Bogart, 1985: 15).

La importancia del conocimiento común para la aparición de la opinión colectiva como fuerza social es evidente en el informe periodístico de Smith sobre las medidas usadas por el gobierno soviético durante las décadas de los setenta y los ochenta para evitar su aparición (Smith, 1990). Como él resaltaba, el objeto de la censura soviética era «no sólo bloquear los puntos de vista no deseados, sino mantener a la gente infeliz alejada de conocer cuántos otros millones compartían su infelicidad, para mantener a la oposición aletargada frente a su propia fuerza emergente». Sin embargo, pequeños grupos de académicos disidentes en lugares como la Ciudad Académica, a 2.000 millas al este de Moscú y bastante lejos de las ciudades periféricas de Novosibirsk, «para no caer constantemente bajo los ojos suplicantes de las autoridades locales de los partidos regionales» (Smith, 1990: 8-16) podían trabajar de forma privada y en clandestinidad para intercambiar los resultados de sus investigaciones. La existencia de estos grupos frustró los esfuerzos gubernamentales para evitar la aparición del conocimiento común recíproco y representar un papel más importante en el colapso eventual de los dictadores comunistas.

El conocimiento común puede aparecer mediante la participación en una sociedad más amplia, no sólo a través de la comunicación interpersonal. De hecho, tal participación es crucial para la existencia del conocimiento común en el público general, en sociedades grandes y complejas que ofrecen a los individuos geográficamente dispersos oportunidades limitadas para una experiencia directamente compartida y para la comunicación directa.

Resulta ilustrativo el comentario retrospectivo de una entrevista periodística a un elector que había votado republicano en las elecciones al Congreso de 1994 (que finalizó con una decisiva victoria republicana sobre los anteriormente dominantes Demócratas) que decía: «Deseaba un cambio en la acción de los políticos. No sabía que el país entero sentía lo mismo. Me sorprendió mucho que yo votara de la forma en la que lo había hecho la mayoría de los americanos» (Berke, 1995: 1, 7).

Aunque anecdótico, este comentario ilustra sucintamente la diferencia entre introducir las papeletas individuales en una elección secreta y una opinión colectiva basada en el conocimiento común. Las elecciones secretas están diseñadas específicamente para agregar las preferencias de los individuos (cualesquiera que sean las fuentes de estas preferencias) y no registrar una opinión negociada. Los resultados de una elección secreta pueden estar conformes con las expectativas individuales, o pueden sorprender al electorado, pero, en cualquier caso, sirven para crear el conocimiento común al comunicar al público general una idea de lo que los otros piensan. Más que ser meras expresiones de la opinión colectiva, las elecciones pueden ser también entendidas como información de entrada *(input)*. Esto es, que una vez que se desarrolla el sentido de conocimiento común sobre la base de lo que las elecciones arrojan, comienza a ser parte del contexto situacional en el que los individuos reaccionan, influenciando y reforzando, por tanto, la formación de las opiniones individuales.

Si aparece una sensación de conocimiento y de reconocimiento mutuo dentro de un número de grupos, especialmente si estos grupos están vinculados de alguna manera, ya no es una cuestión de que algunos piensen, por ejemplo, que la policía debería expulsar a las personas sin techo de los parques públicos o de los metros, mientras que otros están a favor de que los sin techo levanten refugios en lugares públicos. En lugar de eso, los individuos previamente aislados que están de acuerdo depositan ahora la autoridad, e incluso el poder, que se deriva de la creencia de que son parte de una entidad superior.

También aparece una forma significativa de conocimiento común cuando las opiniones individuales difieren. La naturaleza y las bases del desacuerdo se explican mediante el debate y las alianzas establecidas entre aquellos que están de acuerdo, en contra de los otros. Las formas de comprender las opiniones en conflicto, habitualmente son imperfectas, pero se puede llegar a determinar qué opiniones son diferentes, cuánto puede prevalecer el desacuerdo, y con qué intensidad se mantienen las opiniones enfrentadas mediante los actos de comunicarse los unos con los otros. De esta forma, la opinión colectiva que aparece viene a incluir un sentido del alcance y la forma de la contienda y el conflicto social. Así, al comenzar con el desacuerdo entre individuos, la comunicación puede establecer una base para el conflicto entre facciones que va más allá de la disputa individual.

La opinión colectiva, como fuerza social, es multidimensional, de forma que corresponde a dimensiones cognoscitivas, afectivas, y de valores e intereses de los sistemas actitudinales que subyacen en las opiniones individuales. Por tanto, el hecho de compartir las creencias, la dirección y la fuerza del afecto, de los valores y de los intereses, contribuye a la convicción y a la resistencia de una opinión colectiva sostenida por un pueblo. Esto ayuda a explicar el rechazo de muchos de los que apoyaban la guerra de Vietnam a aceptar la afirmación de Robert McNamara (1995), que mientras era secretario de Defensa, estuviera defendiendo públicamente la política de la guerra de Vietnam del presidente Lyndon Johnson, su opinión privada, apoyada en la información disponible para él; pero no permitida al público, sabía que la política estaba basada en asunciones falsas, y que la guerra nunca podría ser ganada. Cuando se evocan los valores, los intereses y las creencias ampliamente compartidos con relación a controversias o crisis importantes puede producirse una convergencia inmediata de opiniones individuales incluso con una discusión mínima. Esto puede conducir al conocimiento virtual común e instantáneo. Resulta ilustrativo de esto la unanimidad de apoyo percibida que siguió al ataque japonés en Pearl Harbor el 7 de diciembre de 1941. Esto silenció momentáneamente el amargo debate entre los intervencionistas y los aislacionistas que precedió a la entrada de los Estados Unidos en la II Guerra Mundial.

Más típicamente, es necesaria una amplia comunicación para crear una base común y amplia de entendimiento y de preocupación antes de que la colectividad reaccione de una forma similar ante una emergencia. Un ejemplo es la evolución de la crisis del Watergate de 1973-1974 que obligó al presidente Richard Nixon a dimitir. Las comunicaciones precedentes habían preparado el terreno de tal forma que las opiniones individuales sobre la «Masacre de la noche del sábado» y la posterior revelación de que, de las cintas del Despacho Oval de Nixon, se habían borrado 18 minutos y medio, lo que coincidió con una mínima comunicación adicional (Lang y Lang, 1983). Sin embargo, la respuesta colectiva tanto a Pearl Harbor como a la «Masacre de la noche del sábado» no fue tanto la suma de opiniones individuales agregadas como el efecto de los artículos informativos que revelaron a los individuos que sus opiniones eran coincidentes con las de la gran mayoría.

La realidad de la opinión colectiva

La opinión colectiva, como un fenómeno que está por encima y va más allá de la agregación de opiniones individuales, se ha presentado tanto de una forma impresionista como analítica. Desde la perspectiva impresionista, los políticos y los periodistas, con frecuencia se refieren a una orientación presuntamente compartida o calidad colectiva: el «clima de opinión» o el ánimo público. Por ejemplo, si el público está optimista, satisfecho, frustrado, enfadado, desilusionado, y así sucesivamente, cuando se intenta explicar el comportamiento del voto. Sin embargo, debemos ir más allá de la anécdota y de la metáfora si vamos a verificar la realidad de la opinión colectiva como algo más que un agregado de opiniones individuales. Necesitamos medidas que operacionalicen el concepto. A través de los años, tales medidas han sido desarrolladas y utilizadas con éxito en muchos estudios. El ánimo (o el clima de opinión), tal como ha sido investigado en estos estudios, es un elemento de respuesta común que suministra soluciones a una serie de preguntas que se identifican al analizar los datos de las medidas agregadas y no de las medidas individuales en sí mismas.

Una temprana e ingeniosa medida utilizada por Bogart y sus colegas en su estudio de los efectos de la integración racial en la actuación militar en Corea fue su «Proyecto Clear» (Project Clear) de 1951 (Bogart, 1992). Después de haber expuesto una situación hipotética que implicaba el contacto interracial formulaban tres preguntas. La primera pregunta utilizaba una forma de proyección espontánea para medir las percepciones individuales del grupo de prácticas: «¿Qué haría "Joe Doakes" (una personalización del individuo medio) en esta situación?» La segunda pregunta medía la comprensión individual del estándar aplicable al grupo: «¿Qué haría?» La tercera medía la forma en que el individuo resolvía, por sí mismo, la aplicación de las prácticas del grupo y los estándares morales a la situación: «¿Qué harías tu mismo?» (Bogart, 1992: 293-297). Las respuestas del personal blanco que estaba prestando su servicio en unidades integradas difería de aquellos que habían servido sólo en unidades de blancos, reflejando diferentes climas de opinión en unidades integradas y segregadas (Bogart, 1992).

El análisis multivariable de los datos de las encuestas en otros estudios ha tenido éxito al identificar y medir liberalismo-conservadurismo como un sentir colectivo basado en «sentimientos compartidos que impresionan en cualquier momento y circunstancia», y la «idea de cambiar las disposiciones *generales*» (Stimson, 1991: 17-18). Stimson midió la tendencia en el liberalismo-conservadurismo del ánimo del público de 1973 a 1989, analizando las respuestas a seis preguntas de la Encuesta Social General (General Social Survey) que preguntaban si el gobierno estaba gastando, demasiado o muy poco, en cada una de las seis áreas con problemas. Aunque las respuestas a cada tema por área produjeron distintas líneas de tendencias, el análisis posterior de la tendencia en la respuesta *media* con relación a los seis temas (después de haber estandarizado cada serie) mostró que las seis líneas de tendencia se movían en conjunción unas con otras). Eso significa que «mucha de la variación en [...] las prioridades del gasto es compartida» (Stimson, 1991: 36-39). Un análisis regresivo añadió precisión y solidez a esta conclusión. Es más, un análisis de los componentes principales identificó un primer componente que explicaba el 71 % de toda la desviación dentro de las series analizadas (Stimson, 1991). Estos análisis suministran una fuerte evidencia de que, más allá del tiempo, hay movimientos comunes en la opinión colectiva que no pueden ser explicados por el nivel individual, «modelos psicológicamente conducidos [que] intentan dar razón de las similitudes y las diferencias interpersonales» (Stimson, 1991: 124-125).

Lo propio y lo ajeno

Los estudios que miden separadamente las opiniones y las percepciones individuales de lo que «otros» o «la mayoría de la gente» piensa demuestran coherentemente que los individuos pueden, y de hecho lo hacen, diferenciar entre las dos. De igual forma, los individuos pueden, y de hecho, distinguen entre la calidad de su propia participación en el discurso público y la participación de otros. Sin embargo, los vínculos entre las opiniones individuales y las percepciones de «otras opiniones» pueden ser complejas, de forma que a veces existe una estrecha correspondencia entre ellas, mientras que en otras ocasiones hay una diferencia considerable. Contribuye a esta complejidad el hecho de que la opinión general percibida no es coherentemente idéntica a la suma de las opiniones de otros individuos con los que uno entra en contacto. Finalmente, la opinión general percibida ejerce una influencia, a veces positiva y a veces negativa, tanto en las opiniones individuales como en la disposición de los individuos a expresarlas.

Una respuesta estándar en las encuestas de opinión es «la percepción especular, la creencia de que otros piensan lo mismo que uno mismo» (Fields y Schuman, 1976: 445). Habitualmente, las percepciones especulares son congruentes con la opinión mayoritaria real, lo que conduce a algunos a llegar a la conclusión de que las transmisiones individuales de una opinión dada son dependientes de las percepciones especulares. Sin embargo, en ocasiones hay una considerable incongruencia. Si existe congruencia entre la percepción especular y las opiniones individuales puede haber consecuencias importantes.

Un ejemplo de incongruencia proviene de un estudio del apoyo al comunismo por parte de la clase trabajadora en Francia y en Italia durante la década de 1950, donde las opiniones individuales fueron comparadas con las opiniones percibidas de otros (Cantril, 1958). En un sondeo a los residentes de un barrio[8] romano que habían votado mayoritariamente comunista, Cantril descubrió que las percepciones individuales de la opinión mayoritaria no sólo diferían muy notablemente de los grupos de opiniones individuales, sino que estas percepciones eran influyentes por sí mismas. El 19 % dijo que Estados Unidos era el país extranjero que más gustaba a la gente del barrio, ligeramente más bajo que el 22 %, que pensaba que era la Unión Soviética el que más le gustaba. Sin embargo, cuando se les preguntó por el país extranjero que personalmente más les gustaba multiplicaban por cuatro los que dijeron que Estados Unidos era el mejor, frente a los que dijeron que el que más les gustaba era la Unión Soviética, 29 % *versus* 7 %. En otras palabras, la atmósfera percibida de este barrio, que votaba comunista, era mucho menos favorable a

8. En el original se utiliza la palabra italiana *borgata*, término éste con el que se viene denominando a los distritos que van apareciendo en las periferias de las grandes ciudades. *(N. de la t.)*

los Estados Unidos de lo que el análisis de opiniones individuales sugeriría (Cantril, 1958). Cantril llegaba a la conclusión de que la percepción de la fuerza procomunista en el barrio conducía a un voto comunista de protesta mayor de lo esperado sólo sobre la base de las opiniones individuales.

También se encontró un contraste entre las opiniones individuales y las creencias en cuanto a lo que otros piensan en el Estudio del Área de Detroit (Detroit Area Study), basado en sondeos periódicos a la población adulta que vivía en el Detroit metropolitano realizados por el Centro de Investigación de Encuestas de la Universidad de Michigan (Michigan University's Survey Research Center). En el sondeo de 1969, el 76 % de los blancos dijo que daría su consentimiento a que su hijo trajese a un compañero *Negro*[9] del colegio a casa a jugar. Esto contrastaba con sólo el 33 % que pensaba que la mayor parte de la gente en el área de Detroit, y el 38 % de su vecindad estaría de acuerdo con esta decisión (Fields y Schuman, 1976). Un contraste comparable aparecía en una encuesta de 1960 en la que la proporción de blancos que estaba a favor de la segregación era sustancialmente menor que la proporción que pensaba que la mayor parte de los blancos estaba a favor, y en que las opiniones raciales de los blancos eran percibidas como más conservadoras de lo que eran, de hecho (O'Gorman, 1975; O'Gorman y Garry, 1976). Esta falsa percepción estaba asociada con la predisposición a legitimar la discriminación racial en las viviendas (O'Gorman, 1975).

La frecuencia y la magnitud de las incongruencias entre la distribución real de la opinión individual y la distribución percibida entre la población en general sugiere que, independientemente del compromiso, estos casos no son aberraciones sino el resultado de un proceso social normal. En cualquier suceso, el grado con el que se corresponde y diverge la distribución real de las opiniones individuales de los mundos reales de una población pueden influir significativamente en los acontecimientos, de tal manera que no puede ser anticipada solamente en base a la distribución de las opiniones individuales. Es más, dado que estas falsas percepciones de lo que parece el entorno son parte de la realidad de los mundos individuales pueden funcionar como normas sociales que limitan la conducta individual, sin que cambien necesariamente los sistemas actitudinales subyacentes y asocia-

9. La cursiva es mía, pero he respetado el término y la mayúscula tal como aparece en el original. *(N. de la t.)*

dos a las opiniones individuales. Así, cuando los que mantienen una opinión minoritaria piensan incorrectamente que son la mayoría, sus falsas percepciones pueden tener efectos sustanciales en la política pública (Merton, 1968).

Los efectos producidos por terceras personas, la ignorancia generalizada y el dominio de la minoría

Los efectos producidos por terceras personas

El efecto de terceras personas «predice que la gente tenderá a sobrestimar la influencia que tienen los medios de comunicación de masas en las actitudes de otros [...] [y] a tener una mayor influencia en otros que en ellos mismos» (Davison, 1983: 3). Más que buscar los efectos de los medios de comunicación de masas sólo en las actitudes y en los comportamientos de las audiencias ya cambiadas debemos prestar atención «al comportamiento de los que anticipan o piensan que perciben alguna reacción por parte de otros» (Davison, 1983: 8). El discurso público implica mucho más que transmitir mensajes a individuos con el propósito de influenciar sus opiniones.

Cuando las opiniones individuales no están directamente afectadas por una campaña de comunicación, pasado un tiempo, puede que estén todavía influenciadas por los efectos de terceras personas en el proceso de opinión. Por ejemplo, las percepciones del clima de opinión —lo que otros están pensando y por qué, más las tendencias de las opiniones de los otros— pueden ser sensibles a los efectos de terceras personas (Davison, 1983; Mutz, 1989). El aspecto de lo propio-ajeno de la opinión colectiva puede conducir entonces a un cambio en la forma de expresión de la opinión colectiva, así como de la opinión individual. En este contexto, merece la pena destacar que el apoyo a la censura está positivamente relacionado con el efecto de terceras personas (Rojas, Shah y Fisher, 1996).

El efecto de terceras personas es especialmente sólido, lo que se ha observado repetidamente en diversos contextos (Brosius y Engel, 1996; Cohen, Mutz, Price y Gunther, 1988; Lasorsa, 1989; Mutz, 1989; Perloff, 1993; Price y Tewkbury, 1996; Rucinski y Salmon, 1990; Willnat, 1996). Es el resultado de muchas influencias. La idea de que uno mismo es inmune a los medios de comunicación, mientras que los otros son susceptibles, es relativamente común entre los más formados e informados. Las propias concepciones de los individuos formados les conduce a ver sus propias opiniones como bien fundamentadas comparadas con las de los otros, porque piensan que están más cualificados para determinar el contenido del mensaje. También resultan influyentes las creencias relacionadas con la calidad de la fuente del mensaje, de tal forma que la magnitud de los efectos de terceras personas es mayor con respecto a la publicidad política, especialmente la publicidad negativa, que la de los artículos objetivos de información y la emisión de debates políticos. La proximidad de nuestras relaciones con otros también afecta la dimensión de los efectos de terceras personas.

Las expectativas de los efectos de terceras personas pueden conducir erróneamente a los expertos, como los consultores de medios, sobre la efectividad de sus esfuerzos comunicativos, de forma que sobrestimen su éxito (Lasorsa, 1989). Es más, los comunicadores que son conscientes de la existencia de los efectos de terceras personas pueden tratar de manipular a los expertos de la oposición induciéndoles a reaccionar de acuerdo con las expectativas de cómo serán influenciados los «otros». En tales casos, la importancia real de la comunicación no es la audiencia ostensible, sino los otros, que de alguna forma están preocupados por las reacciones de la audiencia ostensible y cuyas actividades pueden ser alteradas por las expectativas de influenciar esas reacciones (Davison, 1983).

La ignorancia generalizada y la tiranía de la minoría

La atmósfera comunista en los vecindarios de clase trabajadora estudiada por Cantril, la diferencia entre las opiniones individuales reales y la opinión mayoritaria percibida en el Estudio del Área de Detroit, y la incongruencia en el estudio de O'Gorman pueden ser considerados como ejemplos de la «ignorancia generalizada», o lo que es lo mismo, de las asunciones, no garantizadas, hechas por los individuos con relación a los pensamientos, los sentimientos y los comportamientos de otros (F. Allport, 1924). La ignorancia generalizada ha sido habitualmente investigada en términos de dinámica intelectual, lo que conduce a una percepción inexacta. Por otra parte, es evidente que creer que uno está en la minoría no conduce por sí mismo al cambio en la opinión individual. La percepción de cuál es la opinión de la minoría y de la mayoría es relativamente independiente de la posición de uno mismo

(Glynn y McLeod, 1984). Por eso es importante distinguir entre los posibles efectos que la ignorancia generalizada puede tener en la opinión colectiva como fuerza social, frente a sus efectos en las opiniones individuales. Por ejemplo, la ignorancia generalizada sobre cualquier tema concreto puede estar integrada en la opinión colectiva del público o en parte de él. No se podría entender cómo se produce si limitáramos nuestra atención a la ignorancia generalizada como un fenómeno individual.

Íntimamente ligado al fenómeno de la ignorancia generalizada aparece la «tiranía de la minoría» constituido por el hecho de que, en muchos casos, las opiniones de minoría numérica ejerce una influencia desproporcionada a su número. Un caso destacado en este sentido es la efectividad de los que, en las campañas electorales, apoyaban la Asociación Nacional de Rifles (National Rifle Association: NRA). A principios de 1938 (Gallup, 1972*b*), el Sondeo Gallup informó coherentemente de que la gran mayoría, hasta cuatro quintos, estaba a favor de la legislación del control de los propietarios de armas. En cambio, durante décadas la NRA fue capaz de dirigir el apoyo del votante para los candidatos que se adherían a su posición y vencer así a los candidatos que estaban a favor del control de las armas. La legislación nacional del control de armas no entró en vigor hasta 1994, y desde entonces ha habido un fuerte movimiento para su derogación. La efectividad de las contribuciones a la campaña de la NRA y su bien organizado gabinete no debe ser ignorado en ningún análisis de esta discordancia, pero tampoco se debería ignorar la efectividad del apoyo de base que la NRA ha sido capaz de movilizar desde una minoría numérica. Existe un contraste similar entre el apoyo numérico y la efectividad política, con respecto a la opinión y al estatus legal del aborto. Los sondeos realizados por muchas organizaciones de encuestas a lo largo de veinte años informaban de que la mayoría aprobaba la legalidad de los abortos durante los tres primeros meses de embarazo. También se daba el caso de que la proporción que aceptaba la legalidad variaba apreciablemente en escenarios diferentes, así que la aprobación de la mayoría existe sólo para un número limitado de escenarios (Adamek, 1995). Sin embargo, y coherentemente, la mayoría se ha opuesto a dejar fuera de la ley al aborto bajo cualquier supuesto, posición ésta aceptada por el perfil más comprometido de activistas pro-vida. Al frente de esta oposición está el punto de vista del compromiso pro-vida que considera que todo aborto debería estar fuera de la ley, y se ha convertido en la fuerza mayoritaria de la política estadounidense. Con el aborto, como con el control de armas, las actuaciones de la opinión colectiva como fuerza social no pueden ser inferidas solamente como un conjunto de opiniones individuales.

Hasta cierto punto es posible asociar la tiranía de la minoría a la fuerza del compromiso entre los adherentes individuales a la posición de la minoría. Por otra parte, sería un error infravalorar el compromiso de los protagonistas del control de las armas que surgieron por el asesinato político, el terrorismo, las masacres masivas utilizando armas de asalto, y los temas generales concernientes a la violencia en las calles. No es menos importante el compromiso de los adherentes a la «pro-elección» que el de sus opositores «pro-vida». Más allá del compromiso individual se encuentra la tiranía de la minoría.

La importancia colectiva tanto de la ignorancia generalizada como de la tiranía de la minoría son el resultado de que, hasta cierto punto, las opiniones individuales han sido organizadas para crear grupos de apoyo efectivo y para movilizar esos grupos para la acción. Un aspecto importante de ese proceso es la predisposición, o la falta de inclinación, de los individuos a comunicarse entre ellos expresando sus opiniones en público.

Opiniones no pronunciadas

A veces, los individuos son renuentes a expresar sus opiniones en un discurso público. Una explicación para esta renuencia tiene que ver con la interfase entre la motivación individual y el proceso grupal, es decir, que las motivaciones defensivas del ego hacen de la opinión pública una fuerza represiva para asegurar la conformidad, creando así una «espiral del silencio» (Noelle-Neumann, 1984). Se dice que el miedo al aislamiento social hace que la minoría no esté dispuesta a expresar sus opiniones públicamente, mientras que la mayoría está libre de esta presión. La última recibe el apoyo más visible y es animada por el hecho de que habla de ello, mientras que los individuos en la minoría cada vez están más inclinados a permanecer silenciosos. El resultado es que en «un proceso de espiral, una sola visión domina la escena pública y la otra desaparece de la conciencia pública, ya que sus adherentes se tornan silenciosos» (Noelle-Neumann, 1984: 5). Hasta el extremo de que los miembros de la minoría perciben correctamente que están en minoría, en lugar de pensar incorrectamente que están en la mayoría, y su silencio resultante crea una exagerada percepción de la tiranía de la mayoría (Noelle-Neumann, 1984). A esta formulación deberíamos añadir la observación de que una espiral de silencio puede funcionar de una forma muy diferente dentro de los segmentos del público caracterizados por una opinión dominante que está en la minoría del público general.

Una explicación del silencio, distinta pero paralela, sustituye las motivaciones positivas del engrandecimiento del deseo y del ego, por la aceptación del grupo en lugar del miedo: Una «atracción positiva para los grupos sociales deseables puede ser un motivador más fuerte que (lo es) la conformidad» (Katz y Baldassore, 1994: 10). Sin embargo, debido a que las dos explicaciones motivacionales, tanto positivas como negativas, del silencio se centran en las consecuencias del control social de la opinión colectiva sobre los individuos, ninguna de ellas nos dice mucho sobre la forma en que la reflexión colectiva es influenciada.

«La reticencia retórica», una táctica adoptada para reforzar y no debilitar nuestra propia opinión en el discuso público (Goldner, 1991), sugiere una razón diferente para el silencio. Llama la atención la posibilidad de que, con el fin de no apoyar la oposición cuando se enfrenta con dos versiones extremistas de su propia postura, los que sostienen versiones moderadas o cualificadas de una posición pueden permanecer en silencio y no expresar sus reservas y su cualificación. Además, nos recuerda la posibilidad de que, estar asociado con una opinión dada, puede ser un determinante más importante del silencio que la frecuencia con la que se mantiene. Finalmente, deberíamos observar que existen evidencias de que el miedo al aislamiento es una influencia menor que las características sociales y demográficas, la clase de asunto del que se trate, y la importancia del tema (Price y Allen, 1993).

Un problema no resuelto es cómo afecta el silencio a la capacidad de cada parte para organizar y activar el apoyo eficaz en la lucha por conseguir el control de la opinión. Como hemos visto, los que están en minoría pueden, no obstante, ser colectivamente eficientes. Su eficacia organizativa puede estar influenciada, de una forma apreciable, por la sinceridad discursiva de sus adherentes. Ésta es la razón por la que las facciones políticas tratan de evitar verse debilitadas por el silencio de los que les apoyan, y de animar la predisposición para pronunciarse. Asumen que para proteger su postura en la arena pública deben hacer cualquier esfuerzo para maximizar su visibilidad, mediante eventos, pegatinas, correo electrónico, acontecimientos estacionales noticiables, publicidad, y así sucesivamente. La efectividad con que estos medios de comunicación son manipulados puede ser crucial para crear un clima favorable de opinión, que puede, eventualmente, influenciar las opiniones individuales, como parte del proceso social de crear una opinión colectiva fuerte.

Universos discursivos: compartidos y enfrentados

Es evidente que para que los individuos intercambien y discutan sus opiniones deben tener un entendimiento común del significado fundamental de lo que se dice. Eso significa que deben comunicarse dentro de un universo discursivo común (Blumer, 1939). Sin eso, la discusión y el debate son imposibles y no puede aparecer una opinión colectiva. Es más, la reciprocidad dentro de un universo discursivo compartido es una base para la identificación común; utilizar universos discursivos incompatibles puede ser una experiencia alienante.

Compartir un universo discursivo no es únicamente una cuestión de hablar el mismo idioma, inglés, español, ruso, chino o el que se tenga. Más allá de las definiciones del diccionario de las palabras individuales debe existir un acuerdo con relación a las asunciones, las expectativas, las implicaciones, las asociaciones y los sentimientos latentes que esas palabras tienen. Hasta el punto de que si tal acuerdo no existe, la comunicación se ve obstaculizada por un entendimiento incompleto o distorsionado de lo que está diciendo cada uno. En la encuesta que comparaba los recuerdos colectivos en Gran Bretaña y en los Estados Unidos aparecen algunos indicios de que la gente que habla el mismo idioma puede, no obstante, estar participando de diferentes universos discursivos. En cada país se les pidió a dos muestras nacionales que nombraran «uno o dos [...] de los *acontecimientos o de los cambios nacionales o internacionales* que habían tenido lugar durante los últimos 60 años y que les vinieran a su mente como importantes» (Scott y Zac, 1993). La pregunta siguiente preguntaba por la razones por las que habían mencionado el acontecimiento.

Dadas las similitudes y las diferencias en las historias nacionales, no es sorprendente que a pesar de que existan bastantes paralelismos en los resultados de las dos encuestas, también existan diferencias significativas. Una diferencia es que, aunque la II Guerra Mundial era mencionada con mucha frecuencia en ambos países, la proporción en que lo hacía era bastante más grande en Gran Bretaña (45 %) que en los Estados Unidos (29 %) (Scott y

Zac, 1993). Es más, en los Estados Unidos, para muchos la guerra estaba asociada con la prosperidad y el patriotismo de la posguerra, asociaciones que no aparecían en Gran Bretaña (Scott y Zac, 1993). Esta diferencia refleja, por supuesto, el contraste en las experiencias de la vida real de muchos americanos y británicos durante los años de la guerra. Pero ese contraste también indica que cuando los americanos y los británicos hablan entre ellos sobre la II Guerra Mundial y su significado, incluso aunque las palabras puedan parecer las mismas, existe una gran probabilidad de que en gran medida connoten algo diferente para cada uno de ellos.

Un fenómeno de la política americana de los años ochenta y noventa es el grado en que el término *liberal* llegó a ser un epíteto político negativo. Durante la campaña de las elecciones presidenciales de 1988, utilizar la frase «la palabra L.» se había convertido en una de las tácticas más efectivas del republicano George Bush, mientras que en la lucha de 1995-1996 en torno al presupuesto federal, los congresistas republicanos utilizaron la etiqueta «liberal» en sus ataques al presupuesto del presidente Clinton. Para comprender la razón del uso negativo de los términos «palabra L.» y «liberal» fueran muy eficaces mientras que anteriormente ser considerado «liberal» había sido un activo político, es necesario examinar cómo habían cambiado las connotaciones de la palabra.

En una encuesta de diciembre de 1945, el Instituto Gallup formulaba la pregunta siguiente:

> ¿Cuál de estas tres políticas (enumeradas en una tarjeta) le gustaría ver que siguiera el gobierno: 1) ir más a la izquierda siguiendo más de las opiniones de los laboristas y otros grupos liberales, 2) ir más a la derecha siguiendo más los puntos de vista de los grupos empresariales y conservadores, o 3) seguir una política a mitad camino entre las dos? (Gallup, 1972*b*: 558).

En esta pregunta, los liberales fueron ampliamente definidos como prolaboristas y los conservadores como proempresarios; esto —en un momento en que los recuerdos de la Depresión de 1930 todavía estaban presentes y ampliamente aprobada la legislación del New Deal que creaba una red de seguridad económica—. En esta encuesta de 1945 se identificaban a sí mismos casi tanto liberales como conservadores: el 18 % apoyaba la posición liberal, el 21 % la posición conservadora, y el 52 % una posición intermedia.

En la década de 1980, la fuerza relativa de los liberales hacia la identificación conservadora se acentuaba. De acuerdo con una encuesta del *New York Times/CBS News* de 1988 (que formulaba una pregunta redactada de una forma diferente de la de Gallup, de manera que la comparación numérica no fuera posible), en el momento de las elecciones de 1988, el 23 % de los encuestados se consideraban a sí mismos como liberales políticos, el 34 % se sentían conservadores, y el 37 % se veían a sí mismos a caballo entre ambos. Estas cifras cambiaron en las elecciones presidenciales de 1992, en el que el candidato demócrata, Bill Clinton, fue elegido: 21 % liberales, 33 % conservadores, y 39 % moderados. En las elecciones al Congreso de 1994, en las que los republicanos consiguieron el control de ambas cámaras, se produjo un aumento adicional hacia el extremo conservador del espectro político: 18 % liberales, 36 % conservadores, y 40 % moderados (encuestas del *New York Times/CBS News*, del 6 al 9 de diciembre de 1994).

Este cambio en la identificación ideológica era solamente un cambio parcial en las simpatías entre trabajo *versus* capital. También reflejaba el éxito al redefinir a los liberales como que estaban a favor de los valores contraculturales, «impuestos y gastos de un gran gobierno»[10] y la permisividad con relación al uso de la droga y la delincuencia. Esto no quiere decir que no hubiera continuidad en el significado de liberal a lo largo de los 40 años transcurridos. Es más, los significados asociados habían cambiado. La victoria conservadora de las elecciones al Congreso de 1994 no fueron simplemente una cuestión de convertir a los liberales al conservadurismo, sino más fundamentalmente de redefinir lo que quiere decir ser un liberal o un conservador, es decir, redefinir el universo discursivo.

Al cambiar los términos del debate, redefiniendo el universo discursivo puede cambiar la opinión colectiva con poca incidencia en las opiniones individuales en temas específicos. La alternancia entre la política de clase y de estatus que tanto ha caracterizado la política estadounidense (p. ej., Bell, 1955, 1964) es un caso que debe ser tenido en cuenta. Conseguir que el electorado piense en términos de cuestiones sociales tales como la raza, el aborto y valores familiares, más en su cartera que en términos de clase que dominaban la era del New Deal, ha sido una vía efectiva para que los republicanos atraigan votos de los distritos electorales que estaban consagrados a los demócratas, sin que necesariamente haya que transformar las opiniones individuales en problemas de clase.

10. Los conservadores describen los programas liberales diciendo que necesitan grandes impuestos, porque tienen grandes gastos con la expresión en el original «tax and spend big government». *(N. de la t.)*

El proceso de redefinición lo ilustra el hecho de que el debate público consiste en mucho más que un esfuerzo para transformar las opiniones individuales, votante a votante. Aparejada a la lucha política, y determinante de la dirección de su tendencia, se halla el conflicto social sobre lo que deberían ser los términos del discurso. El discurso es social, ya que su resolución requiere, al menos, un consenso implícito en cuanto a las palabras que deberían ser usadas en el discurso político y sus significados. En un sentido similar, la eficacia en el discurso político de lo que ha dado en llamarse *palabras en código* está condicionado por su incorporación al universo discursivo político.

Un ejemplo de este principio procede de la encuesta del *New York Times/CBS News* de diciembre de 1994 que acabamos de citar. Los resultados de la encuesta, en lo que se refiere a la reforma del bienestar, variaban significativamente dependiendo del contexto en que se utilizaba la palabra «bienestar» en la formulación de las preguntas. El 50 % de los entrevistados fueron preguntados sobre qué era más censurable cuando la gente era «pobre»: la ausencia de esfuerzo por su parte o las circunstancias fuera de control; y a otro 50 % se le preguntó qué era lo más censurable cuando la gente estaba «en el sistema de bienestar». Un 53 % censuró la falta de esfuerzo para estar en el sistema de bienestar, pero sólo el 44 %, por ser pobres. Análogamente, cuando la mitad de entrevistados fueron preguntados si los gastos que el gobierno hacía en «los programas para los niños pobres deberían ser aumentados o reducidos o mantenidos como estaban», el 47 % dijo que se deberían aumentar los gastos; y el 9 % dijo que se deberían reducir. Sin embargo, cuando la otra mitad fue preguntada sobre los «gastos del gobierno en el sistema de bienestar», el 48 % respondió que se debería reducir y el 13 % dijo que se debería aumentar.

El gran efecto de los aparentemente pequeños cambios en la formulación de las preguntas sobre la opinión expresada, tal como vimos en la discusión previa, no es tanto un asunto metodológico como una cuestión de conceptualización adecuada de cómo la opinión colectiva es un producto de la comunicación dentro de un universo discursivo común. «Bienestar» y «pobre» son palabras que conjuran creencias y sentimientos muy distintos. Por ejemplo, en la misma encuesta del *New York Times/CBS News* de 6-9 de diciembre de 1994, el 57 % dijo que «la mayoría de la gente que recibía dinero del bienestar podría arreglarse sin él si lo intentaran», el 71 % pensaba que «hay puestos de trabajo disponibles para la mayoría de los beneficiarioss del sistema de bienestar que realmente desea trabajar», y el 87 % estaba a favor del gobierno por «los programas de trabajo para las personas que eran beneficiarias del sistema de bienestar social y exigía que la gente participase en los programas». Parece probable que los estereotipos raciales y los prejuicios también afectan al significado del término «bienestar»: el 46 % pensaba erróneamente que la mayor parte de los pobres son negros, mientras que sólo el 20 % sabía que la mayoría son blancos.

Sustituir la palabra «pobre» por «bienestar» invoca un sistema de pensamiento que, cuando es compartido por un gran segmento de la población, sienta las bases para una opinión colectiva obligada a establecer severos recortes en los gastos del sistema de bienestar. Así, hablar sobre el bienestar en lugar de los pobres facilita expresar opiniones críticas de las trampas asumidas del sistema de bienestar incluso cuando inhibe la expresión de las opiniones individuales simpatizantes con el «pobre trabajador que merece». De esta forma, utilizar la palabra «bienestar» más que la de «pobre» puede ofrecer un sentido implícito de solidaridad con otros que son críticos al sistema de bienestar y a los beneficiarios del sistema de bienestar, incluso para aquellos que simpatizan con las necesidades de los pobres que reciben el beneficio del sistema. Al mismo tiempo, utilizar el término bienestar tiende a inhibir expresiones de simpatía para los «pobres», reforzando el dominio de los miembros más voceadores del público y el silencio o la reticencia de los menos ruidosos. Más generalmente, compartir el mismo universo discursivo contribuye a un sentido de participación e identificación con otros. El origen y la fuerza de la opinión colectiva como una fuerza social deriva en buena parte de las obligaciones sociales creadas por este proceso.

El liderazgo de opinión

La idea del liderazgo de opinión —que las opiniones de algunas personas sean consideradas más respetables que las ideas de otros y, por ello más influyentes— puede parecer muy evidente y de sentido común. Sin embargo, la cuestión de saber exactamente cómo actúa el liderazgo de opinión para crear una opinión colectiva, y no sólo influenciar las opiniones individuales, es muy compleja, y sorprendentemente ha sido ignorada. Incluso así, existe una base suficiente hasta el momento para que podamos delinear, en general, el rol del liderazgo de opinión en la aparición de la opinión colectiva como una fuerza social.

Hasta el punto de que cualquier grupo (o entidad social más amplia) organizado está caracterizado por un modelo de relaciones super- y sub-ordinadas, con comunicación dentro del grupo, caracterizada por un modelo correlativo. Hasta este punto, en nuestro debate, sobre el conocimiento común no ha sido tenida en cuenta la existencia de estas distinciones y estas relaciones sociales, habitualmente complejas. El conocimiento común del que emerge la opinión colectiva no es normalmente un conocimiento sólo entre pares sino también entre los líderes y sus seguidores. Como observó Ross (1901: 102-103) hace casi un siglo, «la procedencia de la opinión pública, en una comunidad sana, no es una multitud amorfa, sino una combinación orgánica de gente» influenciadores e influenciados, con los primeros actuando como los «puntos de realineamiento de la opinión pública».

Bryce hizo exactamente la misma observación cuando se dio cuenta de que la formación de la opinión es, en buena medida, el trabajo de la pequeña minoría (1 sobre 20) que se preocupan por los asuntos públicos. Fue más allá y observó que la mayoría políticamente pasiva no refleja simplemente la opinión del líder sino que la modifica, de forma que la opinión colectiva resultante es el producto de la acción y reacción recíproca entre los líderes de opinión y las masas (Bryce, 1891). El modelo de las relaciones liderazgo-seguidores que canaliza cualquier comunicación dentro de un grupo o una estructura social más amplia también configura y estructura la aparición de la opinión colectiva dentro de un grupo.

La habilidad de algunos para dominar la comunicación dentro de un grupo hace de la opinión colectiva emergente una función de relaciones sociales existentes y no sólo la fuerza numérica de las opiniones individuales dentro de un grupo. Entre otras cosas, hasta el punto que exista conflicto, o sólo el acuerdo parcial, los individuos enfrentados o las opiniones partidistas lucharán para lograr la aceptación como opinión colectiva del grupo. En esta competición, los modelos existentes del liderazgo del grupo pueden influenciar significativamente las opiniones que serán escuchadas y las que no. Los líderes pueden también influenciar la agenda del grupo sobre los asuntos de interés al permitir o negar la aparición de asuntos específicos. Adicionalmente, el desarrollo de cualquier consenso está condicionado por la credibilidad que los líderes puedan tomar prestada de algunas creencias, valores, e intereses, y negársela a otras. Por todas estas razones, para comprender totalmente la aparición de la opinión colectiva es esencial tener en cuenta el proceso del liderazgo de opinión.

Antes de hacer esto necesitamos especificar lo que entendemos por liderazgo, ya que ofrece el marco de referencia para nuestra discusión sobre el liderazgo de opinión. El liderazgo en general, y el liderazgo de la opinión en particular, es una relación entre líderes y seguidores en la que el foco de atención, el control y la dirección que los líderes dan a la comunicación es el eje central. Así, el liderazgo no esta restringido a influenciar el comportamiento de otros individuos, a pesar de su importancia, sino a responder a los deseos y pensamientos de aquellos individuos que avivan un sentido de identidad común. Como parte de esta respuesta, sus opiniones se pueden ver influenciadas por las opiniones de sus seguidores (Bryce, 1891). De cualquier forma, por medio de su habilidad para influenciar el flujo de la comunicación y al servir como modelos de rol, los líderes contribuyen a la identidad y la eficacia del grupo.

Los líderes también, quizás especialmente, suministran cohesión, fuerza y dirección tanto a la acción organizada del grupo como a las formas más incipientes de comportamiento colectivo. Hacen esto tanto por razón de cargo, o por la oposición que ocupan en el grupo (liderazgo formal) o por sus cualidades personales, tal como se expresan en las actividades intragrupales (liderazgo informal). Dado que los líderes formales e informales tienden a influenciar a diferentes tipos de seguidores (Lowe y McCormick, 1957), nos interesan ambos, tanto los aspectos formales como informales del liderazgo, y las interacciones entre ambos aspectos.

El hecho de que el estudio empírico derive fundamentalmente de una tradición de investigación que se centraba en los efectos de la comunicación de masas sobre las opiniones individuales complica cualquier intento de analizar el rol de los líderes de opinión. Resulta típico de la investigación realizada desde esta tradición la utilización de los índices de exposición, las predisposiciones, el tipo de medio, el contenido del mensaje y las relaciones interpersonales como variables intervinientes para medir los efectos sobre la opinión individual (Katz y Lazarsfeld, 1955). Como resultado, el liderazgo de opinión ha sido estudiado por muchos solamente en términos de influencia personal ejercida a través de los contactos informales, íntimos y cotidianos, excluyendo maneras más formales y estructuradas de influencia (Katz y Lazarsfeld, 1955; Rogers, 1995). Esto ha conducido a ignorar el importante rol del liderazgo de opinión en la aparición del conocimiento común y de las opiniones colectivas, que crea el consenso grupal, y une a los grupos primarios a una sociedad más amplia.

A pesar de las limitaciones de la tradición de investigación sobre los líderes de opinión apuntados anteriormente, una contribución valiosa ha sido el rechazo de la prevalente metáfora «la aguja hipodérmica» en la comunicación de masas. De acuerdo con esta metáfora, los presumiblemente todopoderosos *mass media* afectaban a las opiniones individuales ejerciendo una influencia inmediata y directa sobre una audiencia pasivamente receptiva (Rogers y Shoemaker, 1971). En cambio, el concepto del liderazgo de opinión conduce al modelo de comunicación «en dos pasos», en el que gran parte del contenido de la comunicación de masas llega al público general a través de la tranmisión personal de los líderes de opinión (E. Katz, 1957).

El modelo de los dos pasos demostró ser inadecuado y desde entonces ha sido reemplazado por los modelos polifacéticos o en múltiples pasos que intentan contar con las interacciones complejas entre los medios de comunicación, los líderes de opinión, y los seguidores de opinión (Rogers y Shoemaker, 1971). Es común a todos estos modelos el reconocimiento de que, incluso en sociedades que confían en tecnologías avanzadas para comunicar a las audiencias masivas, con el fin de explicar las respuestas de los individuos a las campañas de comunicación debemos analizar la forma en que las relaciones interpersonales y los ambientes sociales afectan a la comunicación (Rogers y Shoemaker, 1971). Es un refinamiento enfatizar la idea del discurso que considera a los medios de comunicación y a sus audiencias como participantes en una conversación fluida, en lugar de los modelos de comunicación en los que los medios de comunicación transmiten mensajes a los ciudadanos considerados como consumidores políticos (Delli Carpini y Williams, 1994). Tal conceptualización interactiva de las comunicaciones de masas parece ser particularmente adecuada para cualquier análisis de la opinión colectiva como un fenómeno emergente. En cualquier caso, está fuera de toda duda la validez de la penetración que tiene el liderazgo de opinión en las sociedades modernas: está incrustado en una red de interacciones entre las comunicaciones de masas y las interpersonales.

Otro aspecto del liderazgo de opinión que ha atraído mucho la atención es la calidad y las características personales que diferencian la opinión informal de los líderes de la de sus seguidores. La investigación sobre este asunto ha acumulado una considerable evidencia de que, comparada con la opinión de los seguidores, la opinión formal de los líderes tiende a tener una mayor exposición a los medios de comunicación; son más cosmopolitas; tienen más contacto con los agentes de cambio; tienen una participación social mayor; tienden a tener un estatus social más alto; y tienden a ser más innovadores (Rogers y Shoemaker, 1971; véase también Weimann, 1991). Sin embargo, la investigación sobre las cualidades personales de los líderes de opinión no ha intentado analizar la forma en que estas cualidades afectan a las comunicaciones interpersonales de forma que conduzcan al desarrollo del conocimiento recíproco. Se necesita desesperadamente esta investigación para remediar esta deficiencia.

Los líderes de opinión cuentan con la ventaja de su habilidad para utilizar los mecanismos sociales existentes, tales como las redes de organizaciones de ciudadanos, para movilizar las opiniones individuales en alguna forma de expresión organizada (Wiebe, 1951, 1952). Los líderes formales están particularmente bien situados para ese propósito, dado el control sobre las comunicaciones que se deriva de la autoridad, el prestigio y el poder inherente a su cargo. La descripción de Theodore Roosevelt del cargo de presidente de los Estados Unidos como un «púlpito de primera clase» capta perfectamente esta idea. Gran parte de la eficacia de Franklin D. Roosevelt, y más tarde de Ronald Reagan, como líderes políticos estaba basada no sólo en su destreza para manipular las instituciones políticas, sino también en su utilización del cargo presidencial para movilizar y dirigir el proceso de opinión pública. Los programas de radio de Roosevelt «charlas junto a la chimenea» *(fireside chats)* y las conferencias de prensa televisadas de Reagan son magníficos ejemplos de la habilidad de un presidente para dominar el discurso público, estimulando así la aparición de una opinión colectiva vigorosa en apoyo a sus políticas. Asimismo, los resultados de las campañas electorales, aunque históricamente han dependido de la capacidad organizativa, están cada vez más determinadas por la habilidad de utilizar el cargo de candidato para motivar, movilizar y activar la opinión colectiva.

Sin embargo, resulta igualmente claro que ostentar un cargo, por sí mismo, no es suficiente para ser un líder de opinión eficaz: el público respondía bastante menos a los presidentes como Gerald Ford y Jimmy Carter que a Franklin Roosevelt y Ronald Reagan. La cualidades personales intervienen más allá de las características del cargo, haciendo de algunos líderes formales eficaces líderes de opinión, mientras que otros no lo logran. Es más, incluso los detentadores de un poderoso cargo no tienen garantizado el acceso a los medios de comunicación: en 1995, en un período de 10 días, dos de las tres redes nacionales de televisión rechazaron llevar a cabo tanto una conferencia de prensa en directo del presidente Bill Clinton o un discurso del portavoz de la House, Newt Gingrich (Kolbert, 1995). Contrariamente, las cualidades personales pueden permitir a algunos individuos transformar cargos menos relevantes, aunque poderosos, tales como el portavoz de la Casa Blanca en púlpitos de primera clase, por derecho propio. El portavoz Gingrich se quejaba de eso tras la victoria republicana en las elecciones al Congreso de 1994.

El rol de los líderes formales en la aparición eficaz de la opinión colectiva siempre es una consecuencia compleja de la interacción entre las cualidades personales y los roles formales dentro de contextos históricos específicos.

Además de los cargos formales, una vía de liderazgo de opinión eficaz es el control de la comunicación *(gatekeeping)*, es decir, controlar qué mensajes han de llegar al público. Los líderes formales, habitualmente están bien situados para ejercer una influencia considerable sobre qué mensajes llegan al público (o al menos, qué parte de público está incluido entre los miembros de sus organizaciones) a través del control sobre los canales organizacionales de la comunicación. Pero esto es sólo parte de la función de *gatekeeping*. «El efecto guardabarreras», aunque se olvida a veces, también implica los esfuerzos por controlar la transmisión del mensaje entre los miembros de un público a otro. Al negar el acceso de los canales existentes de comunicación a algunas facciones o segmentos del público (creando una espiral de silencio artificial, simulada), los líderes formales pueden tratar de manipular el clima de opinión y la agenda de los asuntos públicos a su conveniencia. Las persistentes denuncias de intentos de la Casa Blanca (tanto por las administraciones demócratas como por las republicanas) de influenciar la cobertura de las noticias de las redes de televisión es sólo un ejemplo de este fenómeno.

Dado que los propietarios de los medios de comunicación pueden alterar el contenido y el volumen de un mensaje, son importantísimos actores en el proceso de *gatekeeping*. Por esta razón, el conflicto y la controversia han rodeado durante mucho tiempo la cuestión de si los medios de comunicación están monopolizados, dominados, o controlados por propietarios partidistas y con prejuicios (véase, p. ej., Blumberg, 1954; Comisión de Libertad de Información, 1947; Gans, 1980). Además, algo análogo a la importancia de cualidades personales entre los líderes formales, las cualidades personales y las habilidades de individuos estratégicamente situados en el proceso de comunicación pueden permitir capitalizar las posiciones de *gatekeepers* y convertirse en líderes de opinión por sí mismos: son ejemplos notorios en la historia de los Estados Unidos los columnistas de periódicos: Walter Lippmann, James Reston y David Broder; presentadores de las noticias de televisión: Edward R. Murrow, Walter Cronkite y Peter Jennnings; y personalidades de los programas de entrevistas: Larry King y Rush Limbaugh.

Los líderes informales a menudo representan un papel decisivo en los pequeños grupos familiares, de amistad, de vecindad y de trabajo. La autoridad que esgrimen o la consideración que poseen dentro del grupo les permite dominar la comunicación interpersonal, dando preeminencia a sus opiniones. De igual forma, las diferencias y sus cualidades personales —incluyendo los rasgos de su personalidad, el índice de exposición a los medios, su consideración individual de otros miembros del grupo y las características demográficas y socioeconómicas (Weimann, 1991)— pueden reforzar la importancia y la credibilidad de sus opiniones entre los miembros del grupo. También son una fuente de presión social para conformar la manera de pensar de un grupo y una fuente de apoyo social para las opiniones de un individuo (E. Katz, 1957). No es sorprendente, por tanto, que la evidencia sugiera fuertemente que la opinión individual está íntegramente relacionada con la opinión colectiva de los miembros de grupos pequeños e informales (Berelson, Lazarsfeld y McPhee, 1954).

El efecto de los líderes informales de opinión en la formación de las opiniones individuales se incrusta en el proceso de grupo y no puede reducirse a relaciones uno-a-uno entre los líderes y sus seguidores.

> Las relaciones interpersonales parecen ser el punto de *«anclaje» para las opiniones individuales, las actitudes, los hábitos y los valores*. La interacción de los individuos parece *generar* y *mantener* colectiva y continuamente modelos de ideas y comportamientos comunes que son renuentes a rendirse o a modificarse unilateralmente. [Es más], [...] las opiniones de un individuo, aun pareciendo personales, pueden ser subproductos de las relaciones interpersonales. [...] las expresiones individuales de las opiniones y de las actitudes no son un asunto estrictamente individual (Katz y Lazarsfeld, 1955: 44, 65).

Al influenciar las opiniones individuales dentro de un grupo, de forma que estén en consonancia unas con otras, los líderes de opinión informales amplían el desarrollo del conocimiento común.

Los líderes informales de grupo pueden también contribuir al conocimiento recíproco actuando como modelos que legitiman las ideas innovadoras que han sido introducidas por otros en el grupo. Una visión de esta función de legitimación se ofrece por la investigación de marketing en la adopción de nuevos productos. Habitualmente, los productos nuevos se adoptan por individuos que tienen una relativa propensión a innovar y a experimentar. Sin embargo, no son los innovadores, necesariamente, los líderes de opinión; de hecho, existe una evidencia que indica que en algunos contextos sociales es improbable que sean líderes (Rogers y Shoemaker, 1971). Aunque sirven como importantes canales de información desde los medios de comunicación a los miembros del grupo, su calidad de innovadores es por sí misma insuficiente para establecer firmemente el uso del producto nuevo dentro de un grupo. El que esto ocurra depende de la aceptación de los miembros del grupo altamente respetados y estimados (Menzel y Katz, 1956). Es decir, que incluso cuando los líderes informales no transmiten información de los medios de comunicación pueden validar esa información para el grupo, independientemente de su procedencia.

Aplicando este modelo de múltiples pasos para la adopción de un nuevo producto al proceso de opinión describimos el liderazgo de opinión informal como un proceso por el que los miembros del grupo altamente estimados influyen en el desarrollo del conocimiento común validando algunas opiniones, en perjuicio de otras. Aquellos individuos estimados sirven como líderes de opinión en tanto que no influencian sólo las opiniones individuales directamente, sino que de una forma igualmente significativa contribuyen también a establecer los estándares normativos para que las opiniones puedan ser expresadas dentro del grupo. El hecho es que, como se comentó anteriormente, los climas de opinión no son meramente una reflexión de la distribución estadística de las opiniones individuales dentro de un grupo; son el resultado de las redes de comunicación interpersonal cuyo nexo es un liderazgo informal.

Los líderes de opinión informal son importantes en la aparición de opinión colectiva de forma que van más allá de su influencia en las opiniones de miembros del grupo individuales y de las comunicaciones intragrupales. También pueden afectar el funcionamiento de los grupos primarios y sociedades más amplias (Katz y Lazarsfeld, 1955). Las nuevas metodologías de investigación pueden estar necesitadas de investigar esta área.

Para que la opinión colectiva de cualquier grupo se convierta en una fuerza social debe ir más allá del grupo, de forma que se vincule a una sociedad más amplia. A menos y hasta que los líderes informales del grupo sean capaces de unir activamente los sustratos primarios del grupo a una sociedad más grande y organizada, serán truncados y resultará muy improbable que contribuyan al desarrollo de una opinión colectiva poderosa. Sin embargo, si no sólo hablan para ellos mismos, sino que representan las opiniones de los miembros de un grupo (opiniones que con toda probabilidad ayudaron a formar) o a grupos formales y en foros públicos, los líderes informales de opinión aportan un gran peso al discurso público que, de otra forma, podría no existir. Hacen esto, por ejemplo, al recoger la peticiones, convocando reuniones en casa donde los aspirantes a candidatos políticos pueden encontrar a sus votantes cara a cara, hablar en mítines públicos, transmitir oficialmente a otros grupos las opiniones expresadas en algunos grupos primarios a los que pertenecen, hablando a conocidos importantes en nombre de amigos o parientes, y contribuyendo a la formación de manifestaciones espontáneas.

Por supuesto, éstas son todas las actividades que pueden ser iniciadas por grupos organizados. Pero a menudo son el resultado espontáneo de las interacciones del grupo primario, como en el caso de las madres que bloquean los cruces peligrosos de las carreteras por las que pasan sus niños para ir a la escuela, o los vecinos que hacen todos los preparativos para asisitir a una reunión del consejo local con los otros y protestar por un cambio en la planificación del terreno. A lo largo del tiempo, el conocimiento creciente de tales eventos realizados informalmente puede crear un sentimiento de mar de fondo en la opinion pública conducida por líderes informales políticamente oscuros, acontecimientos que los líderes formales pueden dudar si ignorar. Ésta es la forma en que muchos movimientos «de base» —tales como las Madres Contra la Conducción y la Bebida (Mothers Against Drink Driving: MADD), las protestas contra los impuestos, tales como el movimiento contra la Proposición 13 de California, liderado por Howard Jarvis en 1978, y el movimiento de los Anti-Florio[11] Hands Across New Jersey (Movimiento Hands Across New Jersey contra Florio), en 1992,

11. Florio fue un gobernador democrático en New Jersey, alrededor de 1990, que fue duramente criticado por elevar los impuestos incluso a pesar de que cuando aspiraba al cargo había prometido no hacerlo. «Hands across New Jersey» es el nombre de un grupo que se organizó contra él. *(N. de la t.)*

liderados por Patricia Ralston y John Budzask —llegaron a ser políticamente importantes. El liderazgo informal no político también puede verse envuelto en otras formas de comunicación ascendentes tales como las cartas al editor y el testimonio público de figuras no políticas en audiencias legislativas.

Estos ejemplos anecdóticos ilustran que el rol de los líderes de opinión informales en la aparición de la opinión colectiva incluye su función en la comunicación tanto *desde* como *hasta* los grupos primarios. Se necesita una investigación sistemática para este aspecto del liderazgo de opinión informal durante mucho tiempo olvidado.

La opinión colectiva como fuerza social

Dependiendo de las circunstancias situacionales, la opinión colectiva puede ser tanto moralmente conservadora como socialmente innovadora. Para evitar la confusión conceptual sobre este punto necesitamos enfatizar la distinción entre el *proceso de reflexión* colectivo donde se decide lo que debería hacerse, y el *acto* de llevar a cabo la decisión. Eso quiere decir que la opinión colectiva no es, por sí misma, la fuerza implementadora, sino que más bien es una influencia en lo que se decide. Es precisamente en el sentido específico en que la opinión colectiva frecuentemente apoya acciones que protegen los valores comunes cuando la podemos considerar como una fuerza moralmente conservadora. Por comparación, es en el sentido específico en el que la opinión colectiva puede apoyar, en otras circunstancias, la introducción de nuevas formas de actuación cuando la podemos considerar como una fuerza innovadora que, más allá del tiempo, puede conducir a un profundo cambio social.

Como parte del proceso por el que una sociedad hace juicios colectivos sobre asuntos conflictivos se esfuerza por proteger el consenso implícito que es esencial para su estabilidad y funcionamiento ordenado. En ese extremo, algunos juicios pueden apoyar, o ir en contra, imponiendo una serie de sanciones informales y formales —desde el aislamiento social (p. ej., la evitación, el rechazo, el ostracismo y la no comunicación), hasta multas, prisión, y ejecución. Pero una sociedad puede también necesitar resolver problemas que amenazan su cortesía, incluso aunque los valores comunes no estén en juego. En este punto, otras opiniones pueden apoyar, o ir en contra, estableciendo nuevas leyes, procedimientos u organizaciones. Además, muchas discusiones incluyen temas que combinan ambos tipos de asuntos. Es decir, que las discusiones, al ser juzgadas varían en el nivel en que están relacionadas con los valores o con los conflictos de intereses.

Conflicto de valores. En algunas situaciones, el problema que debe ser solucionado es cómo reaccionar ante un pensamiento desviado o disidente y un comportamiento que reta valores comunes, pero sin utilizar toda la fuerza de la autoridad institucional formal (Ross, 1969). A título de ejemplo consideraremos las sociedades homogéneas y estables que, por definición, están caracterizadas por un consenso que raramente pone en riesgo los valores comunes. En ausencia de centros de oposición, la opinión colectiva en tales sociedades se apoyará normalmente en las sanciones represivas que pretenden proteger los valores comunes frente a la desviación social. Consecuentemente, confiar en la opinión colectiva para apoyar la imposición de sanciones que desanimen y supriman el pensamiento o la conducta desviada es particularmente característico de sociedades culturalmente homogéneas y estables.

La comunicación interpersonal está probablemente asociada, de una forma concreta, a las situaciones con valores amenazados. El cotilleo es el arquetipo de la forma en que la comunicación interpersonal aparece y dirige las opiniones individuales hacia una opinión colectiva, socialmente poderosa, cuando los valores comunes están amenazados. Desde luego, hay mucho de cotilleo en la forma no dirigida y no modelada de ir de un tema a otro. Sin embargo, cuando el cotilleo se centra, durante un tiempo, en un asunto o persona particular, esto indica que algunas normas y valores importantes para la comunidad están en juego, y que las vías grupales están siendo dirigidas a mantener la conformidad. Expresiones como «la gente dice» y «lo que quiera que piensen» llaman la atención sobre una opinión colectiva que expresa «la reacción espontánea de la comunidad contra un manejo que les disgusta» (Ross, 1969: 89), un disgusto que exige que sea tomado algún tipo de acción.

La capacidad del cotilleo para generar opinión colectiva es más evidente en las comunidades pequeñas, que se autoalimentan. Pero representan un papel en las sociedades amplias y complejas, por ejemplo, en los salones del siglo XVIII la aristocracia francesa y en el siglo XX las fiestas tipo cóctel de Washington D.C. Es más, la utilización de medios de comunicación modernos, por ejemplo, los columnistas de los periódicos y los programas de entretenimiento hacen posible que el cotilleo vaya más allá de los límites impuestos por la comunicación interpersonal. Esta potencialidad se ha podido producir bajo los estándares relajados del periodismo que caracterizó a la década de 1990: airear asuntos extramaritales, y que se bebiera mucho, fueron asuntos «muy secretos» en el entorno de Washington, que hoy se han convertido en harina para los molinos políticos del periodismo mediático.

En las sociedades de masas, así como en comunidades más pequeñas, cuando se percibe que los valores comunitarios están siendo violados, la condena pública es una llamada a la acción para reafirmar y preservar estos valores. Así, mediante la expresión de la opinión colectiva orientada en valores, la dinámica conservadora de las sociedades cerradas y homogéneas, caracterizadas por una adhesión no lógica a los estándares tradicionales, puede llegar a ser operativa dentro de las sociedades modernas orientadas racionalmente. En las sociedades multiculturales, caracterizadas por la coexistencia de los valores comunitarios competitivos, esto puede conducir a confrontaciones incómodas e incluso violentas, tales como las que tienen relación con el aborto y la homosexualidad. Esto es, las mismas cualidades de la opinion colectiva como una fuerza social conservadora que actúan para mantener un orden social estable bajo condiciones de homogeneidad puede en su lugar generar conflictos altamente desestabilizadores en sociedades heterogéneas.

Un problema muy diferente surge en las sociedades heterogéneas, que cambian rápidamente, cuando tratan de resolver los intereses en conflicto y en pugna, sobre los que no hay consenso establecido, pero que, por la misma razón, no son valores amenazados. En estos casos hay que forjar acuerdos que se acepten, incluso si no se está muy a favor, por toda la sociedad, aunque sólo sean aceptados por no ser vistos como violadores de los valores fundamentales. En tales circunstancias, una tarea de la opinión colectiva es constreñir las decisiones de forma que no debiliten el consenso comunitario existente. En ese contexto, la opinión colectiva puede ser una fuerza que apoye los juicios más proactivos y creativos, y que oriente los intereses. El desacuerdo y los intentos por cambiar la opinión puede que persistan, de hecho a menudo lo hacen, pero tan pronto como el consenso del valor subyacente no está amenazado, la formación y la expresión de la opinión colectiva no tiene por qué ser desestabilizadora de la comunidad existente.

Conflicto de intereses. El intercambio de información utilitarista a través de la conversación personal representa un rol diferente del cotilleo al coaligar las opiniones individuales en una opinión colectiva. Aunque tales comunicaciones, a menudo no lleguen más que a individuos que intercambian pequeños fragmentos de información util, surgen casos en los que los individuos descubren que tienen intereses comunes y enfrentados. En ausencia de diferencias puede aparecer una comunidad de intereses percibida, que conduce a un consenso de opinión que, con el tiempo, puede generar nuevas formas de conducta. Sin embargo, cuando aparece el conflicto de intereses y se desarrolla un debate sobre las intenciones de acción y los medios que se deberían adoptar para conseguirlas, de hacerlo, aquellos que tienen intereses comunes o similares pueden coaligarse contra los grupos de interés enfrentados. Por medio de este proceso aparece un público dividido en grupos de interés enfrentados, cada uno de ellos caracterizado por una opinión colectiva distintiva, unidos por sus propios líderes de opinión. En ocasiones, y a menos que se contenga, el debate resultante puede llegar a ser un tanto rencoroso y divisivo y puede crear opiniones colectivas por facciones que generen una fuerza social desestabilizadora. Las constricciones en el debate que crea división pueden ser generadas por una opinión colectiva general preocupada o puede existir un orden político que imponga sanciones efectivas contra el conflicto faccional incontrolado.

En su forma pura, el debate orientado por intereses está caracterizado por una racionalidad solventadora de problemas que es capaz de aceptar las soluciones sociológicamente innovadoras (aunque en su forma empírica, esta racionalidad es probable que sea atemperada por consideraciones basadas en normas cargadas de valores). Como consecuencia, en contraste con la opinión colectiva generada por el cotilleo, cuando se desarrolla una opinión colectiva movida por el interés puede favorecer las políticas y las acciones que no son necesariamente conservadoras desde el punto de vista sociológico, e incluso puede resultar subversiva frente a la autoridad y a las normas establecidas. Las actividades revolucionarias de propietarios de plantaciones y comerciantes en la América británica colonial del siglo XVIII es ilustrativa de tales evoluciones.

Aunque la comunicación interpersonal movida por intereses puede producirse en infinidad de marcos y reuniones que tienen lugar para propósitos estrictamente utilitaristas, conducen particularmente a tales discusiones. Por esta razón, las plazas de mercados, tales como el ágora de la antigua Atenas, el Foro romano y la feria medieval han servido como marcos históricos donde aparece la opinión colectiva. En tales marcos, cuando el discurso interpersonal se centra en cómo se debería tratar un asunto, la existencia de consenso o disenso sobre lo que debería hacerse es aparente. De acuerdo con esto, como sucede habitualmente con la opinión colectiva orientada en valores, una opinion colectiva movida por intereses puede surgir directamente de la comunicación cara a cara. Pero los avances en la tecnología de la comunicación y su organización han alterado significativamente este proceso.

En los ambientes mediáticos tecnológicamente avanzados, gran parte del debate público se transforma en una competición entre propagandistas rivales que buscan atraer la atención de las audiencias de masas y de persuadirles después a un punto de vista particular (véase cap. 4 para una discusión completa de la interacción entre la tecnología y el proceso de comunicación). Tales esfuerzos por movilizar las opiniones colectivas politizadas no descansan solamente en la argumentación de las virtudes de una serie particular de intereses. En su lugar, y en distingos grados, se hacen esfuerzos para asociar intereses con los valores comunitarios. Es más, la discusión y el debate, en lugar de producirse en intercambios interpersonales espontáneos y sin estructurar, bajo condiciones creadas por la tecnología sofisticada de la comunicación, pueden planearse y dirigirse por aquellos que tienen acceso a la tecnología y la controlan. Correlativamente, en lugar de que la opinión colectiva sea un producto no planificado de la discusión pública y el debate, se convierte, crecientemente, en un producto manufacturado. Como resultado, la competencia para el control de los medios de comunicación, y los contraesfuerzos por proteger el acceso abierto para todos, convierte el proceso social del discurso público en una lucha política por sí misma. De esta forma, la lucha por dominar la comunicación —a través de la monopolización de los medios, tanto si es posible como si no, a través de la manipulación de los mensajes— se convierte en el drama central del proceso de opinión pública.

La opinión colectiva como proceso

Hemos visto que la fuerza social que emana del conocimiento común no es simplemente un agregado estadístico de opiniones individuales. Tampoco representa el sentir general de la gente: una decisión unitaria del grupo. La opinión colectiva, como fuerza social, puede ser asemejada más al resultado de un grupo musical que a una decisión de grupo. En una sociedad homogénea con poca diferenciación estructural, la analogía sería con el producto de una *ensemble* que está interpretando un sencillo tema en el mismo instrumento: la expresión de una sencilla unidad de opinión que crece y que valida los valores comunitarios aceptados. En sociedades heterogéneas, estructuralmente diferenciadas, hay una mayor analogía con una *jam session* en que un grupo de músicos de jazz improvisa sobre un tema central dado, con sus voces diferenciadas y complementarias sonando a veces ese tema por senderos conocidos y en otras ocasiones por áreas no exploradas y no anticipadas.

A veces hay una mezcla de muchos intereses y valores en un solo momento, como en tiempos de consenso; en otras circunstancias hay un choque de voces que compiten cada una de ellas esforzándose por conseguir el dominio; en otras ocasiones, aún hay temas opuestos desarrollados por alianzas de diferentes sectores del público. Siguiendo con la metáfora musical, como en los «combós de jazz» en los que la estructura del grupo tiende a ser flexible, incluso cuando hay un líder reconocido en el debate público, siempre existe la posibilidad de que en cualquier momento alguien asuma un rol dominante. Lo que aparece es la imagen de un proceso en curso, una hebra sin fin y un flujo que proviene de la interrelacción de voces, armoniosas a veces, competitivas otras, chocantes otras, y eso crea algo nuevo y distinto de lo que existía originalmente.

Aun con el riesgo de sobretrabajar la metáfora musical deberíamos observar que justo cuando la tecnología de los instrumentos musicales afecta a la naturaleza de la música que se interpreta, el cambio en la tecnología de la comunicación puede tener efectos profundos en la opinión colectiva como proceso. Consideremos, por ejemplo, los efectos del cambio de clavicordio a piano, o de la guitarra acústica a la eléctrica. Muchos han expresado su preocupación por los desarrollos tecnológicos en las comunicaciones que han conducido a nuevas formas de comunicación que pueden desplazar la conversación como el medio por el que la opinión colectiva aparece. Incluso, las nuevas tecnologías como los teléfonos y los *e-mails* han hecho también la comunicación persona a persona eficaz en las grandes distancias.

En el nivel más básico, la tecnología disponible determina el grado en el que la comunicación directa e interpersonal puede ser suplementada e incluso sustituida por otros medios. Más allá de esto, la tecnología disponible influye en la red de cobertura geográfica de la comunicación interpersonal y de masas. También determina las formas que las relaciones entre audiencias y comunicadores pueden tomar. Por esta razón, la adopción de nuevas tecnologías, con frecuencia conduce a la evolución de las relaciones sociales existentes hacia modelos desconocidos anteriormente. Como consecuencia, el tamaño, la composición y la estructura de los públicos cambiará con la introducción de tecnologías que trascienden la comunicación cara a cara. Estos desarrollos no pueden ser entendidos solamente en los términos de procesos sociales que hemos estado considerando hasta ahora. Por esta razón, antes de considerar la dimensión política del proceso de la opinión pública, nuestra próxima tarea es examinar cómo la introducción de nuevas tecnologías puede influenciar el proceso mismo de comunicación.

Capítulo 4

LOS EFECTOS DE LA TECNOLOGÍA DE LA COMUNICACIÓN

La introducción de la mayor parte de las tecnologías de la comunicación como Internet y el World Wide Web en ocasiones tienta a sus entusiastas a predecir que producirán cambios revolucionarios en el proceso de opinión pública. Debemos reconocer que la tecnología disponible canaliza el alcance, la amplitud, la profundidad y la estructura de las redes de comunicación (véase, p. ej., Goldhamer, 1980). Sin embargo, aunque las capacidades técnicas de la tecnología de la comunicación están determinadas sobre todo por las características de su ingeniería, también es cierto que los procesos sociales dirigirán la forma de utilizar la tecnología. El impacto de los desarrollos tecnológicos sobre el proceso de opinión pública no es la consecuencia sólo de la tecnología, sino de la interacción de la tecnología y el proceso social.

Esta interacción es evidente en los efectos que las nuevas tecnologías de la información han tenido en el proceso de opinión pública en las sociedades occidentales a lo largo de los últimos 500 años. La estructura institucional que caracteriza hoy a la comunicación en los Estados Unidos se produjo durante este período, y le confiere especial interés para nosotros. Como veremos en la revisión histórica que sigue, la introducción de la imprenta en el siglo XV, la adopción de las comunicaciones telegráficas y los avances en la imprenta en el siglo XIX, y el aumento de la difusión y de otras comunicaciones electrónicas en el siglo XX han condicionado todas ellas, de una forma significativa, la comunicación como proceso social, pero lo mismo han hecho las circunstancias históricas que rodearon su introducción.

La imprenta

La introducción de la imprenta en la Europa occidental se produjo en un momento caracterizado por el monopolio clerical de la enseñanza. Esto creó una mixtura volátil, ya que la imprenta ayudaba a hacer la herejía y el cisma religioso permanente, a diferencia de los efectos más transitorios de las herejías medievales tempranas (Eisenstein, 1987). La combinación de la nueva tecnología y la Reforma protestante contribuyeron entonces a la aparición del proceso de opinión pública como una fuerza significativa más allá de la comunidad local en la Europa occidental (Speier, 1980). Para comprender cómo ocurrió eso debemos considerar la interrelación entre los medios de comunicación existentes entonces y la imprenta como tecnología.

En la era de la pre-imprenta, las bibliotecas habían sido monopolios eclesiásticos de escasos recursos. Las copias sencillas de un libro determinado (copiado a mano laboriosamente y a menudo de una forma inexacta) eran las posesiones atesoradas de muchas bibliotecas en monasterios y en universidades. En vez de que fuera mucha gente la que leía textos importantes, sólo unos pocos tenían la oportunidad incluso de verlos. Las audiencias eran frecuentemente reunidas para escuchar la lectura de los textos y/o las disquisiciones oratorias sobre ellos (Eisenstein, 1987).

Una vez que los impresores desarrollaran los tipos móviles de metal en la década de 1450 en Maguncia, Alemania (desarrollo que culminó en la imprenta de Johannes Gutenberg en 1456 con una *Biblia Vulgata*), la nueva tecnología se extendió rápidamente por toda Europa occidental: por ejemplo, en 1470 se creó un taller de imprenta en París, seguido en pocos años por talleres de imprenta en los Países Bajos, Suiza, Castilla y Aragón (Trager, 1992) y en Inglaterra en 1476 (Bridgwater y Kurtz, 1963). Por gran parte de Europa occidental se produjo un flujo de libros, tratados y periódicos.

Surgieron tres efectos inmediatos de la rápida difusión de la imprenta que fueron: *a*) un gran aumento en el número de libros producidos; *b*) un aumento importante en el número de personas que ahora leían las versiones estándar de cualquier obra, y *c*) un aumento muy considerable en la difusión geográfica de aquellas obras. Las bibliotecas ahora constaban de copias estándar de muchos libros en manos de una considerable cantidad de la población letrada, de comerciantes y artesanos, además de la jerarquía clerical. Fueron siendo adquiridos de una forma creciente por la propiedad privada y agrupados en ciudades de toda Europa, haciendo una penetración relativamente densa de los libros en las comunidades profusamente extendidas. Contrastando con el monopolio clerical del período medieval apareció un amplio espectro social familiar con colecciones diversificadas de textos estandarizados. Un efecto revolucionario fue que los grupos diseminados de población letrada y urbana se apartaron al mismo tiempo, leyendo en silencio para sí mismos, y vinculados entre sí por los libros que leían con textos e ilustraciones virtualmente idénticos (Eisenstein, 1987).

Los efectos religiosos y políticos de esta interrelación entre la tecnología de la comunicación y el proceso social fueron profundos. La herejía y el cisma del siglo XVI tuvieron consecuencias permanentes. Por contraste con las anteriores herejías medievales que no concluyeron en el establecimiento de iglesias sectarias permanentes opuestas al catolicismo romano. La introducción de la imprenta hizo posible que los protestantes vencieran el monopolio clerical de la enseñanza y que propagaran la fe entre el vulgo sin confiar en las fuentes institucionales establecidas (Eisenstein, 1987). Cuando en 1517, Martin Luther fijó sus 95 tesis en la puerta de la iglesia-fortaleza de Wittenburg iban dirigidas a una audiencia académica y clerical y no fueron refutadas. Pero, una vez impresas en la lengua vernácula, fueron rápidamente diseminadas entre una audiencia relativamente grande por los vendedores de libros ambulantes que viajaban de aldea en aldea, puerta a puerta. Entonces, Lutero pudo dirigirse a «todo el mundo (por toda Alemania) en una quincena y por toda Europa en un mes» (Eisenstein, 1987: 150-151). Ésta es una razón importante por la que Wycliffe, quien había tenido que depender de copistas para dar a conocer sus ideas a una audiencia limitada, eclesiástica en su mayor parte, consiguió efectos localizados transitorios, mientras que la ideas de Lutero se habían extendido con efectos permanentes (Eisenstein, 1987).

Aunque el efecto inmediato de la imprenta consistió en reforzar la posición de los disidentes (un efecto reminiscente que ocurría también en la primera época de Internet), pronto se vio que los efectos a largo plazo dependerían de los desarrollos no tecnológicos. La impresión en 1526 de la *Biblia Tyndale*, en Worms, Alemania, una traducción al inglés, fue objeto de contrabando con éxito en Inglaterra a pesar de los esfuerzos hechos por quemar todas las copias (Trager, 1992). Poco después, también en Inglaterra, Thomas Cromwell utilizó los documentos impresos escritos en lengua vernácula para movilizar el apoyo en favor de Enrique VIII y el cisma de Roma de 1534 (Eisenstein, 1987). Más tarde se produjeron efectos comparables de la imprenta en el mundo puramente secular. En Francia, Luis XIV confió en la palabra impresa para conseguir el apoyo para sus aventuras militares. Más comúnmente, la intensa lucha por el ascendiente entre las monarquías centralizadas contra los parlamentos y las asambleas, cuyas raíces estaban más localizadas en las instituciones medievales, fueron exacerbadas por las guerras de propaganda que fueron posibles por la imprenta (Eisenstein, 1987).

En el siglo XVII existía un público geográficamente disperso y sociológicamente diverso, sin vinculación alguna, en toda Europa occidental (y estaba desarrollándose hacia la América colonial). Aunque para los estándares modernos estos públicos emergentes constituían un pequeño segmento del total de la población europea, el proceso de opinión publica estaba cada vez menos restringido a la comunicación interpersonal dentro de los agrupamientos públicos que se podían reunir en una única localización. Es más, se desarrollaron las organizaciones sociales innovadoras, la mayor parte de los sistemas nacionales de correos, que mejoraron las limitaciones tecnológicas que todavía obstaculizaban la comunicación a gran distancia entre los miembros de estos públicos (Bridgwater y Kurtz, 1963).

Aunque en principio se pretendía que tuvieran un uso comercial, estos sistemas postales facilitaron el aumento de la opinión colectiva a escala nacional. Los comités de correspondencia que se formaron en las 13 colonias británicas durante el período que desembocaron en la Revolución americana son un ejemplo históricamente significativo. Suplementando los materiales impresos asequibles para ellos, los disidentes individuales se extendieron por todas las colonias y organizaron una red de corresponsales que sostenían un debate escrito a larga distancia sobre los impuestos ingleses y las políticas de comercio. Como consecuencia de ese debate emergió una opinión colectiva influyente opuesta a aquellas políticas. Después de que fuera declarada la independencia, esta red de corresponsales se convirtió en el corazón de una facción significativa en el Congreso Continental (Miller, 1943). Sin embargo, la demanda de medios más rápidos y fiables para la comunicación a larga distancia no fue todavía satisfecha.

Comunicación a larga distancia, los telégrafos y los avances en la imprenta

Durante el siglo XIX tuvo lugar una increíble transformación en la forma en que las noticias eran transmitidas a grandes distancias, una transformación hecha posible por los avances, tanto en la tecnología como en la organización socioeconómica: en

1815, la recepción de las noticias en Londres del resultado de la batalla de Waterloo se consiguió en cuatro días mediante la utilización de palomas mensajeras del financiero Nathan Meyer Rothschild, que permitió al *Morning Chronicle* de Londres adelantarse a las noticias de la competencia (Trager, 1992). Hacia fin de siglo los periódicos estaban usando transmisión telegráfica y telefónica de noticias casi instantánea, mediante los servicios nacionales de telégrafos para distancias continentales y transoceánicas.

Introducir el telégrafo, el teléfono y el cable transoceánico para la comunicación a gran distancia implicó mucho más que inventarlos. Un complejo de empresas privadas fundadas por emprendedores individuales, y no las características propias de las nuevas tecnologías, fueron las responsables del desarrollo de las redes de comunicacion capaces de transmitir noticias a gran velocidad a largas distancias. Construir un telégrafo para grandes distancias y líneas telefónicas y cables submarinos exigió una considerable inversión de capital. Sin embargo, la existencia de leyes de patentes que convirtieron a las nuevas tecnologías en propiedad personal cuya posesión podría ser comercialmente explotada por la empresa privada resultó decisivo. Además, el capital empresarial era, habitualmente, suplementado por los subsidios gubernamentales. Por todo ello, resulta muy instructiva una breve revisión de los primeros años del telegrafo.

En 1837, tres de los inventores líderes del telégrafo obtuvieron patentes: Charles Wheatstone y William Fothergill Cooke en Inglaterra, y Samuel B. Morse en los Estados Unidos. En 1842, el Congreso de los Estados Unidos conseguía dinero para permitir a Morse construir una línea de telégrafo experimental que conectaba Washington y Baltimore, mientras los hombres de negocios Ezra Cornell y Hiram Sibley facilitaron su apoyo adicional. En 1855, el Congreso autorizó la construcción de una línea Nueva York-San Francisco. En 1856 se estableció la Western Union como una amalgama de varias compañías telegráficas independientes, y en 1859, la North American Telegraph Association se formó casi como un monopolio. En Inglaterra, la Electric Telegraph fue organizada en 1845 y, en una evolución paralela, la Siemens and Hanske Telegraph Company fue fundada en Alemania en 1847 (Trager, 1992).

Estas compañías desarrollaron rápidamente las redes de comunicación a larga distancia. En 1848 se completó una línea de telégrafo entre Nueva York y Chicago, mientras que aquel mismo año estaban operando dos sistemas regionales en Inglaterra. Un cable de propiedad privada unía Dover y Calais, que fue completado en 1851, y en 1855 había una línea de telégrafo que se extendía desde Londres a Crimea. Se estableció un servicio transatlántico privado durante el mismo período, iniciado en 1858 por un intercambio de mensajes entre el presidente James Buchanan y la reina Victoria. Aunque aquel cable falló pronto, fue reemplazado en 1866, y en 1869 se completó otro cable entre Francia y Massachusetts. En el otro lado del globo, en 1871 se estableció un servicio de cable desde Vladivostok a Shanghai, Hong Kong y Singapur, vía Nagasaki. Aunque la mayor parte del mundo todavía permanecía fuera de la red de esta comunicación, la mayoría de los centros principales (y en algunos países, incluso centros secundarios) fue unida en una red de comunicación interconectada de propiedad corporativa.

Un nuevo marco institucional para la transmisión de noticias económicas a gran distancia apareció casi al mismo tiempo con el desarrollo corporativo y las redes controladas telegráficamente, es decir, organizaciones que recogían noticias que explotaban la tecnología recientemente incorporada. La primera agencia de noticias nacional —Agencia Havas (hoy Agencia France-Presse)— fue establecida en 1835. Cuando la línea de telegrafo Nueva York-Chicago se construyó en 1848, un grupo de periódicos de la agencia de noticias de Nueva York permitió a cada miembro utilizar la línea a un costo abordable. En 1851, ésta se convirtió en la Associated Press. Alrededor de la misma época, Paul Julius Reuter, que en 1850 había utilizado palomas mensajeras para transmitir las noticias financieras, especialmente los precios finales de la bolsa, aprovechó la apertura del cable Dover-Calais para fundar la Agencia de Noticias Reuters. Este doble desarrollo permitió la aparición de la opinión colectiva a escala nacional en los países más altamente desarrollados.

Los avances en la transmisión de noticias a larga distancia no cambiaban, por sí mismos, el hecho de que el estadio final de la transmisión de noticias a una audiencia nacional permaneciera dependiente de los periódicos locales. La accesibilidad de las noticias al público general fue, sin embargo, dependiente de la existencia de una población letrada. En la historia del proceso de la opinión pública en Estados Unidos fue de vital importancia que se alcanzara un alto índice de personas alfabetizadas en una época temprana. En la década de 1840, menos de un cuarto de la población adulta era analfabeta, según la Oficina del Censo (Bureau of Census, 1975). La existencia de tal cantidad de población alfabetizada sentó la base para el aumento de la audiencia de los periódicos de masas y no sólo de lectores elitistas de negocios.

Por otra parte, la tecnología de la imprenta a finales del siglo XVIII era insuficiente para dar servicio a la audiencia de los periódicos de masas. Se iniciaron una serie de mejoras crecientes en la imprenta que culminaron en la fabricación del papel y en una tendencia que llevó a la viabilidad del periódico de masas a bajo costo. En los Estados Unidos, de 1797 a 1854, las escasez en el suministro del papel fue aliviada por los nuevos métodos de producción que reducían costes y mejoraban la calidad del papel, y permitían disponer de papel en rollos continuos en cualquier tamaño deseado (Trager, 1992). La invención de la litografía en 1797, la prensa mecánica de Adam en 1827, la prensa rotativa en 1846, la prensa con los caracteres en cilindros en 1866, y la linotipia en 1884 fueron avances muy importantes que ampliaron la impresión rápida y económica de los periódicos en tiradas cada vez más grandes (Trager, 1992). Sin estos desarrollos, los periódicos «penique» *(penny)* dirigidos a las audiencias de masas, tales como el *New York Sun*, fundado en 1833 y el *New York Herald*, fundado en 1835 (Reynolds, 1995: 81), no habrían sido posibles. El impacto completo de la tendencia a los periódicos de bajo costo, sin embargo, no se notó hasta final de siglo, cuando el *New York Times* redujo su precio a un penique en 1898 (Trager, 1992).

Un complemento al cambio tecnológico de fin de siglo altamente significativo fue la creación de las primeras cadenas de periódicos. Hasta entonces, los periódicos habían sido exclusivamente locales. Sin embargo, en 1882 Joseph Pulitzer, propietario del *Post-Dispatch* de San Luis, adquirió el *World* de Nueva York, mientras William Randolph Hearst, propietario del *Examiner* de San Francisco, compró el *Morning Journal* de Nueva York (más tarde llamado *American* de Nueva York). Igualmente, la cadena Ridder puede ser rastreada hasta 1892 y la cadena Knight hasta 1903 (Trager, 1992). La identificación local de la ciudad todavía era importante, aunque sólo por la importancia de la política publicitaria de los pequeños, de las noticias y editoriales que ahora podría ser coordinada a más alto nivel, reforzando la aparición de la opinión colectiva como una fuerza nacional significativa.

También resultaron críticos para el aumento de los medios de comunicación de masas los desarrollos de los periódicos como medios de publicidad. La publicidad había sido durante mucho tiempo la mayor fuente de ingresos de los periódicos estadounidenses, en los que la mayor parte de las primeras páginas estaban ocupadas por la publicidad. En la década de 1840, un periódico típico era «un cuatro páginas, multicolumnas, con editoriales y noticias en la segunda página, estando las otras tres páginas llenas de anuncios, listados de propiedades inmobiliarias, y anuncios políticos» (Reynolds, 1995: 115). La publicidad estaba, en aquel momento, más orientada a las empresas que a los consumidores, de forma que la estabilidad financera de un periódico no era dependiente de su circulación para alcanzar una audiencia masiva. Resultaba de especial importancia que la publicidad estuviera fijada en sólidas columnas con tipo de letra *pequeña ágata*[12] con las ilustraciones y los logos de las empresas virtualmente desconocidas, de forma que tenía escaso atractivo visual para una audiencia masiva. No fue hasta después de la Guerra Civil el momento en que el dispositivo de publicidad llegara a ser un lugar común, una evolución debida especialmente a los grandes almacenes que buscaban amplios mercados de consumidores (Boorstin, 1974). Aunque todavía resultaban bastante pesados para los estándares de la última parte del siglo XX, a finales del siglo XIX la apariencia y el contenido de los periódicos estadounidenses estaban siendo cada vez más influenciados por los esfuerzos de alcanzar los grandes mercados de consumidores.

El período de posguerra civil también demoró el aumento de las agencias de publicidad como actores importantes en el mundo de los periódicos. El *N. W. Ayer*, que fue fundado en 1868 e inicialmente estuvo al servicio de las publicaciones religiosas, era todavía un periódico preeminente en la década de 1990. Mientras, en 1878, J. Walter Thompson absorbió la agencia Carlton Smith de más de 14 años de existencia. Al tiempo que las agencias de publicidad reforzaban su posición, cambiaron sus relaciones financieras con los periódicos. Cada vez más, los editores de periódicos tenían que compartir el control con ellos de una manera formal y racional. En 1869, George P. Rowell publicó la primera lista exacta y abierta de periódicos; en 1875, *N. W. Ayer*, actuando como agente para el anunciante más que para el periódico, ofreció contratos abiertos, lo que, por primera vez, dio a los anunciantes las verdaderas tarifas cargadas por los periódi-

12. *Small agate type* en el original. *(N. de la t.)*

cos; y en 1893, la Asociación Americana de Periodismo (American Newspapers Association: ANPA) adoptó una resolución: acordaba pagar comisiones en forma de descuentos a las agencias por la publicidad recogida y no ofrecer descuento sobre el espacio vendido directamente a los anunciantes (Trager, 1992). Estos últimos desarrollos no afectaron directamente al proceso de opinión pública. Sin embargo, la comunicación de las noticias se unió claramente a los intereses comerciales que habían sido independientes durante tiempo, y habían estado potencialmente en conflicto con el interés del público por descubrir las noticias.

Los desarrollos tecnológicos e institucionales que se habían vislumbrado hicieron algo más que crear el periódico de masas. Establecieron un modelo empresarial que en los años venideros estaría afectando fuertemente el rol de la radio y la televisión como medios informativos. Hay dos características destacables y continuas de este modelo que nos afectan y que son:

1. Las noticias se han convertido en una mercancía comercial cuyo valor monetario no depende sólo de su capacidad para informar al público, sino también de su habilidad para atraer a las audiencias masivas para la publicidad.
2. El control comercial de cómo se transmiten las noticias, en interacción con las características técnicas de la tecnología utilizada determina en buena medida el tamaño y la estructura de la audiencia de las noticias.

Ninguna de estas dos características puede adscribirse directamente a la transformación de la tecnología de la comunicación que se produjo en el siglo XIX.

Medios de difusión

La capacidad de la radio para acercar las noticias casi instantáneamente a una vasta y dispersa audiencia se hizo evidente casi desde su mismo nacimiento. En 1912, sólo un cuarto de siglo después de que Hertz descubriera las ondas eléctricas, y menos de dos décadas después de la instalación del primer transmisor permanente de Marconi (en 1896), David Sarnoff se convirtió en el centro de la atención mundial cuando se sentó durante 72 horas en el escaparate de un gran almacén de Nueva York operando un transmisor sin hilos, siendo la primera retransmisión de

SOS del hundimiento del *Titanic* y a continuación las noticias de los supervivientes (Trager, 1992; Barnouw, 1975). No había ninguna duda de que la tecnología de la difusión transformaría la forma de transmitir noticias. Lo que no era seguro era la naturaleza de transformación.

Como sucedió con la imprenta, en el siglo XIX, la tecnología de la radio y la televisión evolucionó mediante la aparición creciente de los descubrimientos científicos y los desarrollos tecnológicos. Sin embargo, en lugar de que los inventores individuales y los empresarios decidieran cómo desarrollar la nueva tecnología, las decisiones de inversión fueron hechas, cada vez más, por direcciones corporativas, frecuentemente negociadas entre ellas (así como con el gobierno federal). Las consideraciones corporativas superaron los deseos de los ingenieros individuales y de los científicos con relación a la forma en que funcionarían los medios de difusión. Fue en 1922, cuando los primeros anuncios comerciales pagados emitieron por la emisora de radio WEAF, estableciendo la publicidad como la base financiera para el control privado de las ondas aéreas en los Estados Unidos, cuando Lee DeForest, quien había representado un papel pionero en el desarrollo de la tecnología de la radio, se quejó: «¿Qué habéis hecho con mi hijo?» En 1930 se gastaban 60.000.000 de dólares anualmente en la publicidad de radio (Trager, 1992).

En los Estados Unidos, los avances tecnológicos en la radio fueron un producto de intensa competencia entre ATT, Westinghouse, General Electric, United Fruit, y más tarde RCA; más la intensa involucración del Departamento de la Armada. No sólo estas corporaciones tuvieron acceso a las grandes sumas de capital que se necesitaban para desarrollar la tecnología de la difusión, sino que cada una de ellas había establecido los intereses empresariales para promoverla y defenderla. Estaba en juego quién controlaría la fabricación del equipo de transmisión y recepción, la transmisión real entre los centros de transmisión, y el contenido de lo que tenía que ser transmitido (Barnouw, 1975).

En 1928, el sistema que tenía que dominar los medios de difusión en los Estados Unidos, al menos la próxima mitad de siglo, estaba en marcha. Sus elementos clave eran: redes de difusión que competían utilizando la comunicación a través de ondas largas más que cortas, financiada primariamente por los ingresos de la publicidad independientes, con fabricantes de equipos independientes pero asociados, con transmisión a larga distancia sobre las redes telefónicas, todo sujeto a una regulación revisada por el gobierno federal que intentaba proteger el interés público (Barnouw, 1975).

Como resultado, la emisión de los comunicados políticos tanto por medio de la radio como de la televisión evolucionaba dentro de un ambiente dominado, desde sus primeros años, por los intereses comerciales que buscaban grandes audiencias con propósitos publicitarios. Esta dominación comercial explica por qué, a diferencia de los desarrollos en otras naciones, a pesar de la excepcional capacidad de los medios de difusión para transmitir noticias, en los Estados Unidos esta capacidad había sido subordinada al entretenimiento (Bogart, 1956; Comstock, Chafee, Katzman, McCombs y Roberts, 1978). Hubo dos circunstancias por las que este modelo se rompió: cuando los acontecimientos informativos extraordinarios captan la atención nacional (como en las crisis nacionales, los desastres sobrecogedores, etc.); o cuando hay competencia por los ingresos publicitarios (p. ej., durante las campañas electorales), que subrayan el grado en el que los desarrollos no tecnológicos han afectado a los medios de difusión en la creación de la opinión colectiva.

A pesar de la rápida comercialización de la radio (y de la televisión), los políticos pronto reconocieron que los medios de difusión les daban un nuevo canal poderoso para comunicarse con el público. En 1918, los «Catorce puntos» (Fourteen Points) de Woodrow Wilson se emitieron a Europa desde New Brunswick, New Jersey. En 1923, la sesión de inauguración del Congreso de los Estados Unidos se emitió por vez primera. En 1924, el discurso de la campaña electoral de Pascua de Calvin Coolidge se transmitió desde una conexión con un enganche de 26 emisoras costa a costa. Y en 1933, para cuando ya más del 50 % de los hogares de los Estados Unidos tenían radios, el recién elegido presidente Franklin D. Roosevelt ofreció su programa «charla junto a la chimenea» *(fireside chat)* adelantándose a los periódicos para explicar directamente al público su plan para afrontar la crisis bancaria con la que se enfrentaba la nación. De una forma análoga, con respecto a la televisión, en 1927, el entonces secretario de Comercio Herbert Hoover apareció en una emisión experimental para ATT (Barnouw, 1975). Y en 1948, en un momento en el que sólo 1.000.000 de hogares tenía un aparato de televisión, las convenciones nacionales fueron televisadas, tanto las democráticas como las republicanas. Así, aun cuando la radio y la televisión habían sido ante todo medios de entretenimiento, desde sus comienzos representaron un papel crucial en la transformación revolucionaria de las comunicaciones políticas que alcanzaron su madurez en la década de 1970.

Hasta un punto considerable, el impacto revolucionario de la radio y de la televisión en el desarrollo del conocimiento común está basado en dos factores tecnológicos. Durante el siglo XIX, el telégrafo y el cable habían hecho posible transmitir mensajes casi instantáneamente a distancias transcontinentales y transoceánicas, pero sólo entre puntos físicamente unidos. Además, los avances en la tecnología de la imprenta habían hecho que la comunicación de masas como el periódico fueran asequibles, al costo de cualquier apariencia de contacto personal directo entre los escritores y sus audiencias. Los medios de difusión difieren sustancialmente en estos dos respectos, compensando ambos tipos de limitaciones.

Como los medios de difusión no requieren de una unión física entre los transmisores y los receptores, introducen una flexibilidad en la comunicación combinada con el control centralizado tanto sobre las distancias cortas como largas, que tenían implicaciones de gran alcance. Incluso las audiencias nacionales, geográficamente dispersas, podían ser alcanzadas directamente al mismo tiempo, permitiendo el control central de la comunicación y la coordinación de las campañas multifásicas a aquellas audiencias. Tal como observaron Lang y Lang, el control centralizado del micrófono y de la cámara suministraron una oportunidad para centralizar y monopolizar la atención de la audiencia, reduciendo la probablilidad de que estímulos no programados o no deseados pudieran introducir contenidos no deseados en el mensaje (Bogart, 1956). Es más, los individuos diseminados, así como las familias y otros grupos pequeños, podían ser alcanzados en localizaciones que se adecuaban a su diversa conveniencia y a sus necesidades de confort, de tal forma que de ninguna otra manera podrían haber tenido la sensación de participar en un acontecimiento trascendente y común. De esta forma se hizo posible la aparición del conocimiento común, en una escala que no había sido imaginable hasta ese momento. Por otra parte, la ausencia de cualquier tipo de *feedback* en la tecnología de la difusión era una debilidad inherente. A lo largo de los años, los sondeos de opinión pública se convirtieron en el sustituto más importante, aunque imperfecto, para esta limitación tecnológica.

Una consecuencia al menos de igual importancia que eliminar la necesidad de unión física fue transmitir la voz, y (más tarde) las imágenes visuales ayudaron al hecho de eliminar dos barreras sociales para el aumento de los públicos masivos que los medios impresos no habían podido vencer. En primer lugar, saber leer y escribir ya no eran una precondición para comunicarse con las audiencias de masas. Dado que los analfabetos y los no muy alfabetizados llegaron a ser miembros efectivos de las audiencias de masas, se convirtieron en participantes, aunque pasivos, en el proceso de comunicación esencial para la aparición del conocimiento común. Por primera vez, todos los ciudadanos de las sociedades nacionales se convirtieron en miembros potenciales, y a menudo reales, del «Público».

En segundo lugar, gran parte del sentimiento de contacto personal —transmitido por el tono y la modulación de la voz del locutor, más tarde intensificado por la expresión facial, el gesto, y el lenguaje corporal—, que añade eficacia a la comunicación interpersonal, fue, en gran medida, recuperado para el discurso político. En particular, el carisma de los individuos extraordinarios ahora podría alcanzar a las audiencias masivas (incluidas las poblaciones analfabetas). Simultánea y aparentemente, esta comunicación individuo a individuo también llamaba a los individuos de una audiencia masiva a formar parte del esfuerzo nacional. La eficacia del programa radiofónico «charla junto a la chimenea» de Franklin D. Roosevelt para conseguir el apoyo público para el New Deal en los primeros años de 1930 es legendaria, lo mismo que el efecto de las alocuciones de Winston Churchill durante los días más amargos de la II Guerra Mundial en Gran Bretaña.

Pero el valor de controlar la radio (y más tarde la televisión) no estaba limitado a los que ocupaban altos cargos, e incluso a aquellos con cargo. Durante los primeros años de la década de 1930, Francis Townsend, Father Charles Coughlin, y el senador Huey Long se mantuvieron como líderes de los movimientos de masas políticamente significativos, en buena medida, si no totalmente, por su utilización de la radio. Aunque las personalidades no carismáticas sufrieron en este nuevo ambiente, la necesidad de vencer las deficiencias y de alimentar las cualidades que podrían ser efectivas en la difusión se reconocieron rápidamente. Como precursor del entrenamiento profundo y elaborado para la forma de actuación en televisión, que llegó a ser estándar para los políticos de la década de 1980, en 1936 el Partido Republicano contrató una voz de locutor para doblar a Alfred Landon, cuya voz plana y aburrida obstaculizaba el éxito de su campaña presidencial. El Comité Nacional Republicano también organizó una división de radio aquel año (Brinkley, 1994).

Nuevos medios de no difusión

Acompañando al crecimiento de los medios de difusión aparece también el desarrollo de las tecnologías de no difusión, lo que incluye películas, cintas de audio y de vídeo, televisión de circuito cerrado y máquinas de fax. A diferencia de los modelos típicos para los medios de difusión, todas estas tecnologías hicieron posible transmitir mensajes estandarizados a audiencias geográficamente diversas, pero controladas y organizadas de una forma centralizada. Excepto para el caso del fax, todas ellas tienen en común con los medios de difusión que son adecuadas para comunicar tanto a las audiencias alfabetizadas como a las no alfabetizadas. Cuando están coordinadas con los medios de difusión, con frecuencia en contextos de grupos organizados, que van desde concentraciones y manifestaciones masivas, a reuniones locales conectadas electrónicamente a una fuente central, estos medios de no difusión pueden hacer posible la integración de los modos masivos y grupales de comunicación. En tales ambientes de comunicación, el debate público se convierte en un proceso intrincado de comunicaciones masivas y objetivas, que en ocasiones pueden estar integradas con las comunicaciones interpersonales.

El rol de las películas en el proceso de opinión pública es más obvio cuando están controladas por el gobierno. El himno de alabanzas de Leni Riefenstahl al partido Nazi en 1934, *El triunfo de la voluntad*, es un ejemplo destacable de la utilización política de las películas por un gobierno. Pero incluso cuando son ostensiblemente mero entretenimiento, las películas pueden desempeñar un papel importante en la construcción de un discurso universal y en su dedicación a un objetivo colectivo. Las películas de las II Guerra Mundial, como *La señora Miniver* y *Destino Tokio*, son ejemplos de películas de entretenimiento hechas y distribuidas por corporaciones privadas, con ánimo de lucro, que también servían a un gobierno con fines propagandísticos. Adicionalmente, había numerosas películas sobre acontecimientos y condiciones políticamente significativas —desde *El nacimiento de una nación*, a *Lo que el viento se llevó*, a *Las uvas de la ira*, *Calle sin salida*, y *Los chicos del barrio*, a *Platoon*, *JKF*, y *Hoop Dreams*— que han afectado el debate público sobre estos acontecimientos y circunstancias. En todos estos casos, las películas hicieron posible llegar a las audiencias masivas, con una interpretación partidaria de acontecimientos y circunstancias controvertidas.

Las cintas de audio, y en menor medida las videocintas, son medios relativamente no caros que, como las películas, no dependen del alfabetismo, y tienen la ventaja de la eficacia de una voz y de un gesto. Como están libres de muchos de los problemas de producción y de distribución a los que están sujetas las películas, hacen que las facciones políticamente en desventaja puedan comunicarse con audiencias geográficamente dispersas, mínimamente organizadas y a menudo analfabetas.

Un ejemplo políticamente significativo de la capacidad de las cintas de audio para llegar a audiencias masivas secretas es su utilización en la década de 1970 en Irán por los seguidores del entonces exiliado ayatolá Jomeini. Aquellas cintas burlaron el control gubernamental de la difusión de los medios y llevó la voz del ayatolá, a sus grupos de seguidores, diseminados por todo el país. Al utilizar las cintas de audio, una fuente central estrechamente controlada pudo transmitir sus mensajes a una audiencia masiva y propiciar la aparición de una opinión colectiva revolucionaria.

Los grupos subversivos, secretos, no son los únicos usuarios de las cintas de audio y de vídeo. El bajo precio y la versatilidad de las cintas las hace adecuadas para su utilización por muchas facciones políticas, incluyendo las organizaciones de partidos políticos locales, los movimientos de acción específica,[13] y pequeños grupos de disidentes. En los Estados Unidos, en la década de 1990, el relativamente bajo costo de producción de las cintas de vídeo, en combinación con la extensión de los propietarios de VCR hizo posible distribuirlos durante las campañas electorales a listas preseleccionadas de seguidores probables. Es más, la eficacia de las cintas de vídeo necesita no estar basada solamente en los mensajes transmitidos. Al ser mostrados en pequeñas reuniones, sus audiencias experimentales pueden ser parte de pequeños grupos que, a su vez, son parte de redes más amplias, todo lo cual puede ser organizado y controlado centralmente. Se aplican consideraciones similares al uso de los circuitos cerrados de televisión.

Las tecnologías de fax y telemarketing no han creado una nueva forma de conducción de las campañas políticas, pero favorecen el poder lograr la eficacia de estas campañas. Hacen ba-

13. El término original es *single-issue movements* y hace referencia a movimientos políticos que están organizados en torno a una sola acción específica (p. ej., pro-vida) e ignoran todos los demás temas. *(N. de la t.)*

rato para una sola fuente transmitir mensajes estandarizados a miembros individuales de audiencias muy grandes, y geográficamente dispersas, y todo ello en un brevísimo espacio de tiempo. Esta capacidad sobrepasa con mucho la ineficacia de llegar a determinadas audiencias objetivas, típicas de los medios de comunicación de masas, tanto de difusión como de no difusión. Es más, como un subproducto de la personalización del envío de mensajes de fax o de contacto directo de voz, la identificación de la audiencia con la organización que financia puede verse reforzada.

La comunicación de fax difiere tecnológicamente de los medios de no difusión, por lo que, hasta este momento, han sido utilizados para crear combinaciones inusuales de comunicación interpersonal y masiva. Merece la pena destacar especialmente las características tecnológicas que incluyen lo siguiente: la comunicación está entre puntos que están electrónicamente unidos a través de una red previamente existente de cables; el acceso a esa red se consigue instalando equipo suplementario a un coste relativamente modesto; las máquinas automáticas de fax reciben mensajes sin el consentimiento del receptor, incluso aunque la «dirección» del receptor deba ser conocida; aunque las fotos y los gráficos puedan ser transmitidos por fax, es especialmente indicado para enviar mensajes escritos; el tiempo necesario para transmitir un mensaje a larga distancia y a muchos puntos dispersos es muy reducido, comparado con el necesario para el correo. Esta combinación de características tecnológicas hace de la comunicación por fax una alternativa eficiente para enviar correo y para la mayor parte de formas de comunicación de masas para llegar a audiencias dispersas, pero objetivas, con pocos y estandarizados mensajes escritos y dentro de marcos temporales cortos.

Una utilización alternativa de los sistemas de teléfono existentes, comparables al telemarketing en el mundo comercial, es sustituir la comunicación por vía directa de voz por los mensajes de fax. La clave para esta utilización es conseguir listados de teléfono informatizados de audiencias objetivas. Tales listas han sido particularmente desarrolladas por grupos de acción política o por partidos políticos como parte de sus actividades para recaudar fondos. También se pueden comprar a organizaciones comerciales. Cuando las llamadas de teléfono se hacen por voluntarios en áreas locales los costes son mínimos. También se pueden utilizar mensajes grabados, aunque su eficacia puede ser limitada.

Una limitación de la mayoría de los *mass media* destacada anteriormente es la escasez de canales de comunicación de *feedback*. La disponibilidad de tecnologías de fax y telemarketing facilita el *feedback* controlado centralmente desde las audiencias de masas, de nuevo en un brevísimo período de tiempo. Las apelaciones para la respuesta masiva a través del correo o del telegrama han caracterizado durante mucho tiempo las campañas políticas, y continúan haciéndolo. Pero, normalmente, la respuesta a tales llamamientos lleva tiempo y responden pequeñas proporciones de las audiencias masivas. La tecnología de fax y telemarketing acortan el tiempo de respuesta y consiguen sus propósitos mucho más rápidamente. Resulta muy importante seleccionar a aquellos conocidos por su compromiso, de los que se puede esperar un alto índice de respuestas. En cualquier caso, la utilización de estas tecnologías en las comunicaciones políticas no puede ser atribuida a la tecnología como tal, sino a su aplicabilidad a las actividades establecidas desde hace tiempo.

Los ambientes de comunicación dominados por un complejo de medios de comunicación de masas de difusión y de no difusión como los que acabamos de discutir contrastan profundamente con aquellos caracterizados sobre todo por la conversación y por otras formas de intercambio interpersonal. Lo que es más importante es la discusión y el debate que aparece de forma espontánea en los intercambios interpersonales, que ahora pueden ser planeados y dirigidos por grupos que tienen acceso y controlan estos medios. Correlativamente, en lugar de que el conocimiento común y la opinión colectiva sean productos espontáneos de la discusión y el debate público, cada vez más son productos manufacturados. Un aspecto destacado de este desarrollo es el declive de los partidos políticos tradicionales con bases populares en distritos locales. En paralelo a este declive surge el aumento de los movimientos de acción específica controlados centralmente que tratan de movilizar la opinión mediante el cultivo del compromiso personal. Una consecuencia de estos desarrollos es que la competencia por el control de los medios de comunicación, y los esfuerzos por proteger la libertad de acceso a ellos, convierte el proceso social del discurso en una lucha política por sí misma.

La comunicación en el ciberespacio[14]

El crecimiento de Internet, un medio de comunicación informatizado descentralizado, ha sido recibido por muchos como un poderoso estimulante para el intercambio de opiniones individuales no restringidas. Desde los años de su creación, independientemente de la distancia y del entorno político, cualquiera ha podido contactar en Internet con alguien, libre del control central, sobre temas determinados por el interés personal y, en ocasiones, impuestos por las preferencias individuales y la conveniencia personal. Y la World Wide Web ha hecho posible, tanto para corporaciones, como para organizaciones políticas, grupos privados e individuos capaces de crear consejos de boletines especializados y salas de conferencias urbanas para conseguir sus diversos intereses. Una aplicación específica del World Wide Web relevante para el proceso de opinión pública es la extensión que han llegado a tener las webs de las organizaciones de noticias, las corporaciones privadas, las agencias de gobierno e incluso los individuos especialmente en tiempo de crisis (*New York Times*, 6 de agosto de 1996). Al facilitar la participación individual en el debate público, la tecnología de Internet podría, sin embargo, estimular la reaparición del conocimiento común como una consecuencia espontánea de la comunicación interpersonal y grupal más que como un producto manufacturado.

Aunque Internet, de hecho, puede tener potencial para tal desarrollo, debemos recordar que sus características liberadoras no son tecnológicamente innatas. Son el resultado de un contexto histórico concreto y como tal están sujetas a cambio. A mediados de la década de 1990, las comunicaciones por Internet llegaron a estar cada vez más sujetas a influencias restrictivas que ocasionalmente podrían limitar sus efectos compensatorios con relación a las comunicaciones de masas.

La evolución de Internet como un sistema de comunicación descentralizado fue determinada por intereses militares y políticos. La Agencia de Proyectos de Investigación Avanzada (Advanced Research Projects Agency: ARPA) tenía la responsabilidad de desarrollar tecnología en áreas de importancia para la seguridad

14. Mientras este libro está en prensa Clinton anuncia el nacimiento en EE.UU. del «Gobierno digital». Si los anteriores presidentes estadounidenses utilizaron con éxito la radio, el cine, las cintas de audio, vídeo, el fax, el telemarketing o la televisión, Clinton ha ofrecido el primer discurso a la nación desde Internet. Siguiendo el más puro estilo de Roosevelt, Clinton, en mangas de camisa, anunció «un gobierno de alta tecnología a alta velocidad y amistoso con el usuario». *El País*, 25 de junio de 2000, p. 10. *(N. de la t.)*

nacional. En los últimos años de la década de 1960 y 1970, el Departamento de Defensa estaba preocupado por las comunicaciones fiables mediante ordenadores de gran amplitud de banda entre los centros de investigación de las cuatro universidades que dependían del sistema telefónico nacional. Dado que el sistema telefónico estaba organizado centralmente, cualquier cosa podía desestabilizar parte del sistema (p. ej., un ataque nuclear), podía inhabilitar todas las comunicaciones entre los cuatro centros (nudos). La solución era aprovechar los desarrollos ya en curso que hacían posible establecer conexiones directas entre los cuatro centros de investigación que eran independientes del la red telefónica centralizada. Inicialmente se utilizaban líneas telefónicas alquiladas. Más tarde, éstas fueron suplementadas por otras conexiones tales como satélites, que hacían que Internet fuera accesible en áreas dotadas con instalaciones telefónicas pobres. Para facilitar la comunicación internodal, los cuatro centros de investigación estuvieron de acuerdo en adherirse a los mismos procedimientos. De esta forma, incluso si un nudo era bloqueado, los otros podrían aún comunicarse entre ellos (Elmer-Dewitt, 1994; Hahn y Stout, 1994).

Cuando el sistema original se amplió para incluir otros nudos se desarrolló una red descentralizada internacional en la que cada nudo podría comunicarse directamente con los otros independientemente del estatus funcional de cualquier nudo, sin tener que ir a través de un punto central que coordinara las conexiones entre nudos. Como la participación se ampliaba a medida que transcurría el tiempo, las posibilidades de comunicación fueron mejoradas y ampliadas por programas en los que contribuían los participantes, quienes también desarrollaban reglas y convenciones procesales a su mutua satisfacción. El resultado había sido descrito como «una máquina computadora gigante, global y sin costuras» (Elmer-Dewitt, 1994: 52), una máquina sin nadie a su cargo, que funciona sin leyes o sin policía, e incluso sin una sencilla organización que pague el costo (Hahn y Stout, 1994). Internet, como una gran cooperativa de usuarios de ordenadores interconectados que voluntariamente se ponen de acuerdo para seguir reglas comunes de interacción es, sin embargo, el producto de un contexto histórico específico y no simplemente características tecnológicas intrínsecas.

En estas circunstancias, la tecnología del ordenador podría haber sido utilizada para desarrollar una clase de red muy diferente, por ejemplo, un dispositivo centralizado de propiedad corporativa. Un caso adecuado es el sistema Minitel francés que fue desarrollado por el sistema telefónico francés como una facilidad económicamente eficiente, controlada centralmente que sustituiría la copia impresa de los directorios de teléfono. A los abonados de teléfonos se les suministró unos pequeños aparatos de terminales no estándar y unos dispositivos de teclados que podían ser usados para ver cualquier otro abonado de la nación. Aunque este avance facilitaba la comunicación interpersonal e intergrupal por toda la nación, no deberíamos olvidar que daba solamente acceso limitado a un dispositivo de la compañía telefónica centralizada para ventaja de la última y no era un producto de los propios abonados.

El principio de acceso abierto había llevado a la controversia sobre temas tales como el uso de Internet para la publicidad, acceso a la pornografía de menores, y el uso de un lenguaje abusivo. La preocupación sobre el uso pornográfico de Internet condujo a una investigación del Departamento de Justicia sobre el contenido de los mensajes de Internet que concluyeron con el arresto de supuestos violadores de las leyes existentes sobre pornografía y una demanda de la aprobación de leyes adicionales (Elmer-Dewitt, 1994; Johnston, 1995). Llevó también a una agencia del gobierno alemán a amenazar con sanciones, que rápidamente elevarían las perspectivas de controles gubernamentales que excedían los límites tradicionales en la soberanía nacional. Y servicios más importantes como America Online, ATT Worldnet y Compuserve impondrían ahora severas restricciones en lo que muchos consideraban vocabulario y temas ofensivos (Johnston, 1996).

También debemos tomar en consideración el hecho de que «no todas las nuevas tecnologías de la comunicación han sido usurpadas por el público americano [...] la forma en que se comunica la nación depende no sólo de lo que es tecnológicamente posible, sino también de lo que el ciudadano medio está dispuesto y puede pagar por él» (Mayer, 1994: 125). Con respecto a Internet, se desarrolló bajo circunstancias teñidas por dos factores restrictivos: el costo y el alfabetismo. La importancia de estos factores es evidente en la incidencia de los hogares con ordenadores personales en 1995. Esta incidencia difería profundamente en la combinación de educación e ingresos —de un máximo del 75 % entre los licenciados universitarios con ingresos familiares de 50.000 dólares o más; y 62 % entre aquellos con algún título universitario e ingresos de 50.000 dólares o menos; hasta el 29 % entre aquellos que habían cursado estudios en una escuela superior o menos, e ingresos de 30.000-49.999 dólares; y 14 % entre aquellos que habían cursado estudios en una escuela superior o menos, e ingresos por debajo de los 30.000 dólares (*Times Mirror,* 1995).

Incluso aunque el *hardware* del ordenador y la programación necesaria para participar en Internet pueden ser costosos, en su inicio Internet era accesible para el personal de las instituciones a un coste no percibido para el usuario individual. Los miembros del *staff* que tenían acceso por medio de sus puestos de trabajo podían usar el sistema para sus propósitos privados, una práctica que se extendió rápidamente y contribuyó a hacer de Internet un medio nacional e incluso internacional para el intercambio de opiniones sin coste personal.

Pero con el transcurso del tiempo, Internet se transformó de una red dominada por las instituciones de investigación académicas y gubernamentales, en una red comercial primaria utilizada por grandes corporaciones y, a través de portales comerciales, por pequeñas empresas e individuos. El deseo entre los individuos y las corporaciones fuera del sistema de acceder a Internet ha creado un mercado de nudos comerciales tales como America OnLine, Compuserve y Prodigy, así como centros de portales especializados. Estos servicios están disponibles con gastos de suscripción mensuales (entre 10 y 35 dólares a mediados de la década de 1990), más los gastos de línea telefónica. En 1995 se impuso un registro inicial de 100 dólares, más una tarifa anual de 50 dólares para compensar a la fundación Nacional de Ciencia por los costes que había estado soportando para mantener el registro central de direcciones de dominio (Lewis, 1995). Internet ya no está libre de costes para los usuarios individuales por más tiempo.

También necesitamos considerar que el estatus financiero típico de los usuarios individuales en las instituciones de investigación inicial era cómodo, y tenía múltiples usos personales los ordenadores, y los precios del *hardware* cayeron. Consecuentemente, muchos de ellos se sintieron justificados para comprar el *hardware* del ordenador personal y el *software* necesario, y pagar además las tarifas de acceso a los portales comerciales. Consideraciones similares condujeron a una población creciente de hogares con ingresos medios y altos a poseer ordenadores con independencia de participar en instituciones y corporaciones. Como resultado, se amplió el conocimiento y la participación de Internet, que se amplió mucho más allá de sus límites iniciales.

El alfabetismo, tanto con respecto a la habilidad de leer lo impreso y la habilidad de usar un ordenador, también pueden limitar el crecimiento posterior de la participación en Internet. Como Internet comenzó en un ambiente altamente educado, de alfabetos informáticos, el intercambio de opiniones mediante mensajes escritos, especialmente a través de la comunicación por ordenador, no resultaba un comportamiento extraño de adoptar. Tampoco lo eran las habilidades necesarias particularmente difíciles de aprender para aquellos que tenían acceso. Al escribir esto, es una cuestión opinable si la necesidad de estar alfabetizado para participar en Internet será una barrera para el aumento de esta participación.

Al considerar la posibilidad de si la ausencia de interés y de habilidad, incrementada con las consideraciones de coste, limitará el uso del público de las comunicaciones informatizadas, es instructivo comparar la velocidad con la que otras innovaciones de la comunicación han sido adoptadas. En el período de seis años, desde mayo de 1949 a mayo de 1955, la propiedad de los aparatos de televisión aumentó increíblemente del 6 al 74 % en los hogares de Estados Unidos. De una forma similar, la propiedad doméstica de los ordenadores aumentó del 3 al 14 % durante el período de seis años de diciembre de 1982 a diciembre de 1988. Durante los seis años siguientes, durante los cuales el coste de los ordenadores personales había descendido, el índice medio anual de aumento fue ligeramente más alto, de forma que en 1995, el 36 % de los hogares de los Estados Unidos tenía algún ordenador personal de algún tipo. Sin embargo, sólo el 20 % tenía un *modem* que les permitía conectarse con otros ordenadores a través de la línea telefónica. Es más, el conocimiento de cómo usar un ordenador, a menudo aprendido en el puesto de trabajo, creció lentamente del 22 % de adultos en 1983, al 36 % en l989, mientras que en 1995, el 32 % utilizaba un ordenador en casa (Mayer, 1993, 1994; *Times Mirror* Center for the People and the Press, 1995). Lo que todavía es incierto es el grado en el que las consideraciones de coste y el alfabetismo informático continúan limitando la participación en Internet, sobre todo a aquellos que están en estratos socioeconómicos medios y altos.

Finalmente, debemos recordar que muchos propietarios de ordenadores personales no lo utilizan de forma asociada con el proceso de opinión pública. En 1995, el 14 % de los adultos de Estados Unidos eran usarios *online* de algun tipo, pero la mayor parte de ellos por razones que no tienen nada que ver con el proceso de opinión pública. Sólo 6 de los 20 usuarios (o cerca del 4 % de todos los adultos) entraba en línea al menos una vez a la semana para obtener noticias, y menos de 1, sobre 20 (o menos que el 1 % de todos los adultos) para discutir sobre política (*Times Mirror*

Center for the People and the Press, 1955). Diez años más tarde de la introducción de los ordenadores personales en el mercado general del consumidor, su rol en el proceso de opinión pública quedó confinado a la ampliación de la comunicación dentro de una elite socieconómica.

Es posible, quiza incluso probable, que el potencial de Internet para contrarrestar los efectos de los medios de comunicación en el conocimiento recíproco y la opinión colectiva pueda estar limitado a una elite culta y económica. Si fuese a ocurrir eso, el aumento de la comunicación por ordenador puede intensificar la oposición existente entre las opiniones colectivas, tanto masivas como elitistas (véase cap. 6). Además, la comercialización de Internet, más la demanda de control de los mensajes de contenido ofensivo, ha cambiado las «autopistas de la información», de una carretera abierta, a una carretera patrullada y con peaje. Mientras escribo esto, no hay ninguna certeza de cómo se producirán los efectos a largo plazo de Internet en el proceso de opinión pública.

El impacto de las nuevas tecnologías

No hay duda de que las formas en que aparecen el conocimiento común y la opinión colectiva pueden ser alteradas significativamente por el cambio en la tecnología de la comunicación. Del mismo modo, los marcos institucionales en los que las capacidades tecnológicas se organizan y se controlan pueden ser igualmente significativos. Lo que es decisivo es la interacción entre los factores tecnológicos y los institucionales, especialmente en los contextos históricos. Como resultado de estas interacciones de siglos, resulta que: *a*) el tamaño y la heterogeneidad de las poblaciones que participan en el proceso de opinión pública se han incrementado; *b*) las oportunidades y las capacidades para implicarse en el debate público han sido ampliadas y ensanchadas en algunas formas y estrechadas y centralizadas en otras; *c*) la cohesión de los grupos que participan en el debate público se ha hecho, en muchos sentidos, más dependiente de las organizaciones formales y del liderazgo formal y menos del liderazgo personal; *d*) el acceso a canales públicos de comunicación se ha hecho cada vez más dependiente de los recursos financieros, y *e*) la susceptibilidad del proceso de opinión pública hacia el control centralizado y la manipulación se ha reforzado.

Estos cambios en el funcionamiento de la opinión colectiva, a pesar de su importancia, no han determinado por sí mismos las formas en que la opinión publica se ha integrado en el proceso político. En particular, no han generado ningún cambio en los canales políticos a través de los cuales la opinión colectiva pueda ser expresada e influenciar así el gobierno del pueblo. Para tratar la función política de la opinión colectiva debemos girar nuestra atención a la cuestión de cómo se ve afectado ese rol por las premisas en las que una organización política popular está basada.

CAPÍTULO 5

LA OPINIÓN PÚBLICA EN SOCIEDADES NO DEMOCRÁTICAS

La mera existencia de una opinión pública nos dice poco sobre la forma en que se verá afectada la vida política de la gente. Eso depende de la legitimación que se conceda a la expresión política de la opinión colectiva, es decir, bajo qué condiciones, la expresión de la opinión colectiva es aceptada, o no, como base para el gobierno. Para analizar el funcionamiento político de la opinión colectiva debemos examinar la legitimación del proceso y sus consecuencias dentro de los diferentes sistemas políticos.

A lo largo de la historia, los pensadores políticos han debatido sobre la legitimidad de la opinión colectiva, difiriendo sobre la clase de función política que debería tener, si es que tuviera alguna. Muchos lo han respaldado, dando la bienvenida a su fortaleza, mientras que otros no lo han apoyado, debido a una supuesta cualidad estúpida y tumultuosa. También se ha despertado una cierta controversia sobre la forma de decir si ha sido una expresión auténtica o verdadera del pensamiento público con relación a algún tema. En nuestra revisión de estas controversias ponemos el énfasis en saber si un sistema político ofrece algún tipo de función para el proceso de la opinión pública en el gobierno, y si lo hace, de qué manera. Esto nos pemite examinar las formas en las que la función política de la opinión colectiva se configura, según el grado de legitimidad que tiene el proceso de opinión pública en un sistema político.

El proceso de legitimación

Para algunos, la mera existencia de una opinión colectiva universalmente poderosa significa que siempre incorpora algunos elementos de legitimidad. La afirmación de Bryce de que «la opinión ha sido realmente el poder más importante y último, en casi todas las naciones, y en casi todos los tiempos» (Bryce, 1891), debe ser entendida en estos términos. Reconocía que a lo largo de la historia muchos regímenes comenzaron con una conquista militar y que las monarquías despóticas y las oligarquías han sido capaces de gobernar contra la voluntad del pueblo mediante la tiranía militar. Pero también señalaba la fuerza de lo no dicho, incluso de las opiniones inconscientes, asegurando que incluso si faltaba el afecto y la aprobación activa, la autoridad gubernamental descansa en la reverencia, el temor y la aquiescencia silenciosa de la mayoría numérica. Bryce concluía diciendo que la opinión pública ha sido, ante todo, una fuerza aquiescente y pasiva en la historia y que no antes y hasta que una nación logre un avanzado estado de desarrollo puede desempeñar un papel activo en el gobierno.

El contraste percibido entre un rol activo o pasivo para la opinión colectiva, en buena medida deriva de la oposición entre dos puntos de vista: la asunción de que los gobiernos se rigen por el consentimiento y la voluntad activa de los gobernados, contra la posición de que todo lo que se necesita es la aquiescencia popular. En ambos casos, sin embargo, la existencia continua de un sistema político se cree que depende de un elemento de obediencia voluntaria que declara el derecho de gobernar de los que están en el poder. Es más, la obediencia voluntaria se asume para reflejar la adhesión a un sistema de creencias, lo mismo que quién tiene el derecho de gobernar, y por qué tienen ese derecho. Estas creencias definen también los poderes que pueden ser esgrimidos por aquellos que están en el poder y en qué condiciones (Weber, 1968). Ésa es la razón por la que:

> cada [...] sistema intenta establecer y cultivar la creencia de su legitimidad. Pero todos diferirán fundamentalmente sobre la clase de legitimidad que se requiera, el tipo de obediencia, la clase de personal administrativo establecido para garantizarla, y el modo de ejercer la autoridad. Igualmente fundamental resulta la variación en el efecto (Weber, 1968: 213).

Cuando se relaciona la legitimidad de la opinión colectiva con las variaciones en los sistemas políticos debemos tener en cuenta el hecho de que los sistemas políticos han diferido profundamente en los roles que se asignan al proceso de opinión pública, de forma que no pueden ser predichos solamente por el resto de las características diferenciadoras. Consideremos, por ejemplo, la tipología de Weber que diferencia sistemas cuyas exigencias de legitimidad están establecidas sobre bases legales y burocráticas, tradicionales o carismáticas, lo que significa que los sistemas en los que la autoridad *a*) se ejerce de acuerdo con las reglas de la competencia legal, independientemente de cómo accedieron aquéllos al cargo y a la autoridad originalmente; *b*) si se ejerce de acuerdo con lo que está considerado como reglas y poderes antiguos; o *c*) fluye de los individuos con la sensación de que tienen poderes y cualidades excepcionales (Weber, 1968). Históricamente, la legitimidad ha sido negada al proceso de opinión pública en los tres tipos, mientras que no hay razón aparente por la que la legitimidad pudiera no ser garantizada en ninguno de ellos. Sin embargo, en lugar de intentar correlacionar la legitimidad de la opinión colectiva con alguna tipología política comprensiva nos preguntamos cuál de las tres condiciones describe su estatus en un Estado:

1. Si la opinión colectiva se acepta como una base legítima para el gobierno.
2. Si la opinión colectiva se tolera sólo en tanto en cuanto consienta un sistema basado en un principio de gobierno diferente.
3. Si la opinión colectiva se rechaza como un reto ilegítimo para cualquier sistema existente.

Aplicando estos criterios podemos especificar y comparar tres tipos empíricos de sistemas políticos —autoritario, totalitario y democrático— diferenciados en términos de la legitimidad que el proceso de opinión pública tiene en cada uno de ellos. A pesar de que el totalitarismo se trata habitualmente como un subtipo de autoritarismo, por razones que discutiremos más adelante relacionadas con las diferencias en el funcionamiento del proceso de opinión pública, es significativo e importante para nuestros propósitos distinguirlos como dos tipos separados. Al definir estos tres tipos en términos de legitimidad del proceso de la opinión pública, una característica a la que frecuentemente no se le presta atención en la construcción de las tipologías políticas, nosotros le damos a la legitimidad la importancia necesaria para nuestro análisis.

La diferenciación entre los sistemas políticos autoritarios, totalitarios y democráticos no intenta servir como una tipología comprehensiva de los sistemas políticos, algo que de hecho excedería a nuestras necesidades. Es más, nuestro tratamiento del autoritarismo, del totalitarismo y de la democracia no excluye relacionar cada uno de ellos con una tipología más general, en otro momento.

Los sistemas políticos autoritarios

Tal como utilizamos el término, *autoritarismo* es un concepto heterogéneo, aplicable a muchos tipos históricos diferentes de sistemas políticos, incluyendo los regímenes legítimos tradicionales como las monarquías y los regímenes aristocráticos, además de otro tipo de dictaduras políticas militares no totalitarias que caracterizan buena parte del siglo XX (Linz, 1970, 1975, 1993). Estos sistemas autoritarios distintos difieren con relación a asuntos como su tolerancia a distintos grados de pluralismo político, sus esfuerzos por movilizar políticamente al pueblo, sus estructuras burocráticas, sus orígenes sociodemográficos y la composición de la elite gobernante, la primacía del liderazgo carismático y sus raíces en la historia y en la tradición (Linz, 1993). Los regímenes autoritarios también se diferencian en relación al grado en que su pensamiento político está organizado y elaborado intelectualmente (ideología) comparado con formas más emocionales y no codificadas de reaccionar (mentalidad). Además, algunas son revolucionarias, mientras que otras tratan de preservar las instituciones políticas, económicas y sociales establecidas (Linz, 1975).

Las tipologías de los regímenes autoritarios han sido desarrolladas para tratar analíticamente todas estas diferencias (véase Linz, 1975). Aunque estas diferencias pueden tener, y tienen, consecuencias mayores, en todos los sistemas autoritarios la opinión colectiva tiene, a lo sumo, un rol político limitado. Por esta razón, no intentamos delinear cómo puede variar este rol a lo largo de los regímenes autoritarios. En lugar de esto examinamos en detalle sólo un ejemplo histórico, la Europa medieval, y algunas observaciones sobre las dictaduras militares del siglo XX. Una ventaja de centrarnos en la Europa medieval es que los principios políticos en los que estaban basados los gobiernos difieren notablemente de los regímenes autoritarios contemporáneos. Esta ausencia de similitud ilumina gráficamente los muy diferentes roles de la opinión colectiva representados en ese sistema. En primer lugar, sin embargo, necesitamos definir, desde el punto de vista autoritario, el proceso de opinión pública.

Los defensores de los sistemas autoritarios mantienen que es el derecho y la obligación de las elites establecidas para gobernar, y que si ese derecho y esa obligación están socavados, el bienestar de la sociedad sufrirá como un todo. Abrazan la causa de las órdenes jerárquicas atrincheradas, cuyo poder y privilegio se justifica por algunos principios trascendentales como «el derecho divino de los reyes», el derecho de conquista, tradición o linaje que protege una sociedad. En la Europa medieval, «los prelados y los reyes [se creía que estaban] [...] bendecidos con la gracia divina y se presentaban como aquellos que expresaban la Vox Dei (la voz de Dios) de hecho en la realidad» (Menache, 1990: 213). Así, desde la visión autoritaria, sustituir al hombre común por los principios que mantienen el orden establecido sólo puede conducir a la inmoralidad, al desorden y a la violencia (Ortega y Gasset, 1950). Obviamente, cualquiera que intente derrocar un gobierno autoritario como tal, y no sólo como un gobernante o una dinastía particular, en primer lugar se enfrenta con la tarea de socavar su principio trascendente legitimador. El anticlericalismo de los filósofos del siglo XVIII representó el rol del antecedente a la Revolución francesa (De Tocqueville, 1955).

Bajo los sistemas autoritarios, la única opinión colectiva tolerable entre el pueblo llano es un control prepolítico, socialmente relevante a nivel comunitario, por ejemplo, la representación local de los valores comunitarios dentro de las aldeas. Los asuntos de Estado están considerados como prerrogativa de las autoridades y no deberían ser un asunto de preocupación de los gobernados. Es sintomático de esta posición el deseo expresado por Federico el Grande de que las guerras que estaba librando no eran asuntos que les concernieran a ellos (Speier, 1951). Bajo tales condiciones, cualquier opinión colectiva politizada que pudiera existir debía ser clandestina (Speier, 1980). Para mantener el orden político y social en tiempos de inquietud, los movimientos de discusión pública debían ser descubiertos tan pronto como fuera posible, de forma que cualquier opinión colectiva naciente rebelde pudiera ser sofocada antes de que se convirtiera en una fuerza política. El lazo del verdugo, símbolo de Maistre,[15] para una sociedad bien ordenada, es la última respuesta del autoritarismo a la opinión colectiva.

Por supuesto, las diferencias políticamente significativas de la opinión surgen dentro y entre las elites autoritarias —por ejemplo, entre los aristócratas contendientes de facciones cortesanas— que provienen de aspiraciones e intereses personales y grupales en conflicto. En el curso normal de los acontecimientos, tales diferencias se puede esperar que conduzcan a la aparición de una opinión cortesana colectiva limitada a los miembros de la elite. Esa aparición estará, por supuesto, sujeta a la dinámica de tales procesos como el conocimiento común y el liderazgo de opinión dis-

15. Maistre, filósofo conservador francés del siglo XIX. *(N. de la t.)*

cutidos en el capítulo 3. Sólo en el sentido restringido de «opinión cortesana» es posible hablar de opinión colectiva legítima en los estados autoritarios. De forma similar, muchas dictaduras militares del siglo XX han tolerado un pluralismo político limitado. Incluso en la Italia fascista, en sus primeros años existían centros de poder tales como el rey, el ejército, la iglesia, y las grandes empresas eran capaces de mantener una independencia considerable y no dependían de la voluntad de Mussolini (Lytelton, 1976). Pero este sentido restringido contrasta profundamente con la legitimidad de la opinión colectiva que acompaña a la población en general. Este contraste es evidente en la diferencia entre las guerras de propaganda tal como se libraban antes de la Revolución francesa y en el siglo XX:

> Uno puede hablar de forma apropiada de la propaganda diplomática durante el Antiguo Régimen, que intentaba influenciar las decisiones de las cortes extranjeras, pero no había nada de propaganda moderna planeada para aumentar el entusiasmo por la guerra en la población civil (Speier, 1951: 5).

Así, diferenciamos entre la opinión de la corte, que puede ser políticamente legítima, en los regímenes autoritarios, y la opinión colectiva, que puede no serlo.

Quizá el argumento más influyente en la filosofía occidental contra la concesión de legitimidad a la opinión colectiva se halla en el libro VII de *La República*, de Platón. La posición de Platón se ha descrito como que negaba cualquier valor absoluto a la opinión colectiva (Palmer, 1950). Como fue desarrollado en la analogía de Platón de los prisioneros en una cueva que podían ver sólo sombras y oír sólo ecos, la verdad que conocen aquellos prisioneros no es nada más que las «sombras de las imágenes». El verdadero conocimiento se niega incluso a aquellos que están liberados, cegados como están por el resplandor del sol y creyendo que ellos hacen aquello, «las sombas que anteriormente vio eran más ciertas que los objetos que se le muestran ahora a él» (Platón, pp. 253-255). Sólo a través del hábito y de la práctica puede el «poder y la capacidad de aprender [que] existe ya en el alma» (Platón, pp. 258-259) ser desarrollado hasta el punto de que el alma se vuelva al mundo del ser, el mundo de lo que Platón consideraba como conocimiento válido.

Sin embargo, Platón añadió que las mejores mentes del Estado deberían ser desarrolladas y después obligadas a volver a los prisioneros de la cueva para conducirles y gobernarles. El Estado perfecto existirá sólo si los gobernantes de un pueblo son aquellos

que han sido educados para gobernar y no abandonados a las opiniones erróneas de la gente. Este concepto del estado perfecto como gobernado por los filósofos reyes niega claramente a la opinión colectiva cualquier rol legítimo en el gobierno. Conduce adicionalmente a la imagen del gobernante ideal como un déspota benevolente, un déspota que sigue, no las pasiones de un ignorante, o de gente no instruida, sino su propio entendimiento de lo que es bueno y verdadero, derivado de un tiempo vital de estudio. Esta imagen, incluso si no ha sido nunca realizada en la historia, resume una serie de creencias que han sido utilizadas para justificar el gobierno por aristócratas o monarcas presumiblemente cualificados.

Aunque los autoritarios niegan a la opinión colectiva el derecho a participar en el gobierno, han tenido que reconocer su existencia y significación política potencial. Por ejemplo, en 1809, el Príncipe de Metternich, el Embajador del Imperio Austríaco para la Francia napoleónica, aconsejó a su gobierno que la opinión colectiva necesitaba un «cultivo peculiar» porque «penetra como la religión en los más ocultos rincones donde las medidas administrativas no tienen influencia» (Speier, 1951: 4-5). Para comprender claramente el rol político del proceso de la opinión pública en los regímenes autoritarios debemos examinar las formas en que los autoritarios resuelven la discordancia entre sus creencias de que la opinión colectiva es ilegítima y su reconocimiento, sin embargo, persiste.

Tanto el concepto medieval europeo de *Vox populi, vox Dei*, como el concepto chino «mandato del cielo» ejemplifican, en su forma, una resolución autoritaria estándar, es decir, que el rol legítimo de la opinión colectiva es aquiescencia pasiva. La idea de que la voz del pueblo es la voz de Dios proviene de la inferencia de que la imperiosidad de la voz del pueblo es una manifestación de un origen presumiblemente sagrado. Una opinión colectiva enervada, continúa, es una aberración peligrosa que debería ser sofocada más que ignorada. En el mismo sentido, en tanto que el régimen conserva su mandato del cielo, al pueblo en general se le puede pedir que acepte ese derecho del régimen para gobernar y no apoyar a fuerzas hostiles. Pero si un régimen se desvía de su gobierno recto, su mandato estará perdido. Las catástrofes naturales, la inquietud, y la desobediencia se volverán feroces, y el régimen estable, previamente establecido, se vendrá abajo.

Pero incluso cuando los autoritarios aceptan que una opinión colectiva enervada no puede ser ignorada sin riesgo, rechazan la idea de que la voz del pueblo debería tener un rol activo en el gobierno, al establecer la política, al decidir cómo tratar los asuntos, al promulgar leyes. En su opinión, estas funciones deberían estar reservadas sólo a la autoridad establecida, con el alcance del juicio público limitado a rechazar esta legitimidad solamente cuando la moralidad subyacente haya sido violada. Incluso, si a un rol pasivo, aquiescente para la opinión colectiva, se le da cierta legitimidad en los regímenes autoritarios está limitado a juzgar si ha sido comprometida la legitimidad de una autoridad específica gobernando. No tiene legitimidad para el gobierno por sí mismo.

Muchos autoritarios niegan incluso ese rol limitado de la opinión colectiva. Alcuin, el erudito medieval del siglo VIII, condenó la máxima *Vox populi, vox Dei* argumentando que las «opiniones del pueblo están siempre próximas a la locura» (Menache, 1990: 3). Este desprecio por la opinión colectiva de un teólogo importante fue de particular importancia en un tiempo en el que una vía incuestionable de toda legitimidad política era la voz de Dios, y que esa voz puede ser escuchada sólo a través de la Iglesia. La posición de Alcuin fue que la *vox populi* tiene que ser guíada, y guíada por la Iglesia, más que seguida por ella.

Algunas manifestaciones históricas del autoritarismo

El rol de la opinión pública en regímenes autoritarios está ejemplificado en dos de los más importantes episodios políticos en la historia de la Europa medieval, la controversia de la investidura y la Primera Cruzada. Como la controversia de la investidura era el centro de uno de los más dramáticos y decisivos conflictos políticos en la historia europea medieval, resulta muy instructivo considerar qué rol representaba la opinión colectiva en él. Con respecto a la Primera Cruzada, el apoyo entusiasta popular que se desató lo convierte en un caso crucial de muestra. Como se describe más adelante, en ambos casos, acciones significativas fueron tomadas por las autoridades teocráticas o monárquicas con escasa consideración por la opinión colectiva del momento.

La controversia de la investidura, que se originó en la lucha de la Iglesia católica medieval, por establecerse con el Papa romano como verdadera y única vía de legitimidad política, suena raro a los oídos modernos. La Iglesia sostenía que mediante la línea ininterrumpida de los obispos de Roma hasta Pedro, y hasta Jesús y Dios, representaban la verdadera *Vox Dei*. Ampliaba la afirmación diciendo que la legitimidad de los reyes estaba establecida por el rito sagrado de la unción, por lo tanto subordinándoles a la Iglesia. Como contraste, había dos principios seculares de legitimidad política, el principio feudal de lealtad personal a un líder militar o secular y el principio de herencia dinástica del cargo (Menache, 1990).

El conflicto, sin embargo, estaba entre dos principios autoritarios para establecer la legitimidad política —teocracia *versus* monarquía— sin ninguna referencia a cualquier opinión o deseo de los súbditos de un rey o los feligreses de una Iglesia. La primera dedicada a un concepto de monarca centrado en Cristo, alguien que reina por la gracia de Dios, cuya ocupación legítima del cargo está intensificada y apoyada por un carisma personal que, a su vez, se manifiesta por una adhesión a los estándares de justicia social promulgados por la Iglesia. Por contraste, de acuerdo con el principio monárquico, la legitimidad de un rey deriva, inicialmente, de haber ganado la lealtad personal de sus seguidores. Por la misma razón, su legitimidad se pierde por el error de no cumplir con su cargo u ordenar la lealtad personal. La lealtad entonces se entrega a sus descendientes apelando al principio dinástico. Es más, el principio dinástico puede actuar para mantener una dinastía incluso cuando un «mal» rey reina, es decir, cuando un rey viola los estándares de justicia y la moralidad de su pueblo; no cumple sus leyes; o es incompetente (Menache, 1990).

La controversia de la investidura se manifestó en el siglo XI, cuando en oposición al santo emperador romano, Enrique IV, el papa Gregorio VII intentó establecer «la libertad completa de la iglesia del control del estado, la negación del carácter del reinado, y la dominación del papado sobre los gobernantes seculares» (Cantor, 1993: 245). En esa batalla, Gregorio amenazó a Enrique con la excomunión, que entre otras cosas, habría concluido con el hecho de que Enrique habría perdido la mayor parte de su ejército, porque más de dos tercios de él provenían de tierras eclesiásticas (Cantor, 1993). En el invierno de 1077, un aparentemente arrepentido Enrique fue recibido por Gregorio en el pueblo italiano de Canossa, finalizando temporalmente el conflicto.

Algunos habían opinado que Gregorio estaría de acuerdo en recibir a Enrique porque hacerlo de otra forma «habría bastado para volver a la opinión pública en su contra» (Cantor, 1993: 270). Pero esto era la «opinión pública» de las cabezas coronadas, los hombres de Estado de la Iglesia, y otros gobernantes europeos, lo que hemos llamado opinión de corte, y no la opinión colectiva del pueblo llano. Es más, la significación de esta opinión de corte se basa en el control directo de la fuerza militar esgrimida por aquellos implicados. En ningún momento de este proceso podemos encontrar signos de opinión colectiva general representando un papel a la hora de resolver qué principio de legitimidad se debería adoptar, o si se debería desarrollar algún compromiso.

Mientras que la controversia de la investidura fue claramente una lucha entre las elites medievales por la supremacía política, con intereses limitados —si los había— hacia los plebeyos, las Cruzadas tocaron las convicciones profundamente sentidas de los plebeyos, así como las de las elites. Las Cruzadas tenían un objetivo religioso reconocido —restablecer el gobierno cristiano en Tierra Santa—, lo que, al menos al principio, parecía trascender los intereses militares, económicos y territoriales habituales. Los funcionarios de las Iglesias trabajaban duro para conseguir el apoyo popular para participar en la Primera Cruzada mediante sus sermones y sus cartas (Menache, 1990). Tal como lo habían extendido los líderes populares como Walter «sin dinero» (the Penniless) y Pedro «el ermitaño» (The Hermit), este objetivo atrajo la imaginación y el compromiso de los campesinos franceses y alemanes y de las masas urbanas de la zona del Rhin. Entonces pusieron en marcha su propia «cruzada popular» para Tierra Santa, antes de que el ejército que conducía la Primera Cruzada pudiera ser organizado (Bridgwater y Kurtz, 1963; Cantor, 1993). A primera vista parecería que, en este caso al menos, la opinión colectiva hubiera representado un papel independientemente significativo en la historia medieval. De hecho, las diversas «Cruzadas populares» no eran más que trágicos pies de página de la historia. Cuando sus participantes llegaron al mediterráneo oriental fueron masacrados en su mayor parte, o vendidos como esclavos.

La Primera Cruzada fue concebida y llevada a cabo por las autoridades establecidas de la Europa medieval. La idea de la Cruzada procedía del papa Urbano II, quien planeó cuidadosamente su proclamación mucho antes de que lo anunciara en el Concilio de Clermont en 1095. Convocó a los oblispos y abades franceses al Concilio, urgiéndoles a traer con ellos a los lores preeminentes de sus provincias (Cantor, 1993). Esto quiere decir que la audiencia de Urbano en Clermont estaba compuesta, de acuerdo con el plan, por representantes de la elite feudal y sus inmediatos seguidores.

La respuesta entusiasta de la audiencia de Urbano, devolviéndole el eco de su llamamiento: «¡Dios lo quiere!», la velocidad con la que los caballeros de toda Europa occidental «tomaron la cruz» y la respuesta de los plebeyos que acabamos de observar, todo ello demuestra que su llamamiento tocó el corazón del sentimiento popular. Sin embargo, la respuesta espontánea de base popular de los plebeyos no era deseada por la Iglesia, que buscaba más bien alistar a la aristocracia y a sus caballeros (Menache, 1990). Las cruzadas populares, incluso cuando estaban inspiradas por la autoridad legítima, eran irrelevantes para las elites medievales que intervenían en lo que les importaba de la forma acostumbrada. «El papado [...] disolvió la convulsión social momentánea de la cruzada popular con un encogimiento de hombros de perplejidad y se pusieron a organizar a los príncipes y a los caballeros feudales en un ejército de cruzadas» (Cantor, 1993: 294).

La Primera Cruzada fue lanzada finalmente, un año después del llamamiento de Urbano, como una empresa conjunta del papado y de la aristocracia feudal con una participación mínima de los plebeyos. Como sujetos, estos últimos no tenían un rol legítimo que representar. La opinión colectiva de los plebeyos, no sólo no detentaba ningún papel en la toma de decisiones, sino que ni siquiera les estaba permitido tener siquiera una función de apoyo.

El desdén autoritario por el proceso de opinión pública también resulta evidente en la dictadura de Salazar, que gobernó Portugal durante medio siglo XX. Tratando de volver a la sociedad estable, ordenada y estructurada en clases del Portugal del siglo XIX, el régimen conservador de Antonio de Oliveira Salazar basó su legitimidad en las doctrinas católicas y corporativistas. No toleraba más que una pequeña porción de participación popular en el gobierno: «independiente de la sociedad, el régimen no estaba obligado a innovar o a evolucionar, y los conflictos no estaban estructurados en el aparato de toma de decisiones» (Bruneau, 1981: 2-3; véase también Schmitter, 1978).

En línea con esta orientación, sólo los individuos que tenían la confianza del gobierno y habían sido seleccionados por las organizaciones oficiales tenían permiso para registrar el voto (Bacalhau, 1990). La eficicacia de esta política es clara a juzgar por los resultados de la elección de 1969 en la que el 62,5 % de la población en edad de votar no estaba registrada y un 14,4 % adicional no votó, aunque estaba registrado. Y del 23,1 % que votó, el 20,3 % apoyó al partido en el gobierno. Las autoridades gubernativas simplemente sintieron que el proceso de opinión pública era irrelevante para sus asuntos de interés.

Totalitarismo

Aunque los regímenes totalitarios y autoritarios son similares en que ambos restringen el liderazgo político sólo a las élites, reprimen el disenso, y utilizan la violencia para vencer la oposición política, hay una gran diferencia entre ellos con relación a la legitimidad de la opinión colectiva. Los regímenes autoritarios están predispuestos a ignorar la opinión colectiva a menos que sean forzados a hacerlo así en una crisis y a asumir que cualquiera que no esté en la oposición pueda ser un partidario pasivo. Por contraste, los gobiernos totalitarios buscan activamente controlar incluso los movimientos triviales y consideran que la no participación es un acto de oposición.

Los gobiernos totalitarios buscan monopolizar el poder y la autoridad por toda la nación, incluyendo sus esferas económicas y sociales, borrando las barreras entre el Estado y la sociedad. El gobierno se rige por un partido único, que exige hablar en nombre de toda la nación y no tolera un partido rival. Ni siquiera se permite el pluralismo político limitado que podría ser tolerado por una dictadura militar autoritaria. Es más, los partidos totalitarios, no sólo monopolizan el poder y la autoridad política, sino que pretenden «gobernar toda la vida asociacional de la sociedad» y controlar la economía tanto a través de la administración directa del Estado, como a través del estrecho control del gobierno y la regulación de la economía en manos privadas (Meyer, 1993: 916-917). La coordinación política resultante de un pueblo entero, lo que los nazis llamaban *Gleichschaltung*, conduce a lo que puede ser llamada la «unanimidad coercitiva» de todo un pueblo (Linz, 1979).

Politizando a todo el mundo y a todo, los totalitarios tratan de establecer su exigencia de expresar la voz válida de la gente que gobierna y, por tanto, representan una verdadera democracia. Ésta es la razón por la que la movilización política continua de todo el pueblo bajo la dirección y el control de un partido único es la actividad fundamental de cualquier régimen totalitario. Bajo el fascismo italiano, por ejemplo:

> No puede haber intereses económicos individuales que estén por encima de los intereses económicos del Estado, ninguna iniciativa económica individual que no esté bajo la supervisión y la regulación del Estado, ninguna relación de las diversas clases de nación que no sean asunto de Estado (Palmieri, 1972: 353).

Los partidos totalitarios son movimientos de masas cuyos líderes reclaman hablar en nombre de una supuesta auténtica colectividad. La organización próspera de las masas de una nación es un objetivo central de los movimientos totalitarios: «los regímenes totalitarios, en tanto en cuanto están en el poder, y los líderes totalitarios, en tanto están vivos controlan y se apoyan en las masas hasta el final» (Arendt, 1973: 306, 308). Siguiendo este espíritu, el orador fascista reclamaba que:

> El Estado fascista [...] es un estado popular, y como tal, el estado democrático *par excellence* [...] Hasta aquí la enorme tarea que el Fascismo se propone a sí mismo al intentar atraer a toda la población, dentro del seno del Partido, comenzando con los niños pequeños (Gentile, 1972: 342).

De forma análoga, el derecho de gobernar de los líderes totalitarios se deriva de la creencia que son la única manifestación verdadera de la voluntad del pueblo, sea ésa la voluntad del pueblo, de la nación o de la clase. Así, la legitimidad de Hitler estaba justificada por su liderazgo, reafirmando «la raza aria», mientras que Stalin pedía que su legitimidad descansara sobre el rol de liderazgo en la «dictadura del proletariado». Otros contendientes por el poder son rechazados como falsos representantes, traidores y candidatos para el exterminio.

Para validar sus posiciones de poder, incluso a pesar de su desconfianza y de que anulaban una ciudadanía independiente, las elites totalitarias insisten en la participación oral, incluso si es una seudoparticipación, de los gobernados en la vida política de una nación. Para combatir la pasividad y la apatía política, Hitler y Stalin llevaron a cabo «elecciones» plebiscitarias en las que todos estaban obligados a votar, y escenificaron ritos masivos de adulación pública tales como los congresos anuales del partido Nazi en Nuremberg y los desfiles anuales del Día de Mayo Soviético. Estas elecciones y este tipo de celebraciones ejemplifican el rol distorsionado que el proceso de opinión pública representa en los gobiernos totalitarios.

En los regímenes totalitarios, votar es una obligación y no un derecho o un privilegio. Es una oportunidad aclamar el liderazgo del partido gobernante «para expresar pública, visible y gozosamente, a poder ser, la identificación con el régimen», y no ayudar a seleccionar ese liderazgo (Linz, 1978: 43-48; Linz, 1975). La imposición de este concepto de voto ayuda a explicar la casi unanimidad de los plebiscitos totalitarios: 99,7 % y 99,6 % (Gallup y Rae, 1968). De forma similar, la concurrencia de votantes en los estados comunistas y en la Europa del Este durante el período de la dominación soviética ofrece un dramático testimonio del esfuerzo hecho en aquellos países por documentar el supuesto apoyo público.

Durante la década de 1960, en Albania, la concurrencia más baja de la que se informó fue 100 % y en Checoslovaquia del 99,4 %, y Polonia, Hungría y Rumanía informaron de asistencias que iban del 96 al 98 % (Pravda, 1978).

Debido a que la aceptación de la ideología totalitaria es una característica central y que define el totalitarismo (Friedrich, 1969; Linz, 1978), la opinión pública rival es, por definición, una traición. La discusión pública espontánea y la opinión colectiva espontánea que genera son temidas y extirpadas como amenazas para el presunto ejercicio legítimo del poder por la elite afianzada. «La única identificación teóricamente posible (en la Unión Soviética) fue [...] ser comunista o anti-comunista —siendo la segunda posición penada por ley» (Popov, 1992: 323). En apoyo a la legitimidad del régimen soviético había un mito cultural oficial que «la "unidad moral y política del pueblo soviético" se basaba en el partido y en la ideología comunista». Esto explica por qué un objetivo prioritario del Aparato Represivo del Estado fue crear «la impresión de una fe total e inconmovible del pueblo en el dogma oficial» (Popov, 1992: 323).

Para proteger su reclamada legitimidad, los gobernantes totalitarios sólo permiten opiniones colectivas que ellos fabriquen, de conformidad con la ideología oficial, y que sean administrados por los partidos que ellos lideran. Así, en la Unión Soviética,

> en la atmósfera general del totalitarismo, un elemento importante fue la supresión de cualquier independencia de pensamiento, iniciativa o expresión propia. El pueblo se sentía presionado a repetir la ideología comunista oficial, acompañando todas las esferas de la educación, la ciencia y la cultura. [...] Bajo tales condiciones, es difícil hablar de la existencia de una opinión pública que difiera de alguna forma de la ideología oficial y del sistema de las normas dirigidas y los valores implantados en la conciencia colectiva (Popov, 1992: 322).

Bajo tales condiciones, la opinión pública no puede ser otra cosa que una demostración del grado de aceptación del pueblo a la ideología oficial y a la política de partido. Solamente en períodos en los que los controles totalitarios están relajados, como ocurrió con Khruschev y Gorbachev, se tolera la idea de que puede haber una opinión pública no oficial que pueda tener significación política e independiente (Shlapentokh, 1986).

En un Estado totalitario, las desviaciones de las normas aceptadas de la comunidad están siempre sujetas a interpretación política, por tanto, las hacen estar sujetas tanto a sanciones políticas como comunitarias (Friedgut, 1979). Consecuentemente, no puede ser tolerada ninguna expresión de la opinión, individual o colectiva, incluso en lo que se puedan considerar asuntos no políticos o triviales, excepto en condiciones establecidas y controladas por los que están en el poder. Estas condiciones convierten a la opinión colectiva en una herramienta administrativa para controlar al público, y no en un derecho de los ciudadanos a participar y contribuir en la toma de decisiones gubernamentales.

En la U.R.R.S., la fusión del Estado y la sociedad en un solo marco de referencia condujo a la intrusión del gobierno en áreas de la vida, ceando problemas inusuales de control, especialmente en el nivel local. Los gobiernos locales controlaban las operaciones mundanas, como regentar restaurantes, reparar tejados, y volver a poner las suelas a las botas que, en otros sistemas, están habitualmente sujetas a licencias u otras formas de supervisión general. Establecer contactos entre las autoridades del gobierno local y los ciudadanos para tratar de los problemas y las insatisfacciones cotidianas que inevitablemente aparecen en tales operaciones se convirtió en un asunto político.

La realidad era que «cada expresión de disenso o descontento en el nivel local era considerada como disfuncional para el sistema y por tanto, reprimida».

Al mismo tiempo, el gobierno reconoció que las «expresiones del descontento ciudadano servían como señales para las autoridades centrales, que les informaban de las faltas y fallos de las autoridades locales». Estas señales fueron consideradas tan valiosas para el gobierno que «se crearon sistemas de modelos especiales de actividad y canales de comunicación para facilitar la expresión legítima de tal descontento» (Friedgut, 1979: 6-9). Por ejemplo, las agendas del comité ejecutivo de los soviets locales contenían habitualmente temas que se ocupaban de asuntos como la eficacia de los reparadores de tejados, mientras que a los diputados y los representantes de la vecindad se les pedía que averiguasen cómo eran evaluados los servicios locales por sus clientes (Friedgut, 1979).

De forma más general, es esencial para los regímenes totalitarios animar el aumento de los canales de comunicación entre las agencias de gobierno y los ciudadanos, pero sólo bajo el control administrativo del gobierno. Así, una característica que define los regímenes totalitarios es su monopolización de los medios de comunicación como parte de sus esfuerzos por politizar toda la vida social de acuerdo con la política oficial (Friedrich, 1969). Los ubicuos altavoces de las esquinas de las calles del Moscú soviético simbolizaban la intrusión de la comunicación totalitaria en la vida diaria.

Es arriesgado politizar a la población en la esperanza de que la opinión única colectiva oficial puede ser gestionada con éxito. Incluso con la participación forzada y la monopolización de los medios de comunicación, la comunicación informal interpersonal existe en las sociedades totalitarias como sucede en todas las sociedades.

Por eso, si toda una población está politizada, siempre hay una discusión potencial secreta de asuntos que no están satisfactoriamente resueltos por los que están en el poder, crando así una opinión colectiva secreta (véase p. ej., Shlapentokh, 1986). En la Unión Soviética, el aumento de la opinión colectiva secreta opuesta a la guerra afgana (incluso a pesar de la ausencia de cobertura amplia de televisión de la guerra de Vietnam que se recibió en los Estados Unidos) es un caso aparte.

El rápido éxito de Mikhail Gorbachev en la década de 1980 derivó en parte de una opinión colectiva secreta. Afganistán se experimentó como si fuera «una divisoria de aguas para nuestra generación» (Smith, 1990: 26).

La opinión colectiva secreta dentro de los Estados totalitarios puede funcionar de una manera análoga a la opinión de corte en los Estados autoritarios, es decir, convertirse en parte de la lucha por el poder entre las facciones autoritarias. Es evidente que en las tácticas utilizadas por Gorbachev cuando buscaba apoyo para las reformas económicas estuvo intentando vencer su oposición. Al necesitar un pensamiento fresco en lugar de la vieja línea del partido, buscó la forma de arreglárselas con las frustraciones que asolaban la Unión Soviética, tocando la opinión colectiva secreta de las elites intelectuales. En concreto, suavizó las restricciones en la utilización de los medios de comunicación por parte de la *intelligentsia* (Smith, 1990). Sin embargo, más que establecer una lucha de poder entre las elites, el movimiento de reforma condujo al cuestionamiento de la legitimidad del sistema mismo. Obviamente trasnochado, eso culminó en la caída de la Unión Soviética.

A la luz de la cualidad subversiva de cualquier opinión colectiva independiente, la supervisión constante es necesaria para identificar y eliminar cualquier cuestionamiento de la legitimidad del régimen. Esto hace de la policía secreta un aspecto esencial de los regímenes totalitarios (Friedrich, 1969) y cuenta con su presencia ubicua. En la Unión Soviética, «en una multitud, siempre se asumía que estaba presente el Big Brother»[16] (Smith, 1990: xxvii). Ésta es también la razón por la que para sostenerse ellos mismos, los gobiernos totalitarios en último extremo dependen de dos estrategias: de la propaganda incesante y del terror para controlar la opinión pública (Arendt, 1973). Como el proceso de opinión pública no tiene legitimidad por sí mismo bajo regímenes totalitarios sino que es solamente manufacturado y guiado por el partido gobernante, la relajación de la propaganda y el terror pueden ser fatales para el régimen.

El rechazo político de la opinión colectiva en los sistemas no democráticos

Bajo regímenes autoritarios y totalitarios no se hace ninguna provisión para que la opinión colectiva se exprese de forma que sea incorporada al funcionamiento legítimo del gobierno. En los primeros, simplemente no hay formas institucionales a través de las que poder unir la opinión colectiva al establecimiento y a la implementación de la política pública. La opinión colectiva es, o bien ignorada, o no es factible en absoluto, o si no puede ser ignorada, es visualizada para identificar y aplastar los ruidos mudos potencialmente disruptivos. En los últimos, las formas institucionales existen, pero sólo se les permite que funcionen bajo los más estrechos y más rígidos controles. La opinión colectiva, como una aparición natural de la comunicación no da acceso a estas formas, que son abiertas sólo para una opinión seudocolectiva que es fabricada por la elite que gobierna.

Para que sea garantizada la legitimidad a una opinión colectiva politizada deben satisfacerse dos prerrequisitos: *a*) aceptación del principio de que la opinión colectiva constituye una base sólida moral y práctica sobre la que establecer las instituciones de gobierno, y *b*) creación de conexiones eficaces entre la opinión colectiva y las agencias de gobierno. Más adelante nos detendremos a examinar estos prerrequisitos.

16. *Big Brother* es un término utilizado por George Orwell en su novela *1984*, que aquí se ha utilizado de una forma bastante libre, y que podría asimilarse a la idea de ese hermano mayor siempre vigilante. *(N. de la t.)*

Capítulo 6

LA OPINIÓN PÚBLICA EN LAS DEMOCRACIAS

Aunque la democracia y la opinión pública son ideas íntimamente relacionadas, no son sinónimas. La idea de la democracia está más relacionada con la forma en que la gente está organizada políticamente, mientras que la opinión pública tiene más que ver con lo que la gente desea. En una democracia, la expresión libre de la opinión colectiva es la vía aceptada de una autoridad política, legítimamente organizada. Lo que se requiere no es unanimidad, ni siquiera la mayoría, sino que todos, incluidos aquellos miembros de la minoría, acepten el principio de que la acción de gobierno debería estar guiada por la opinión pública (Lowell, 1926).

Incluso entre aquellos que están a favor de la democracia ha existido durante mucho tiempo la controversia sobre tres aspectos del proceso de opinión pública:

¿Cuánta confianza puede, y debe ser, depositada en las capacidades del liderazgo de una colectividad? Está en cuestión la calidad moral del pensamiento público, si ese pensamiento tiene un contenido de hechos relevantes, y si el público comprende bien esos datos.

¿Cómo se deberían unir los deseos del público al gobierno? Está en cuestión el nivel al que deberían estar los vínculos directos entre los ciudadanos o sus representantes y sus gobiernos, y las alternativas diversas que se deberían utilizar para los procedimientos de voto, y en qué circunstancias.

¿Cuál debería ser el rol del público en el día a día del gobierno? Está en cuestión si la opinión colectiva debería tener un rol político proactivo o si no debería tener más que una influencia reactiva o pasiva.

Nuestra misión es comprender cómo funciona el proceso de opinión pública en una democracia, a la luz de estas controversias.

La fe democrática en la opinión pública

La creencia de que la opinión pública debería legitimar el gobierno puede remontarse al menos hasta la antigua Grecia y Roma. Aristóteles, en oposición a Platón, mostraba su sentir de que hay un elemento de verdad en el principio de que hay más sabiduría en una multitud que en un individuo porque es una sabiduría superior se crea uniendo los pedazos correctos, aunque incompletos, del conocimiento de cada uno de la multitud (Palmer, 1950). El principio romano «Lo que nos afecta a todos debería ser aprobado por todos los implicados» (Menache, 1990: 5) añade la idea de que aquellos que tienen una preocupación por un asunto público tienen un derecho natural a participar en su resolución. Además, la confianza en la competencia del público y la creencia de que el público tiene el derecho natural a participar dota a la opinión pública de una calidad política trascendente.

El argumento de Rousseau de que la voluntad del pueblo es la única base legítima de gobierno ha tenido una influencia importantísima en la filosofía democrática moderna. Rousseau aseguraba que todas las formas no democráticas de gobierno descansan en la utilización de la fuerza física para usurpar los derechos naturales de la humanidad, todo ello sostenido por alguna justificación para crear la fachada de obediencia voluntaria a esa fuerza (Rousseau, 1952). Opinaba, además, que confiar en la voluntad del pueblo es legítimo porque no requiere abdicación de los derechos individuales inherentes a ningún otro individuo o grupo de individuos, tales como un rey o una aristocracia. En cambio, una asociación es creada mediante un contrato social voluntariamente aceptado en el que «cada miembro es una parte indivisible del todo» (Rousseau, 1952: 392). Así, la voluntad del pueblo es un fenómeno corporativo, que reside en la colectividad como tal. De forma similar, la soberanía, el derecho a gobernar, reside en ese cuerpo corporativo, el pueblo. En otras palabras, en una democracia, el pueblo es soberano y la opinión pública es la forma en que esa soberanía se expresa.

Todas las naciones nuevas y los gobiernos posrevolucionarios afrontan el problema de conseguir la aceptación de un nuevo grupo de creencias compartidas que puedan reemplazar a aquellas que justificaban la autoridad del régimen desplazado (Lipset, 1963). Si se tiene que establecer una democracia, la legitimidad del nuevo gobierno debe estar basada en la soberanía del pueblo y en la expresión de su voluntad colectiva. En la historia de los Estados Unidos, esto es evidente en los derechos recientemente escritos de la nación para su legitimación. El párrafo inicial de la Declaración de Independencia manifiesta que fue escrito con un «digno respeto por las opiniones de la humanidad» y continúa diciendo que los gobiernos derivan «sus justos poderes del consentimiento de los gobernados» (*The World Book Encyclopedia*, vol. 5: 68). De forma análoga, el preámbulo de la Constitución declara que «Nosotros el pueblo [...] ordenamos y establecemos esta Constitución». Estas frases subrayan la observación de Tocqueville (1954) de que la Revolución americana descansaba en la aceptación abierta de la soberanía del pueblo, tal como se expresa en las urnas.

El principio americano tuvo eco unos años más tarde, en los tiempos de la Revolución francesa, en la «Declaración de Derechos del hombre y del Ciudadano», que comienza con la frase: «Los representantes del pueblo francés, organizados en la Asamblea Nacional» y continúa declarando que: «La ley es la expresión de la voluntad general: todos los ciudadanos tienen el derecho de concurrir personalmente, o mediante sus representantes, a su formación» (citado en Eisenstadt, 1971: 341). Adicionalmente, merece la pena destacarse que tanto la Declaración Americana de Independencia como la Declaración Francesa de los Derechos del Hombre hacen referencia a los derechos naturales emanados directamente de la naturaleza de Dios, el Creador, o el Ser supremo, sin ninguna autoridad interviniente, tanto sea una institución religiosa, sistema de parentesco, tradición o carisma individual.

Doscientos años más tarde, con el fin de la Unión Soviética, en diciembre de 1991, el nuevo gobierno se enfrentaba con el problema de establecer su legitimidad. Al menos inicialmente, esto se llevó a cabo sobre la base de la vieja legislatura, estableciendo la transición a la nueva forma gubernamental. Para los disidentes intelectuales que ayudaron a conseguir la caída de la Unión Soviética fue también esencial establecer la legitimidad del nuevo gobierno como una democracia. Enfatizaron la interconexión del gobierno democrático y tener una opinión pública activa. El comentario de un ruso disidente (que da la casualidad de que es también un analista de sondeos) sucintamente es éste:

> La forma democrática de gobierno y la opinión pública son genéticamente inseparables. Si la democracia estimula la opinión pública como un medio de expresar los intereses de la mayoría, la opinión pública, a su vez, se convierte en un instrumento indispensable para hacer que la democracia funcione y se extienda. La democracia y la opinión pública están tan estrechamente unidas que están recíprocamente interrelacionadas, e interpenetradas (Bashkirova, 1988).

Las concepciones de la democracia: las elitistas frente a las populistas

La aceptación del principio democrático de que la legitimidad de un gobierno procede de la soberanía del pueblo no determina lo que será la división del trabajo, como solía ser, entre las elites y los expertos por un lado, y la ciudadanía en general, por otro. Los filósofos democráticos como Rousseau asumen la participación ciudadana universal en el proceso de opinión pública, de forma que la voluntad general será expresión de todos los ciudadanos más que la de sólo unos pocos. Pero la realidad política se aparta bastante de ese ideal. Hace un siglo, Bryce observó que excepto para el 5 % de la población activa e informada, la opinión es, sobre todo, un asunto de prejuicios y aversión, una adhesión no razonada hacia el partido o facción política, o una aceptación no analizada de frases o lemas que dan cuerpo a un argumento: bites[17] de sonido, en la jerga de la década de 1990 (Bryce, 1891).

Los elitistas y los populistas disienten sobre las opiniones de quien es más «prudente» para ser atendidas (Key, 1961: 14), prudente tanto en el sentido de ser elegido uno mismo como de tratar adecuadamente con la controversia. Este desacuerdo conduce al conflicto sobre las vías alternativas de institucionalización de la relación entre el público y el gobierno. Se debe enfatizar que este conflicto es distinto de las diferencias políticas entre liberales y conservadores porque es independiente de la cuestión sobre cómo resolver controversias específicas. En ocasiones diversas, tanto los liberales como los conservadores han sido populistas, así como los elitistas.

Aunque los términos *elitista* y *populista* han adquirido ambos connotaciones peyorativas en la retórica política, se refieren a fenómenos objetivamente definibles. El elitismo se refiere a la confianza en los representantes electos, especialmente aquellos que han sido elegidos indirectamente, quienes a pesar de los intereses válidos que pudieran tener, esperan ser guiados por las necesidades de una comunidad más amplia. Los elitistas asignan la responsabilidad tutelar y la toma de decisiones a los repre-

17. Éste es el término original utilizado: *sound bite*, que es utilizado para describir la práctica utilizada en la publicidad de la televisión política, es decir, pequeñas frases que pueden ser citadas, por ejemplo, tanto en un programa informativo como en un anuncio de 30 segundos. *(N. de la t.)*

sentantes que son una reminiscencia de los filósofos-reyes de Platón: relegan al público general a un rol limitado y pasivo. El populismo hace referencia a la confianza en la participación directa de una ciudadanía activa y presumiblemente cualificada en la toma de decisiones del gobierno. Los populistas abrazan la máxima del compromiso activo del público general en el gobierno: definen la responsabilidad del liderazgo en términos de ser servidores del pueblo.

Por supuesto, hay muchas gradaciones entre las posiciones de los polos opuestos, gradaciones que buscan equilibrar las consideraciones sobre la forma en que los líderes deberían ser, sensibles y responsables ante la opinión colectiva. Eso requiere reconciliar las creencias en conflicto, la forma en que los expertos se comparan con el público general con relación a asuntos tales como el conocimiento, la razón contra la susceptibilidad de las apelaciones emocionales, la proclividad a promover intereses personales frente a la solidaridad y el compromiso con el bienestar general, y la involucración con el proceso político. Como se discutirá más adelante, la forma de lograr un equilibrio que ampliará el bienestar común a través de la democracia puede convertirse en un tema político por sí mismo.

Que una concepción elitista o populista de la competencia del electorado domine la vida política de una nación es mucho más que una cuestión de debate filosófico. Puede ser decisivo al establecer el tono con el que los candidatos y los líderes políticos se comporten en las campañas políticas y cumplan sus obligaciones como cargos electos (Key, 1996). Una visión puede conducir a un político a que, teniendo poca confianza en la sabiduría colectiva del electorado se entregue a una presunta irracionalidad al confiar en las imágenes y estilos manipuladores del candidato; la otra visión puede conducir a una política orientada por temas que buscan comprometer a un electorado, a menudo desinformado, con una política pública. En el caso anterior, las elecciones puede llegar a ser poco más que una forma de entretenimiento público, dejando a las facciones elististas que tomen las decisiones sustantivas. La última visión crea la expectativa de que, para bien o para mal, las elecciones establecerán mandatos que los gobiernos estarán obligados a seguir.

El punto de vista elitista

Los elitistas creen que la democracia requiere que el gobierno dé respuesta a la opinión colectiva, pero esa opinión colectiva no debería estar implicada en la política de toma de decisiones. La postura elitista clásica de que el desarrollo de políticas y programas debería ser dejado a los representantes informados y responsables del pueblo fue establecida elocuentemene en el siglo XVII por Edmund Burke: «el pueblo es el maestro» que expresa sus deseos y describe sus problemas, mientas que el líder es el «artista experto» que está cualificado para diseñar soluciones y prescribir remedios (citado en Macpherson, 1980: 29). Pero aunque el pueblo es el maestro, su opinión no debería ser seguida fielmente, ya que «tu representante te debe, no sólo su diligencia, sino su opinión; y te traiciona en lugar de servirte, si la sacrifica a tu opinión» (citado en Macpherson, 1980: 25). Burke continúa diciendo que las cámaras legislativas funcionarían como cuerpos deliberativos que debaten y razonan juntos para conseguir el interés común, y no como agrupaciones de mensajeros instruidos por intereses contrapuestos para llevar a cabo acuerdos que protejan los distintos intereses que representan. No obstante, la relación adecuada de la opinión colectiva con el gobierno son las elecciones, que no hacen más que seleccionar los representantes cualificados y establecer agendas.

Una de las personas más convencidas, articuladas e influyentes del siglo XX que proponía la perspectiva elitista en Estados Unidos fue Walter Lippmann. Tal como lo veía, la democracia implica un sistema en el que el ejecutivo pregunta y propone; el legislativo consiente; y la ciudadanía hace poco más que elegir al ejecutivo y al legislativo. No admitía que las propuestas del ejecutivo dieran respuesta a las preocupaciones públicas. Sin embargo, por diversas razones, argumentaba que no se puede ni debe esperar que la opinión colectiva represente los verdaderos intereses de la comunidad como un todo orgánico, los intereses de lo que llamaba «*El Pueblo*, como una comunidad histórica» (Lippmann, 1955: 29-33, 185, cursivas añadidas).

Lippmann pensaba que preguntar repetidamente al público por su opinión no compensa su falta de información, de tiempo o de interés (Lippmann, 1925). Su debate era que ningún individuo podría tener posiblemente una opinión sobre todos los temas del día, o estar alerta e informado sobre ellos. También decía que como la cuestión real nunca ataca completamente los principios generales, no era ninguna solución averiguar la posición del público en estos principios. Concluía que apelar al público hace que se tomen mal las decisiones y que esas apelaciones sean una imposición, más que un cumplimiento con el público.

Sostenía además que el peso de la toma de decisiones debería depositarse en expertos del gobierno que están cualificados para reunir y analizar información relevante, y en los representantes electos que están cualificados para debatir las conclusiones que se pueden obtener de una forma válida de los informes de los expertos. Desde este punto de vista, la competencia del público está limitada a juzgar los resultados o las consecuencias después del hecho y a juzgar si se siguen, o no, los procedimientos adecuados cuando se llevan a la práctica las políticas y los programas. El rol de la opinión colectiva, concluía, debería limitarse a insistir en que los problemas preocupantes deberían ser tratados, que deberían ser utilizados los procedimientos adecuados en la búsqueda de soluciones para aquellos problemas y en juzgar cómo habían funcionado aquellas soluciones (Lippmann, 1946).

Una variante de las afirmaciones elitistas sobre la opinión pública combina la ausencia de confianza en un público predominantemente desinformado y no comprometido políticamente con la desconfianza del gobierno poderoso. Los que proponen esta visión expresan su preocupación de que el siglo XX ha presenciado el aumento de Estados activistas fuertes como reacción a las demandas de servicios de la opinión colectiva, que sólo pueden ser ofrecidos por tales Estados. El temor es que tal Estado busca inevitablemente proveerse de poder para sí mismo, y en ese proceso, incluso mientras responde a la opinión colectiva, trata de regularla (Ginsberg, 1986). Nótese que la descripción de un Estado fuerte que regule una opinión colectiva a la que, sin embargo no es sensible, de alguna forma lo aproxima a lo que existe en los regímenes totalitarios. Una preocupación adicional es que el rol creciente de los sondeos de opinión pública da una excesiva preeminencia a la supuesta moderación no pensante de los no comprometidos y de los no informados en comparación con tomas de postura fuertes de los segmentos informados y políticamente activos del público (Ginsberg, 1986). Los elitistas que toman definitivamente esta postura tienden a pensar que dar respuesta gubernamental ilimitada a una opinión colectiva no informada y no comprometida puede conducir a una pérdida de libertad real y no intencionada.

La visión populista

No hay ninguna teoría populista de la opinión pública independiente del compromiso a la filosofía democrática *per se*. La fe infinita de los populistas en la pureza práctica y moral de la opinión colectiva les conduce a estar a favor de su legitimidad, siempre en expansión. La democracia creciente es la respuesta populista a los problemas de confiar en la opinión colectiva que preocupa a los elitistas.

Los populistas sospechan de las elites y de los expertos y buscan líderes políticos, quienes en su respuesta a la opinión colectiva hagan aparecer la política descrita anteriormente. El sentimiento populista se manifiesta también en el apoyo a las contra-organizaciones que otorgan poder a los segmentos de una comunidad, que de otra forma no tendrían voz. Asimismo, el sentimiento populista es evidente en la hostilidad hacia los expertos y los funcionarios del gobierno, ocasionalmente expresada en términos sarcásticos como «vendedores de galletas en traje de diplomático»[18] y «lo mejor y lo más brillante» y en ocasiones como crítica a los «burócratas no electos». Tan probable es que tal sentimiento se exprese por un clase media «silenciosa» auto-descrita, como por una clase económica más baja. Lo que da a tales agrupaciones dispares un color populista común es la oposición a una estructura de poder percibida como atrincherada.

A la luz del significativo rol que George Gallup desempeñó en el desarrollo de los sondeos de opinión pública como un hecho importante del paisaje político, resulta instructivo revisar su consideración populista de los sondeos. El contraste entre él y Lippmann no podía ser más acusado. La postura de Gallup era que la sabiduría del pueblo, en la que había puesto tanta confianza, no procede simplemente de amasar opiniones individuales. En lugar de eso, mantenía que la sabiduría del pueblo surge de la comunicación pública. Así, en una defensa del sondeo en 1940, Gallup y Rae (1968: 15) argumentaban que «la opinión pública no es el producto de una mente de grupo omnisciente, sino más bien un proceso dinámico que resulta de la comunicación y de la interacción de individuos en una sociedad siempre cambiante». Adicionalmente, incluso cuando Gallup admitía que la máxima eficacia democrática requiere un electorado informado también matizó que

18. El término original utilizado es *striped pants cookie pushers,* que hace referencia al estereotipo de diplomático afectado con pantalones a rayas. *(N. de la t.)*

resultaba igualmente necesaria «la comunicación de los puntos de vista de la gente hacia los cargos electos. A menos que el público participe activamente en el proceso democrático, no se habrá ganado mucho por estar bien informado» (Gallup, 1972*a*: 11).

De acuerdo con este punto de vista populista, Gallup mostró el apoyo público a determinadas propuestas, como una de las tareas más importantes entre las actividades del sondeo. En ocasiones este empeño fue mucho más allá de los asuntos de propios del día: en un sondeo de 1936 preguntaba sobre la creación de un «departamento gubernamental que distribuyera la información referida a las enfermedades venéreas» (Gallup, 1972*b*: 44) y en un sondeo de 1938 medía la opinión de las mujeres sobre si se les debería pedir a los doctores «que dieran a cualquier madre embarazada un test de sangre para detectar la sífilis» (Gallup, 1972*b*: 86) transgrediendo las convenciones del momento, e introduciendo en el debate público un tema que por entonces era habitualmente tratado de una forma muy cautelosa. Y décadas antes había impuesto límites de tiempo a los miembros del Congreso se convirtiera en un tema nacional importante, en 1947 sondeó sobre la posibilidad de imponer tales límites a los senadores de los Estados Unidos (Gallup, 1972*b*). Al definir el alcance del sondeo en términos tan amplios, Gallup puso en práctica su creencia populista de que más que restringir la legitimidad de la opinión pública, «la democracia asume que nuestras intituciones económicas, políticas y culturales deberían estar preparadas para que cada persona pudiera ejercer el derecho fundamental de expresar libremente lo que era importante para ella» (Gallup y Rae, 1968: 11).

La lucha elitista-populista en los Estados Unidos

A lo largo de toda la historia de los Estados Unidos, los elitistas y los populistas han estado en discordia permanente sobre la forma en que la opinión colectiva debería unirse al gobierno. Las dos preguntas que han dominado este conflicto son: *a*) ¿quién debería votar: se deberían extender los privilegios más allá de la base limitada que existía en el momento de la fundación de la nación?, y *b*) ¿hasta qué punto se deberían sustituir o mantener las elecciones indirectas para los altos cargos?

Tanto la Revolución americana, como la Constitución americana fueron, en buena medida, lideradas y escritas, respectivamente, por hombres que tenían una visión elitista de la democracia arraigada en un período colonial semi-aristocrático. La mayoría no esperaba o deseaba el sufragio universal y cuando hablaban sobre la opinión pública se referían a las opiniones de los caballeros, racional e intelectualmente cultivados, como ellos mismos (Wood, 1992). Es más, al inicio de la Revolución americana, la propiedad, especialmente la propiedad de las tierras, no sólo representaba el interés económico, sino que se consideraba que era el fundamento de la autoridad legítima. Algunos argumentaban que este privilegio no necesitaba extenderse a pequeños granjeros rústicos porque los terratenientes educados y cosmopolitas, virtual, cuando no explícitamente, representaban a todos (Wood, 1992). De hecho, en la Independencia, la mayor parte de los estados imitaron el privilegio de los propietarios de la tierra. No hace tanto tiempo, en 1825, en Rhode Island, Virginia y Luisiana todavía negaban el voto a aquellos que no poseían propiedades.

Ampliar los privilegios implicaba más que eliminar las exigencias de la propiedad impuestas por los estados individuales. Fue necesaria una enmienda constitucional para ampliar los privilegios a los norteamericanos africanos tras la Guerra Civil y a las mujeres después de la I Guerra Mundial. Los impuestos por votar, las pruebas de alfabetismo y los requisitos de residencia son tres mecanismos específicos que fueron utilizados para negar el voto a aquellos que se presuponía que eran incapaces de hacer elecciones razonables e inteligentes y que persistían aún bien entrado el siglo XX. A finales del siglo XX, las medidas que simplificarían y facilitarían el registro universal del votante (tales como eliminar los requisitos de residencia local, el registro por correo, y el registro de los permisos de conducir) todavía eran políticamente controvertidos.

A nivel local, la descripción de Dahl (1961: 17-18) sobre el cambio político en New Haven, Connecticut, a principios del siglo XIX ejemplifica la lucha elitista-populista:

> La elite parece haber poseído la mayor parte de todas las características indispensables en un grupo dominante —el sentido, compartido no sólo por ellos mismos, sino por el populacho, de que su reclamación para gobernar era legítima. [...] hasta que los vientos jacksonianos[19] soplaron desde el oeste: presentarse para un cargo público puede haber sido considerado por un hombre de origen no patricio como un acto de audacia inusual, cuando no de arrogancia total. Desde la perspectivas de los tiempos, aquellos que después de

19. Los historiadores norteamericanos utilizan el término *Jacksonianism* para referirse al espíritu democrático político que invadía todo el país en la legislatura del presidente Jackson en la década de 1830. *(N. de la t.)*

todo estaban más facultados para gobernar que aquellos que habían fundado y gobernado el pueblo y la colonia; la ciudad y el estado durante casi dos siglos [...] Incluso los electos se encontraban con oposición, y una vez que su legitimidad como gobernantes se puso en cuestión, fueron demasiado pocos en número para mantener el control sobre el cargo público en un orden político, donde el cargo podía ser vetado en las elecciones.

La naturaleza del viento jacksoniano que soplaba del oeste está captado en la descripción de Curti (1959) del Trempealeau County, Wisconsin. La creencia en el valor del gran sufragio estaba integrada en la vida política de la comunidad con la mayor parte de los cargos políticos elegidos más que nombrados para el cargo, siendo el nombramiento una práctica que permite a las facciones preservar su posición privilegiada; breves plazos en el cargo, otro medio de evitar la monopolización del cargo por las facciones atrincheradas; y la realización de reuniones municipales para educar a los votantes en las preocupaciones políticas del momento y hacer así a las personas en el cargo más responsables ante el electorado de lo que serían de otra forma.

Por distintas razones, el dominio de las elites en las comunidades locales no ha desaparecido, incluso a pesar de que la composición de estas elites pueda haber cambiado. Hunter (1890: 40) describió la Atlanta de mediados del siglo XX como una estructura de poder controlada por un liderazgo elegido a sí mismo que representaba los intereses corporativos:

La amplitud de la política de la comunidad está determinada por un ramillete de hombres en el gran grupo corporativo privado, que aguijonean a un ramillete aún más pequeño de burócratas públicos y privados de vez en cuando, y que están de acuerdo, generalmente, en lo que se desea o se necesita por los poderes corporativos.

Correlativamente, el populismo radical en el nivel local persiste en los esfuerzos de que los estratos menos privilegiados consigan el poder. Un ejemplo destacable es el programa de Alinsky (1969), un distrito para la autogestión de los pobres, independiente de las agencias de gobierno oficial. Volviendo a los días previos de la II Guerra Mundial, el principio de autogestión continuaba manifestándose en los movimientos «guerra a la pobreza» de la década de 1960 que intentaban conseguir el poder para la población menos privilegiada. Programas como éstos han sido alabados por actuar contra la alienación política de los pobres animándoles a su participación social y criticados por otros, por no ser otra cosa que un medio de expresar la alienación de los pobres que les animaba a la violencia (Bailey, 1974). Una manifestación de la clase media del populismo local de la década de 1960 es la demanda de la devolución del poder federal al estado y a los gobiernos locales y que las órdenes de los niveles más altos del gobierno sobre los gobiernos locales estuvieran basados en el más alto nivel.

La representación indirecta, especialmente para los altos cargos, era una técnica utilizada en la constitución de la república para protegerla contra los supuestos excesos de una opinión colectiva no fiable. La Constitución especificaba que los senadores de los Estados Unidos tenían que ser elegidos por las cámaras legislativas de cada estado, y no fue hasta que la enmienda 17 entró en vigor en 1913 cuando los senadores fueron elegidos directamente por el voto popular. El método de colegio electoral para elegir a los presidentes es otro ejemplo del voto indirecto que todavía se usa.

El conflicto populista-elitista todavía persiste con relación a otras controversias, entre las que se incluyen: qué cargos deberían ser elegibles y cuáles de designación; si se deberían adoptar prácticas tales como mociones, recusaciones y referendos; si deberían existir límites de plazo en los cargos elegibles; y si las primarias deberían ser sustituidas por asambleas y convenciones de partidos para nombrar a los canditatos para su cargo político.

La investigación de las encuestas y la controversia elitista-populista

Hay una gran cantidad de datos de encuestas que tratan de la controversia elitista-populista con relación a la competencia entre la opinión individual y colectiva. Aunque estos datos ofrecen una respuesta equívoca sobre la controversia, tal como es formulada habitualmente, nos ayudan a evaluar la relación entre la ideología y la realidad empírica (véase también la discusión de la calidad de la opinión invididual, en el cap. 2). Por una parte, los datos de las encuestas demuestran de una forma consistente que, a nivel individual, sólo una minoría de la población adulta de los Estados Unidos —alrededor de 1 sobre 20, según estimaciones de Bryce— está políticamente bien informada y comprometida. Por otra parte, es evidente que la aparición de la opinión colectiva crea un grado de competencia que los datos en el nivel individual no sugieren que exista. Además, antes de revisar lo que se ha hallado mediante los datos de las encuestas se debería tener en cuenta que la observación centenaria de Bryce afirmando que la mayor parte de la elite socioeconómica no está mejor informada que las clases «más humildes», significa que sus opiniones, en general, son de la misma calidad (Bryce, 1891: 243-244).

El sondeo Gallup

Desde sus primeros años, los sondeos Gallup documentaron la ignorancia política generalizada. Sin embargo, Gallup afirmó, en oposición directa a las opiniones que Lippmann acababa de observar, que sus sondeos demostraban que las opiniones colectivas del público eran claramente más sabias que aquellas de muchos de los líderes políticos de la nación. Tenía la impresión de que el pensamiento colectivo del público es sabio y debería ser escuchado. A la luz de la aparente contradicción de la postura de Gallup resulta muy útil considerarla en detalle.

El sondeo Gallup no intentaba investigar de una manera sistemática las dimensiones de la ignorancia política del público. Es más, las respuestas a las preguntas de información pronto dejaron claro que un gran segmento del público tenía poca información sobre el sistema político de la nación y de su funcionamiento. Algunos ejemplos aclaran el tema (Cantril y Strunk, 1951; Gallup, 1972*b*):

- — El 52 % no había estado siguiendo el debate del Congreso sobre si debería cambiarse el Acta de Neutralidad, esto en un momento en que mantener a los Estados Unidos fuera de la amenazante guerra en Europa era un tema importante de debate nacional (1939; Cantril y Strunk, 1951: 967).
- — El 50 % no conocía el nombre de su congresista (1942; Gallup, 1972*b*: 329).
- — El 62 % no sabía cuántos años ocupaban el cargo los representantes de la Cámara (1944; Gallup, 1972*b*: 485).
- — El 52 % no aventuraría una cifra en torno al salario de los congresistas (1944; Gallup, 1972*b*: 611).
- — El 51 % no había oído o leído nada sobre el Plan Marshall, esto en el momento de máxima vigencia del tema en el debate del Congreso (1947; Gallup, 1972*b*: 661).
- — El 67 % no podía situar Grecia en el mapa en el momento en que prácticamente una guerra civil era el factor más importante en el conflicto de los Estados Unidos-Unión Soviética (1947; Gallup, 1972*b*: 661).

Desde la perspectiva elitista, todavía es más preocupante el grado de predisposición del público a expresar sus opiniones sobre temas de los que habían reconocido no estar informados:

En 1940, el 50 % no podía calcular cuántos aviones de guerra estaba produciendo Estados Unidos al mes. De los que aventuraron una estimación, la mitad estaba por encima. A pesar de esta pobre base de información, el 58 % tenía la impresión de que la producción de aviones de guerra no estaba haciéndose lo suficientemente rápida, y otro 28 % que sí, de entre un total del 86 % que manifestó su opinión (1940; Gallup, 1972*b*).

En una encuesta de 1946, sólo el 47 % sabía que los miembros de la Cámara de Representantes prestaban su servicio durante dos años. Todavía más, el 40 % estaba a favor de prolongar el plazo del cargo de 2 a 4 años, y el 51 % lo desaprobaba, de entre un total del 91 % que expresó su opinión (1946; Gallup, 1972*b*).

Unos resultados de un sondeo como éstos no debilitaron la creencia populista de Gallup de que en una democracia, los líderes políticos de la nación deberían prestar atención a la opinión colectiva. En lugar de esto, en oposición directa a la postura de Lippmann, defendió fuertemente que sus hallazgos demostraban que la opinión colectiva suministra una sana base para la toma de decisiones gubernamentales, incluso en asuntos internacionales (Gallup, 1972*a*).

Como un ejemplo destacado de esta supuesta superioridad de la opinión colectiva de la gente, especialmente en relación con la política exterior, Gallup citaba reiteradamente los resultados del sondeo sobre lo que se debería hacer en respuesta a las acciones agresivas de Hitler y Mussolini al comienzo de la II Guerra Mundial. En conversaciones personales, así como en escritos, le gustaba destacar contrastes tales como el siguiente, entre los resultados de su sondeo y lo que él consideraba ausencia de liderazgo del Congreso:

En 1938, un momento en el que el Congreso se resistía a la creación de ningún presupuesto militar, una gran mayoría, del 69 % al 80 %, estaba a favor de crear un ejército, una armada y una fuerza aérea más grande (Gallup, 1972*b*: 84).

En 1940, el 71 % estaba a favor de usar el reclutamiento para aumentar el tamaño del ejército, incluso un año después, justo unos meses antes del ataque de Pearl Harbor, la Cámara de Representantes votó para ampliar el reclutamiento que ganó por sólo un voto (Gallup, 1972*b*: 238).

Ante la aparición de un fuerte bloque aislacionista en el Congreso, los sondeos repetidos en 1941 mostraban un apoyo firme y mayoritario para ayudar a Gran Bretaña y luchar contra Alemania e Italia: aunque sólo el 20 % votaría para ir a la guerra contra Alemania e Italia, el 66 % lo haría así: «si pareciera seguro que no había otra forma de vencerles»; el 61 % pensaba que era más importante ayudar a Inglaterra; mientras que el 39 % pensaba que era más importante permanecer al margen de la guerra; una mayoría creciente estaba a favor de utilizar la Armada de los Estados Unidos para guardar o acompañar los buques que llevaban material de guerra a Gran Bretaña, por un margen del 52 %-40 % en mayo y del 56 %-35 % en junio (Gallup, 1972*b*).

Estos hallazgos no reflejaban un deseo de ir a la guerra, pero, en cambio, lo que Gallup consideraba lo que sí era una creencia informada y realista del público, era que había pocas alternativas: una mayoría del 62 % tenía la impresión de que, si vencían a Gran Bretaña, Alemania e Italia comenzarían una guerra contra los Estados Unidos en 10 años (Gallup, 1972*b*).

De forma análoga, durante el período de la Guerra de Vietnam, comentando los peligros considerados por confiar en el liderazgo de expertos, Gallup (1972*a*: 6) escribió:

Los papeles del Pentágono han revelado lo fácil que era para los líderes hacer juicios erróneos al estar rodeados por personas próximas que pensaban de la misma forma, y cuando el público no está enterado de la naturaleza del problema, y no tiene oportunidad de preguntar o de debatir las políticas que deben ser consideradas.

La conclusión populista de Gallup es que «debemos escuchar lo que la gente tiene que decir, porque la opinión pública sólo puede ser de utilidad para la democracia si puede ser escuchada» (Gallup y Rae, 1968: 15).

Estudios académicos

Volviendo a los análisis sistemáticos de los datos de encuestas realizados por los investigadores académicos, los primeros estudios sobre la conducta del voto establecieron rápidamente que la dinámica interpersonal no racional tenía una gran influencia en las decisiones de voto y, aparentemente, tenía mayor significación que la comunicación y reflexión movidos por la razón. Aunque un estudio de las elecciones presidenciales de 1940 había sido diseñado expresamente para investigar el papel de la comunicación en prensa y radio, los resultados condujeron a un «claro reconocimiento de la importancia de la influencia personal de unos votantes sobre otros y destacaron el problema irresuelto de la importancia de los asuntos políticos en la campaña» (Berelson, Lazarsfeld y McPhee, 1954: ix; Lazarsfeld, Berelson y Gaudet, 1948).

Un estudio posterior sobre las elecciones de 1944 llevó a la conclusión de que la mayoría de los votantes no estaba demasiado informada sobre los detalles de la campaña y estaba muy lejos del ideal democrático en términos de interés y compromiso, en el conocimiento de cuáles eran los temas, los datos relevantes, las alternativas consideradas y sus implicaciones, y las posturas partidistas. De hecho, las decisiones del voto se explicaban «menos como principio que como fidelidad social tradicional» de los grupos a los que pertenecen los votantes (Berelson *et al.*, 1954: 307-311). Este retrato poco adulador del electorado se ajusta bastante más estrechamente al criticismo elitista de la opinión pública descomprometida que a la visión populista de la aptitud pública.

Paradójicamente, los miembros más volátiles del electorado, los más predispuestos a cambiar sus preferencias de voto durante el curso de la campaña fueron, desproporcionadamente, los apáticos, incoherentes y no informados políticamente. Eran ellos los que contaban para la mayor parte del movimiento de la campaña y no los más estrechamente comprometidos y el segmento, presumiblemente, más atento del electorado (Berelson *et al.*, 1954). Aparentemente, la fuerza de la convicción y el compromiso entre los políticamente comprometidos y atentos era tan grande que sus mentes estaban ya decididas en las campañas electorales y eran resistentes a la persuasión (compárese con la discusión en el cap. 2 sobre la estabilidad de las opiniones basadas en sistemas de creencias integradas e internamente coherentes).

La impenetrabilidad de los políticamente comprometidos e informados al debate político no cumple las expectativas elitistas. Como Berelson y sus colegas destacan (1954: 316): «si la decisión fuese dejada sólo a los profundamente preocupados, bien integrados, ciudadanos ideales con principios coherentes [...] el sistema político podría, fácilmente, ser demasiado rígido para adaptarse a las condiciones cambiantes nacionales e internacionales». Así, incluso a pesar de que las dudas elitistas en cuanto al limitado nivel en el que el público está implicado e informado sobre los asuntos públicos se muestran en estos resultados de las encuestas, las implicaciones sistémicas de estos mismos resultados no están claras.

Los subsiguientes estudios independientes que han medido las diferencias en los «mundos idealizados» del público han ido bastante más allá de registrar la proporción del público que no está implicado o informado sobre los acontecimientos o asuntos particulares. Los análisis rompedores de esquemas de Converse, en torno al compromiso político y al conocimiento del público identificó «estratos de creencias» que difieren en el nivel en que su pensamiento político está sujeto a limitaciones internas lógicas. Sus análisis suministran un fuerte apoyo para la postura elitista.

Cuando los estratos de creencias se colocan en una escala de diferenciación despliegan diferencias predecibles en sus sistemas de creencias, definidas como configuraciones de ideas y de actitudes, unidas por una interdependencia funcional» (Converse, 1964: 206). En un extremo de la escala, el pensamiento es ideológico, esto es, altamente limitado, lógicamente, mientras que en el otro extremo no hay una estructura o contenido lógico e identificable de temas. En orden descendente, y en posiciones intermedias a estas polaridades, están *a*) el pensamiento quasi-ideológico en el que las disimilitudes se producen a pesar de una aparente y lógica limitación; *b*) grupos de interés que piensan que los elementos de las ideas van juntos debido a las limitaciones sociales más que a las lógicas, y finalmente *c*) pensamiento —naturaleza del momento—, que reacciona ante los asuntos concretos cuando aparecen. En otras palabras, los cambios de pensamiento desde una comprensión contextual de las creencias políticas abstractas reforzadas por una gran información, en un extremo, a los pensamientos desconectados concretos-no abstractos con escaso contenido de datos, en el otro (Converse, 1964).

Al aplicar este modelo a los datos de las encuestas nacionales, Converse encontró una pequeña minoría del total de la población de los Estados Unidos en el extremo ideológico de la escala, mientras que el grueso de la población se encuentra al otro extremo. Sólo una décima parte de ellos eran ideólogos (2,5 %), o quasi-ideólogos (9 %), de quienes se podría esperar que pensaran claramente, con opiniones basadas en hechos. Los puntos de vista del segmento único más grande, que constituye el 42 % de la población, exhibe un pensamiento de intereses de grupo; eso significa que es más probable que ellos reflejen las limitaciones sociales, que la consideración de los méritos de un tema. Los otros dos segmentos restantes, que constituyen justo la mitad de la población (24 % pensamiento propio de los tiempos y 22,5 % sin contenido temático), es improbable que mantengan opiniones que representen algo más que observaciones espontáneas sin ningún sentido de la convicción (Converse, 1964).

Utilizando un modelo analítico algo diferente, Neuman (1986) definió tres estratos de públicos, en los que puede ser dividida la población estadounidense. Aunque los detalles de su modelo difieren en líneas generales del de Converse, el cuadro que se pinta es coherente: la mayor parte de la gente está claramente desinteresada por el debate político y por la toma de decisiones. Los activistas políticos caracterizados por un alto nivel de sofisticación ideacional y cognitiva y de compromiso político, que, como máximo, comprende el 5 % del público de Bryce. De acuerdo con Neuman, la opinión pública, tal como se entiende habitualmente, hace referencia primariamente a los puntos de vista de los que pertenecen a este estrato. En el otro extremo, sobre el 20 % de la población es descaradamente apolítica. No sólo los que están en este estrato son los que están desinformados y no comprometidos, sino que rechazan la idea de que ser como son sea un error por su parte. El 75 % intermedio constituye el público masivo que está «marginalmente atento a la política y ligeramente cínico ante el comportamiento de los políticos, pero aceptan el deber de votar, y lo hacen con regularidad aceptable» (Neuman, 1986: 170-171; véase también Bryce, 1891). Esta descripción está bastante lejos de las expectativas populistas.

Las afirmaciones pesimistas de la incompetencia política del público general que examinamos descansa, en buena medida, en la asunción de que la calidad del pensamiento público se mide por la suma de las aptitudes individuales. Pero, si como vimos en el cap. 3, la opinión colectiva es más que la suma de opiniones individuales, necesitamos revisar este supuesto. Al hacerlo así, no debemos olvidar que incluso, aunque la opinión colectiva es más que la suma de opiniones individuales, no podemos asumir que hay un aumento correlativo en la calidad. Eso tiene que determinarse por sí mismo.

El análisis de Stimson (1991) sobre las implicaciones políticas del «estado de ánimo» de la opinión colectiva resulta pertinente (véase también cap. 3). Si la tarea de la opinión colectiva es exigir lo que debe hacerse y cómo ha de hacerse, la independencia de los cambios en el estado de ánimo de los asuntos individuales sugiere que la opinión colectiva puede ser inestable y voluntariamente errática. Sin embargo, esta afirmación debe ser modificada, si la tarea de la opinión colectiva está restringida a definir objetivos y dar su conformidad, o rechazar, acciones llevadas a cabo para lograr esos objetivos. Stimson argumentaba que no hay «opinión pública sagaz» con relación a una tarea concreta porque los deseos del público provienen de sus valores y no de la calidad de su pensamiento (Stimson, 1991: 124-125). Eso quiere decir que hay un tipo de «racionalidad orientada por valores» (compárese con *wertrational*, en Weber, 1961) en el pensamiento del público, que puede justificar el papel restringido a la opinión colectiva, por lo que los elitistas están a favor.

A pesar de todo lo que se acaba de discutir existe una base empírica para la postura populista, ya que, a pesar de lo pobre que pueda ser la calidad de las opiniones individuales, el proceso de combinarlas puede resultar en una forma de opinión colectiva, cualitativamente superior. Los análisis del comportamiento de voto y de las series temporales recogidas de los resultados de los sondeos de opinión no revelan modelos erráticos, no interpretables que se esperaría si la opinión masiva fuera meramene el azar, o las respuestas irreflexivas de los desinformados y de los no comprometidos.

En su análisis de la relación del comportamiento de voto con las preferencias políticas, en lugar de analizar la estructura psicológica de las creencias, de los sentimientos y de la opinión, Key (1966: 7-8) trataba de contestar a las preguntas: «¿Por qué algunas personas permanecen leales a los candidatos de un partido de elección en elección, mientras otros cambian?» y «¿Por qué algunos inmovilistas y otros que no lo son cambian de elección en elección?

Para este propósito analizaba las posturas adoptadas por los inmovilistas y los oscilantes en las elecciones presidenciales de 1936 a 1960. Descubrió que ser un tránsfuga (desleal al partido de uno) se correspondía, en buena medida, con el desacuerdo de la política. Contrariamente, entre los partidarios fieles y leales había un modelo de mutuo refuerzo de acuerdo con las bases de la política y satisfacción con lo realizado (Key, 1966: 144, 150). Key llegó a la conclusión de que, tan evidente como la congruencia entre el comportamiento electoral, las preferencias políticas y la satisfacción con la gestión, y sin considerar el uso de las tácticas y apelaciones no racionales de las campañas, es que «los votantes no son tontos».

Después de analizar la tendencia durante 30 años en las respuestas a preguntas como cuál es el problema más importante del país, Smith (1980) llegó a la conclusión de que las fluctuaciones en las respuestas están fuertemente asociadas al flujo y la intensidad de los acontecimientos históricos, bien a nivel de agregado, o bien a nivel de diferenciación intergrupal. Más de 10 años después, el análisis posterior de las tendencias nacionales confirmaron la conclusión de que el cambio de opinión no es caótico, sino lento, constante y sobre todo explicable (Smith, 1994; véase también la discusión en cap. 2 sobre la calidad de la opinión individual).

Del mismo modo, en sus análisis de los resultados de sondeos de la opinión pública, Page y Shapiro (1992) descubrieron que las tendencias de la opinión formaban modelos relacionados con acontecimientos específicos, tanto por las tendencias sociales y económicas, como por la adquisición de nueva información. En política exterior, mientras la situación internacional mejoraba, las opiniones se desplazaron del activismo militante a reacciones más pacíficas. Colectivamente, las preferencias en la política eran generalmente estables, y cuando cambiaban, lo hacían de formas entendibles y predecibles.

Merece la pena destacarse que Page y Saphiro descubrieron inadecuaciones esperadas en el nivel de las opiniones individuales. A ese nivel, los datos que revisaron documentaron, coherentemente, que la mayor parte del público tenía escaso interés, ausencia de conocimiento, y sostenía una opinión caracterizada por una débil estructura ideológica. También llegaron a la conclusión de que los estudios del comportamiento electoral demuestran la importancia de las afiliaciones de grupo en las decisiones de voto. En otras palabras, incluso a pesar de que encontraron debilidad en las opiniones individuales, cuando analizaron el nivel colectivo, también descubrieron que las opiniones «dan sentido: [...] describen finas distinciones entre las diferentes políticas; y forman modelos significativos que consisten en una serie de creencias y valores subyacentes» (Page y Shapiro, 1992: 385). Como se registraba en los sondeos, las preferencias colectivas sobre la política son reales, conocibles, diferenciadas, modeladas y coherentes.

El contraste cualitativo entre la opinión individual y la colectiva, identificado por los estudios que acabamos de discutir, es un argumento reminiscente de Aristóteles a favor de la democracia, es decir, la reagrupación de conocimiento y creencias individuales de alguna manera elevan la calidad:

> La opinión pública colectiva refleja un nivel de información considerablemente más alto de información y de sofisticación del aparente en el nivel individual que resulta de, entre otras cosas, la «concentración de información» y de la deliberación colectiva de forma que la opinión colectiva [...] que es tanto un agregado de muchas opiniones individuales como el resultado de un proceso en el que muchos individuos interactúan [...] eclipsan con mucho las opiniones del individuo medio (Page y Shapiro, 1992: 388).

Page y Shapiro (1992) no encontraron razón para revisar la teoría democrática mayoritaria a favor de alguna forma de sistema pluralístico o poliárquico donde los grupos de interés organizados desempeñan una parte importante en la participación, o la respuesta a ella, o donde el público general esté limitado. Más bien llegaron a la conclusión de que el público general no es incapaz de conocer sus propios intereses o el bien público y que, generalmente, reacciona ante situaciones nuevas y nueva información, de formas razonables: «el público estadounidense del siglo XX es más capaz y competente de lo que los críticos de la democracia mayoritaria nos harían pensar» (Page y Shapiro, 1992: 384-389).

Interacciones entre las opiniones elitistas y no elitistas

Muchos modelos de comunicación y de liderazgo de opinión (véase cap. 3) nos llevan a esperar que la calidad de la opinión masiva siga a la opinion elitista. Sin embargo, hay razones para creer que las opiniones no elitistas, con frecuencia pueden desarrollar un considerable nivel de independencia de las opiniones elitistas. Hasta tal punto es eso así que necesitamos comprender la forma en que ambas se coordinan en un esfuerzo político coherente. Sobre esto queda mucho por aprender.

Converse (1964: 249) argumentaba que incluso cuando los estratos menos informados expresan su apoyo a los puntos de vista de los ideólogos elitistas, sus motivaciones y su reconocimiento tienen poco que ver con el pensamiento de aquellas elites cuyos «referentes están alejados de la experiencia inmediata de su clientela». De forma similar, la existencia de una diferencia de conocimientos entre los ideólogos elitistas y las masas no informadas ha llevado a algunos a cuestionarse la idea de que, al servir a los líderes de opinión, la elites contribuyen a la calidad de las opiniones mantenidas por sus seguidores de opinión. Por ejemplo, personas de alto estatus socioeconómico aprenden más de los medios de comunicación que aquellos de bajo estatus, de forma que transcurrido un tiempo, la dimensión de la diferencia de los conocimientos entre ellos sobre asuntos concretos tiende a incrementarse (Tichenor, Donohue y Olien, 1970: 170). Refuerza la independencia adicional de la opinión de masas el hecho de que, como resultado de las diferencias en el interés y en el compromiso en temas específicos, la dimensión de la diferencia en los conocimientos puede permanecer invariable en algunos casos, o incluso disminuir (Ettema, Brown y Luepker, 1983; Moore, 1987).

«El misterio, para los que aceptan [...] la sabiduría convencional, es la forma en que la gente se las arregla para tener opiniones sobre tantos temas de los que carecen hasta de la más elemental noción» (Gamson, 1992: 5). Algunos cuentan para este misterio con la observación de muchas opiniones, que tal como se miden en los sondeos, son artefactos del método de encuestas y no representan juicios significativos (véase cap. 3 sobre la calidad de la opinión individual). Sin embargo, esta observación no explica la coherencia y el modelo de las opiniones individuales, supuestamente sin significado, cuando se analizan a nivel colectivo.

Dos estudios muy diferentes que investigaban el nivel en el que las opiniones individuales (y colectivas) son autogeneradas por el público general, más que derivaradas de una elite dominante, demuestran las complejidades que llevan aparejadas. Un estudio daba por garantizado que la opinión de masas está dominada por la opinión elitista en el sentido de que las claves informacionales y de liderazgo suministradas por las elites guían el movimiento de la opinión de masas. En ese estudio, el dominio de la elites estaba definido como un proceso en el que las elites inducen a los «ciudadanos a mantener opiniones que no sostendrían si tuvieran tanto una mejor información como un mejor análisis disponible» (Zaller, 1992: 311). Los resultados del estudio indican que los ciudadanos normales responden selectivamente a las opiniones elitistas, aceptando el supuestamente elaborado pensamiento y los puntos de vista sólo de aquellos expertos cuyos valores y objetivos son más congruentes con los suyos propios. Así, en lugar de estar dominado por la opinión elitista de una forma no crítica, el público general reacciona creativamente ante él, y en sus propios términos. De esta forma, a pesar de la apatía y la ignorancia individual reinante, la opinión masiva se convierte en una destilación selectiva de la consideración de los expertos de los méritos de los asuntos públicos (Zaller, 1992).

Resulta intrigante que aunque en este estudio, las opiniones de los miembros individuales del público masivo no se generaban independientemente, representan algo más que una aquiescencia pasiva con las elites. Esto es una reminiscencia de la comunicación entre los líderes de opinión informales y sus no tan bien informados iguales con los que se desarrolla el conocimiento común. Puede ser que la aparente calidad de la medición de los agregados de los sondeos de opinión demuestre que existen redes de comunicación en funcionamiento que unen las elites y las no elites de forma aún no determinada.

Un estudio muy diferente aportó alguna evidencia de que los ciudadanos normales tienen la capacidad de formarse opiniones significativas por sí mismos, y sin recurrir al pensamiento previo de expertos. Se mantuvieron conversaciones con pequeños grupos, o grupos de discusión en cuatro áreas muy diferentes —acción positiva, energía nuclear, industrias con problemas económicos, y el conflicto árabe-israelí— que difieren considerablemente en términos de inmediatez personal o complejidad técnica. El conocimiento de la cobertura de los medios de cada una de estas áreas de temas varía de un grupo a otro, e incluso dentro de los grupos (Gamson, 1992).

A pesar de la limitada información en posesión de los participantes, e incluso con limitada implicación, los participantes conversaban en cada grupo, extensa y sensatamente sobre los temas. Había una cualidad deliberativa en la manera de dar sentido al tratamiento de los temas, con lo que se lograba una considerable coherencia en todos los grupos (Gamson, 1992). A pesar de lo artificial que pueda resultar la discusión del grupo, era evidente que no era necesario tener una base de experiencia o de ideología para que tuviera lugar una discusión racional y razonada, una discusión que podría conducir a un juicio sensato por parte del grupo. Si esto puede ocurrir en condiciones similares a las del mundo real, y si las condiciones son las que deben ser, ése ya es otro tema. La experiencia personal de este observador, que ha moderado muchos grupos de discusión, es que dependerá de la habilidad que el moderador tenga para manejar un grupo, para que influya decisivamente en la calidad de su discusión.

Una conclusión razonable es que, si hay condiciones favorables de comunicación interpersonal, puede haber un potencial considerable para la aparición de una opinión colectiva competente. En ese caso, la opinión masiva ofrecería un *input* más sano en la toma de decisión democrática que lo que reconoce la perspectiva de elite. Sin embargo, lo que constituye «las condiciones favorables» es una cuestión aparte que todavía tiene que ser resuelta.

La relación de la opinión colectiva con el gobierno democrático: el voto

Posiblemente, excepto en las sociedades primitivas, prealfabetizadas, el proceso de opinión pública, por sí mismo, no ofrece los medios para gobernar a la gente. Como no es un agente activo, la opinión colectiva no puede promulgar leyes, emitir regulaciones, o realizar sus deseos oficialmente, de una u otra forma.

Como una expresión del sentir público, la opinión colectiva no puede hacer más que influenciar la toma de decisión del gobierno. Deben existir procedimientos institucionalizados, si el estado de la opinión colectiva de la gente tiene que ser trasladado a la decisión del gobierno. La opinión colectiva no puede llevar a cabo esas decisiones administrando leyes y regulaciones. Por eso, deben ser establecidos los procedimientos administrativos y debe estar disponible el personal administrativo.

Como hemos visto, los gobiernos autoritarios y totalitarios utilizan en la toma de decisiones mecanismos y procedimientos administrativos ignorados o manipular la opinión colectiva en gran medida. En las democracias, sin embargo, deben existir formas y procedimientos institucionales para que unan definitivamente la expresión de las opiniones colectivas a la participación política en un sistema donde se apoyan mutuamente (Luttbeg, 1974). Forjar fuertes vínculos que puedan realizar esta función es una tarea fundamental para cualquier democracia, una tarea que, de nuevo, suscita el tema de la competencia del público.

La idea de que en una democracia el pueblo gobierna, asumiendo, de hecho, que el control de los asuntos públicos ha llevado a muchos gobiernos democráticos a creer que dependen de unos públicos cuyos miembros individuales, como piensan sobre política en la forma en que lo hacen los líderes políticos, pueden decidir las acciones de gobierno. Sin embargo, como Schattschneider (1975) observó, no es realista esperar que todos, o incluso que la mayoría de la gente, sepa lo bastante como para gestionar un gobierno. Es más, como no se puede esperar que un individuo sepa lo bastante como para conducir un gobierno, pensaba que era igualmente absurdo restringir la participación política a aquellos que sí saben. Llegó a la conclusión de que el reto no es crear un público cuyos miembros puedan ser todos ellos calificados como reyes-filósofos platonianos. Más bien, el reto de una democracia es la forma de organizar una comunidad política en la que «los líderes que compiten y las organizaciones definan las alternativas de la acción pública de tal forma que el público pueda participar en el proceso de la toma de decisiones» (Schattschneider, 1975: 138).

Conseguir este reto requiere, sobre todo, seleccionar a los líderes políticos de acuerdo con los procedimientos democráticos aceptados. Es igualmente importante generar confianza en que la toma de decisiones políticas del día a día no está sólo precedida por el debate público, sino que es responsable y sensible ante el público. La legitimidad de la opinión colectiva en una democracia descansa tanto en la confianza en las formas y en los procedimientos por los que su expresión está unida al gobierno, como en la aceptación de los principios subyacentes de la democracia (Price, 1992). Ésta es la razón por la que el voto ha sido considerado, durante mucho tiempo, la institución que define la democracia. Durante siglos se han desarrollado distintos métodos de voto, muchos de los cuales han sido objeto de duras críticas. Estas críticas han hecho que la legitimidad de los sistemas de voto existentes constituyan un tema por derecho propio.

Gobernar por consenso es un mecanismo para unir la opinión colectiva a la toma de decisiones que ha sido utilizado con bastante más frecuencia de lo que se pueda creer. Quizá el primer método para unir la opinión colectiva al gobierno fuera gobernar por consenso. Con toda probabilidad, gobernar por consenso proviene de formas institucionales prepolíticas en las sociedades prealfabetizadas. Cuando aparecen las disputas, en ausencia de una autoridad política permanente, lograr la unanimidad de opinión mediante el funcionamiento de otras instituciones existentes, especialmente en los sistemas de parentesco, puede ser un método aceptado para su logro (Manglapas, 1987; M. Mead, 1937). Éste fue el caso de las tribus tradicionales de Borneo, las castas indias del siglo II, y las sociedades tradicionales de Naga (Horam, 1975; Stevenson y Tripathi, 1942). Incluso en las sociedades urbanas antiguas, tales como Mesopotamia, los asuntos comunitarios se discutían en asambleas bajo un juez presidente, con algunas medidas de consenso como principio determinante (Oppenheim, 1964).

Los ejemplos no políticos de gobernar por consenso en las sociedades occidentales contemporáneas, con frecuencia incluyen la unanimidad requerida, en los jurados de los procesos penales y el «sentido de punto de encuentro» en la toma de decisiones de las asociaciones voluntarias. Políticamente, también viene a la mente que en los Estados Unidos, las convenciones para proponer un candidato a la presidencia, o presentar una moción para una nominación unánime una vez que el candidato ha alcanzado la mayoría, son una práctica frecuente. Asimismo, en las organizaciones de los partidos locales, los candidatos son, habitualmente, seleccionados por consenso, y las coaliciones de facciones aparecen, habitualmente, por medio de acuerdos informales a los que se ha llegado como forma reminiscente de los procesos implicados en la construcción de consenso, y no sólo a través de votos formales.

Los grupos pequeños están considerados en muchos de los ejemplos siguientes, así que no es sorprendente llegar al consenso. De alguna forma es una reminiscencia de la comunicación informal a través de la que aparece la opinión colectiva. Hasta un punto en que los dos son, de hecho, congruentes, gobernar por consenso puede ser considerado como un mecanismo de unión democráticamente aceptable. Consecuentemente, no debería olvidarse nunca el rol informal que podría desempeñar la construcción de consenso entre la facciones políticas al unir la opinión colectiva al gobierno. Por otro lado, no debería ser posible el logro del consenso por manipulación en el establecimiento de la autoridad o ignorando el poder desprotegido. Además, la diferencia de opinión que podría existir, inicialmente, en un pequeño grupo puede ser reducida como resultado de las acciones de una facción poderosa o dominante dialécticamente. Por estas razones, gobernar por consenso no es siempre percibido como democrático.

A la vista de esto, confiar en el voto, con unas decisiones determinadas por el voto mayoritario, parecería una forma simple y sencilla de unir la opinión colectiva al gobierno. En realidad, crear y mantener vínculos eficaces mediante el voto puede ser bastante difícil y contencioso. En Estados Unidos se han utilizado muchos sistemas distintos de voto, así como en otras democracias de todo el mundo, con diversos grados de éxito, para producir resultados que puedan ser aceptados como expresiones válidas de la opinión colectiva.

Cuando hay un fallo en la relación es aplicable el análisis de ritualización y de innovación, como tipos de anomía, de Merton (1949). La unión ineficaz tiene el potencial de conducir a adhesiones ritualistas a las formas de democracia (p. ej., voto sin expectativa de que sea útil) o para la aparición no restringida de nuevas formas (p. ej., buscar más formas nuevas de unir la opinión colectiva con el gobierno). Desde esta perspectiva, la alta participación de sólo aquellos votantes que ven el voto como una obligación cívica, incluso cuando les disgustan todas las opciones posibles, con escasa participación entre todos los demás, y el entusiasmo público por las innovaciones tales como los límites de plazos de permanencia, recusaciones y referenda, como formas de reforzar la sensibilidad del gobierno ante el público, todas pueden ser consideradas como sintomáticas de la anomía política.

Estas observaciones ofrecen un marco de discusión para la legitimidad percibida del mecanismo de voto utilizado en los Estados Unidos a finales del siglo XX. Debemos tratar, en particular, los problemas ya existentes sobre la escasa participación de voto y las denuncias sobre los procedimientos de voto injustos. También nos preocupa la gran ausencia de confianza en las instituciones y en los funcionarios del gobierno de los Estados Unidos durante la última parte del siglo XX. Es común a todos estos asuntos la cuestión de si los Estados Unidos están experimentando una crisis en el mantenimiento de los vínculos efectivos entre la opinión colectiva y el gobierno.

PARTICIPACIÓN EN EL VOTO

Una premisa subyacente a cualquier sistema de voto democrático es que ofrece una oportunidad a la población de expresar sus deseos de una forma que represente, realmente, las opiniones de todos. Sin embargo, si un número importante de la población no vota, eso mina la propia legitimidad de los resultados de las elecciones porque el número de votos otorgados al candidato ganador pueden constituir una minoría del electorado total con derecho a voto. Jimmy Carter fue elegido presidente en 1976 por los votos del 27,2 % del potencial total del electorado (Burnham, 1978). Igualmente, en las elecciones al Congreso de 1994 —donde fue derrocado el control demócrata tanto del Senado como de la Cámara de Representantes y fue sustituido por una considerable mayoría republicana—, solamente uno de cada seis votantes con derecho a voto depositaron su papeleta para un republicano. Sobre esta base, en 1995, las críticas al programa legislativo de los republicanos argumentaban que aunque la elección fue «perfectamente democrática, [...] no constituía un mandato» (Konner, 1995: A33).

Éstos no son dos ejemplos aislados, sino que son típicos de la escasa participación de voto en los Estados Unidos. De hecho, hasta un punto considerable, la escasa concurrencia de votantes en los Estados Unidos parece estar relacionada con circunstancias específicas para ello. Cada democracia occidental, excepto Estados Unidos, se encarga del registro automático de los votantes (Burnham, 1978). Por contraste, muchas jurisdicciones de los Estados Unidos han impuesto requisitos y procedimientos que hacen difícil el registro del votante. Se ha estimado que, si se adoptaran por todos los estados, sólo cuatro modificaciones en los procedimientos de registro aumentaría la participación en un 9,1 puntos de porcentaje (Wolfinger y Rosenstone, 1980).

No obstante, los esfuerzos por facilitar el registro se han convertido en un tema de partido. Algunos han argumentado que los requisitos restrictivos de registro intentan reducir la participación del votante de los segmentos más desfavorecidos del electorado, y otros se quejan de que las medidas que pretendían eliminar los obstáculos del registro conducían al fraude.

También resulta indicativo de las peculiaridades de Estados Unidos el hecho de que la participación de voto es considerablemente más baja que en Europa. Es más, la tendencia a largo plazo de los Estados Unidos durante la última mitad del siglo XX ha sido a la baja en la participación, una tendencia que se intensificó en la década de 1970, sin un movimiento comparable en Europa occidental (Burnham, 1978; Pear, 1992; Wolfinger y Rosenstone, 1980).

Demográficamente, la educación es, con mucho, el concepto correlativo más importante del voto (Wolfinger y Rosenstone, 1980). No obstante, la participación en las elecciones presidenciales se redujo de un nivel del 65 % en 1960, a un descenso del 50 % en 1988, precisamente durante un período en el que la proporción de adultos universitarios estaba en aumento estable y la proporción con educación secundaria se estaba reduciendo (Crespi, 1978). Esto sugiere que el descenso en la participación del votante era un fenómeno transversal, reflejando alguna influencia general sobre la nación.

En este contexto, merece la pena observar que un segmento especialmente influyente, elitista del público, no percibe las barreras para el registro ni la escasa participación como una amenaza potencial a la legitimidad percibida de las elecciones. Argumentan que no hay una gran pérdida si aquellos que no están suficientemente motivados para hacer el esfuerzo de registrarse, no votan, y que una participación reducida añadiría calidad al gobierno. George Will (1995) argumentaba contra el voto secreto, asegurando:

> Abolir el voto secreto, permitir que cada votante pueda expresar su opción con una voz segura y tener la elección registrada para la inspección pública. Probablemente habrá un electorado más pequeño, pero tambien más fuerte y mejor (Will, 1995: A-17).

La cuestión que debe responderse es si la escasa participación de voto representa una amenaza verdadera para la salud continuada de la democracia en los Estados Unidos, o si todo lo que está implicado es un conflicto ideológico continuado entre los populistas y los elitistas. Una revisión de la controversia reciente sobre los procedimientos de voto, más la tendencia a la confianza pública en el gobierno, arroja alguna luz sobre esta cuestión.

PROCEDIMIENTOS DE VOTO

La legitimidad de cualquier gobierno democrático se debilita en el momento en que sus procedimientos de voto son puestos en cuestión, como si no unieran la opinión colectiva al gobierno de forma justa y representativa para todos los segmentos del electorado. Establecer los procedimientos de voto que generalmente sean aceptados como equitativos y representativos se convierte en un tema complicado y controvertido.

Rousseau argumentó que la formación del Contrato Social inicial requiere unanimidad, mientras que no se necesita más que una mayoría simple para decidir sobre temas de importancia limitada o cuando la rapidez es esencial. También consideraba la posibilidad de descansar en mayorías absolutas, más que en mayorías simples, cuando lo que él consideraba como temas importantes están en juego o cuando se dispone de tiempo suficiente (Rousseau, 1952).

Al sugerir los distintos tamaños de mayorías que podrían ser apropiados en condiciones diversas y con distintos objetivos, en efecto Rousseau planteaba el tema de proteger un sistema de voto de ecuanimidad y representatividad percibida. Para este tema son básicas cuatro preguntas:

1. ¿Quién votará? ¿Cómo se deberá basar el voto (en su caso) en el lugar de nacimiento, etnicidad, ciudadanía, ocupación, propiedad de bienes, tamaño de la vivienda, alfabetismo, género, edad, pago de impuestos, religión y similares? (La mayor parte de estos criterios han sido utilizados en los Estados Unidos en un momento u otro, y algunos todavía se utilizan.)

2. ¿Cómo se contarán los votos? ¿Cuándo será suficiente una mayoría simple, en qué condiciones bastará una pluralidad y cuándo será necesaria la afluencia casi total y bajo qué condiciones se exigirá una supermayoría? ¿Se darán los votos a los individuos o a las listas de los partidos? ¿Se contarán los votos de una forma que aseguren la representación de cualquier grupo que reciba un número mínimo de votos —y cuál será ese mínimo—, y así sucesivamente?

3. ¿Cómo deberían definirse los distritos electorales? ¿La unidad básica de voto serán las comunidades geográficamente definidas, o deberían aplicarse otros criterios tales como ocupación o etnicidad? ¿Qué criterios deberían usarse para dibujar los límites geográficos: identidad histórica, cohesión, interdependencia económica, o una homogeneidad étnica, económica u otras?

4. ¿Cómo se seleccionarán los candidatos? ¿Por bloques, primarias abiertas o cerradas, asambleas de partido o convenciones, por un grupo que pueda demostrar al menos un apoyo mínimo, y así sucesivamente?

Tal como han sido formuladas, estas preguntas hacen referencia a las elecciones para cargos de gobierno, pero, especialmente con relación a la forma en que deberían ser contados los votos, en buena medida también podría aplicarse a los procedimientos de voto utilizados por las legislaturas.

La Constitución de los Estados Unidos, las constituciones de los estados federales y las reglas procesales de los cuerpos legislativos del Congreso, hasta los consejos locales, responden a la mayor parte de estas preguntas. Sin embargo, a lo largo de los años, algunas de estas respuestas, y la forma en que deben ser interpretadas, han sido criticadas como causantes de crear relaciones no democráticas.

Un procedimiento controvertido es el uso de las supermayorías, cuando se trata de asuntos de una presunta importancia trascendental los que están en juego. Esta práctica ha sido defendida como protectora de los derechos de las minorías con relación a los asuntos fundamentales, manteniendo así la confianza en el gobierno. Sin embargo, cuando se requieren las supermayorías, esto puede bloquear la acción de una forma que puede también minar la confianza en la relación entre el gobierno y la opinión colectiva. El uso de los filibusteros en el Senado de los Estados Unidos como una táctica para bloquear la acción legislativa es un ejemplo destacado de lo que puede suceder cuando se requieren las supermayorías. Durante 1993, el primer año de la administración del presidente

Clinton, el Senado estaba controlado por el Partido Demócrata, pero con 60 votos menos de los que necesitaría una supermayoría para limitar el tiempo de debate. Como resultado, los republicanos eran capaces de bloquear repetidamente la acción en propuestas clave de la nueva administración, que de otra forma habrían pasado con cómodas mayorías (Clymer, 1993). Igualmente, durante la lucha por los Derechos Civiles de la década de 1950 y los primeros años de 1960, los filibusteros constituyeron una poderosa táctica para bloquear la consideración de la legislación antisegregacionista que, de otra forma, hubiese sido fácilmente aprobada.

En los Estados Unidos ha sido un tema particularmente contencioso la percepción de ser privados de privilegios, incluso cuando técnicamente no se negaba el derecho a voto. Junto a esta percepción aparece lo que se ha llamado «tiranía de la mayoría», el miedo de que la mayoría ignore permanentemente los intereses de la población minoritaria cuya representación legislativa es tan pequeña como para que no pueda afectar la aprobación de las leyes (Lewis, 1993: 18). Los procedimientos de voto en los que la mayoría «hace rodillo», independientemente, pero sobre todo con algun tipo de combinación, han sido criticados por diluir la fuerza del voto de los grupos étnicos minoritarios, privándoles de privilegios de una forma eficaz. Se han propuesto algunos métodos que lo mejorarían, que han sido criticados por los defensores del procedimiento de voto —en los que la mayoría hace rodillo— como una política «anti-americana», «balcanizadora»; por crear bloques artificiales de votos, y por dar una influencia desproporcionada a los pequeños bloques de votos.

La representación proporcional es una alternativa al voto frente al rodillo, que intenta asegurar que toda la complejidad de la opinión colectiva se una al gobierno. Para conseguir esto, cada partido o bloque político está representado en la legislatura con una proporción aproximada al número de votos conseguidos (McLean, 1989). También, la representación proporcional asegura prácticamente que los votos no se desperdiciarán en los candidatos de un partido débil en distritos que están dominados por otro partido (Burnham, 1978). Se han desarrollado algunas fórmulas de representación proporcional, diferenciándose con respecto a tales asuntos como el número mínimo de votos que un partido debe recibir antes de que le sean garantizados los escaños en la legislatura. Aunque la representación proporcional pueda asegurar la representación de todos los bloques políticos, cuando ningún partido obtiene una mayoría de escaños, eso también puede dar poder a pequeños partidos necesarios para una coalición. En los países en los que se utiliza la representación proporcional, el gabinete de crisis se ha convertido en una consecuencia de este efecto (p. ej., Haberman, 1993).

La representación proporcional es común a muchas democracias, entre las que se incluyen Alemania occidental,[20] Holanda e Israel. En los Estados Unidos se ha encontrado una resistencia considerable y se ha utilizado sólo hasta un grado limitado en las elecciones locales. Una posible razón para esta oposición es que la representación proporcional es habitualmente propuesta como una forma de dar expresión a pequeños bloques de voto impopular.

Una alternativa al voto, altamente controvertida, es el procedimiento de voto equilibrado. Este procedimiento permite bloques de votantes, que de otra forma serían muy pequeños para elegir representantes, a concentrar su fuerza de voto, de forma que aumentara la probabilidad de conseguir alguna representación. Una forma de equilibrar el voto —voto acumulativo— cuando un distrito elige varios representantes es que a los votantes se les permita depositar su voto para un solo candidato en lugar de tener que votar una vez para cada uno de los escaños que deben ser cubiertos. Se han utilizado distintas versiones del voto ponderado en algunos distritos electorales de los Estados Unidos, entre los que se incluyen Chilton County, Alabama (donde algunos han reclamado reducir la polarización racial) y en Pennsylvania. En 1993, la oposición al voto ponderado ocasionó que el presidente Bill Clinton retirara su nominación de Lani Guinier[21] como fiscal general porque había sugerido que se utilizaría como una forma de encubrir la infrarrepresentación negra (Applebome, 1993; Margolick, 1993).

La «cantidatura ponderada» significa utilizar de una vez la estrategia para reforzar la voz política de los grupos infrarrepresentados. Tales representaciones permiten a las organizaciones de los partidos de los distritos, orientados étnicamente, formar coaliciones lo suficientemente grandes como para ganar las elecciones. Los emigrantes irlandeses, los europeos orientales y meridionales

20. He respetado la cita del país alemán tal como aparece en el original, a pesar de no estar ya vigente en el momento de la traducción. *(N. de la t.)*

21. Lani Guinier es una negra, profesora de derecho, que era una amiga personal del presidente Clinton. Cuando la nombró fiscal general se descubrió que no había pagado los impuestos de la Seguridad Social de su mayordomo, que lo había reclamado (una práctica muy habitual en los Estados Unidos, a menudo a petición de los mayordomos).

Clinton no la defendió cuando fue atacada, tanto por esto como por algunos de sus escritos sobre las reformas a la ley electoral. *(N. de la t.)*

del siglo XIX y de principios del XX confiaban mucho en coaliciones étnicamente homogéneas y las candidaturas equilibradas, con el objetivo de ser integrados en el proceso político (véase, p. ej., Grazer y Moynihan, 1963). La eficacia de esta estrategia, desde luego, depende de la existencia de un número suficiente de grupos étnicos dispuestos a trabajar, el uno con el otro, para formar una coalición mayoritaria. No siempre existe esta disposición, lo que explica por qué la estrategia de la candidatura ponderada había limitado su eficacia entre los norteamericanos africanos en la segunda mitad del siglo XX. En su lugar, buscaban el desagravio legislativo. Sus demandas condujeron al Acta de los Derechos Civiles de 1964, legislación que a su vez se convirtió en un estímulo para el conflicto político continuado. Ese conflicto destaca los problemas concomitantes para preservar la legitimidad percibida del voto como una expresión democrática de la opinión colectiva.

Se adoptaron dos acciones específicas para desarrollar el Acta de Derechos Civiles de 1964, que sustituían las jurisdicciones geográficamente pequeñas y relativamente homogéneas en el voto, y eliminaban los distritos extrañamente formados para asegurar la victoria de poblaciones que de otra forma hubieran sido infrarrepresentadas. Volver a configurar los mapas de los distritos al Congreso, para crear distritos predominantemente de afroamericanos o de hispanos, resultó ser efectivo al aumentar la representación negra e hispana en el Congreso. Al mismo tiempo, a veces también cambiaba la composición de los partidos en las legislaturas. Por ejemplo, después de haber rehecho los mapas en 1992, la delegación del Congreso de Georgia pasó de un negro y ocho blancos demócratas, más un blanco republicano, a tres blancos demócratas y ocho blancos republicanos.

El 29 de junio de 1995, el Tribunal Supremo declaró que la distribución de distritos racialmente establecida era inconstitucional, rechazando el argumento de que las comunidades necesitan no ser geográficamente compactas. Al hacerlo así, el Tribunal sobreseyó una decisión de un Tribunal inferior que defendía la constitucionalidad de los Distritos al Congreso irregularmente formados, serpenteantes, y racialmente homogéneos. Una reacción inmediata a la decisión del Tribunal Supremo fue la queja de que eso conduciría a la resegregación de la política. En todos los casos en que la legislatura de Georgia intentó crear un mapa nuevo, constitucionalmente aceptable, que fuera aceptable tanto para los negros como para los republicanos y los demócratas por igual, el intento concluyó en un impás político (Greenhouse, 1995; Sack, 1995).

La creación de distritos de voto, étnica y racialmente homogéneos, ha sido criticada también desde terrenos no constitucionales. Algunos han expresado la preocupación de que si los candidatos negros para el cargo proceden sólo de distritos negros, esto será una desventaja para ellos cuando compitan por un cargo más alto y pueden apelar tanto a votantes blancos como negros. Otra crítica es que esta estrategia depende de la preservación de la segregación residencial y que como se ha hecho algún progreso en las viviendas no segregadas, su eficacia disminuirá (Swain, 1993).

Como ilustra esta crítica, el asunto subyacente no es tanto el número de afroamericanos (u otro grupo étnico) elegido para el cargo, sino cómo crear confianza en todos los sectores del electorado para que sus opiniones e intereses estén justa y adecuadamente representados, esto es, confianza en la relación legítima de la opinión colectiva con el gobierno.

La confianza en las instituciones políticas

Aunque los elitistas y los populistas difieren en el hecho de si las acciones de los representantes deberían seguir fielmente las opiniones de sus cincunscripciones más que ejercitar su propio criterio, están de acuerdo en que, con el tiempo, debería haber una correspondencia general entre las opiniones de un electorado y sus representantes. Incluso de público pasivo y aquiescente se espera que se descarte a los representantes cuyos registros de voto no agraden. Igualmente, tanto los elitistas como los populistas están de acuerdo en pensar que, con el tiempo, el público general debería estar satisfecho con la gestión de los cargos no electos, en términos generales. De acuerdo con esto, cuando los gobiernos están en estrecha relación con la opinión colectiva, la confianza pública y la satisfacción con el gobierno tiende a ser más alta. Por eso, examinar el grado de satisfacción del público en cuanto a la forma en que las instituciones políticas están funcionando es una buena forma de asegurar la unión de la opinión colectiva con el gobierno. Para hacer esto necesitamos desenmarañar las complejas interacciones entre las formas en las que el gobierno está organizado, los asuntos y el partidismo, y ver cómo están funcionando los mecanismos existentes de cohesión.

Un estudio descubrió que aun cuando los legisladores electos representan individualmente a sus circunscripciones, la forma en que el Congreso está organizada puede ser, por sí misma, una barrera significativa para la unión de la opinión pública y el gobierno. Aunque los tamaños de la muestra para cada distrito individual al Congreso son pequeños, los resultados del análisis deben ser tratados cautelosamente, pues hay una buena correspondencia entre las opiniones de los votantes de cada distrito estudiado y sus representantes propios. En cada una de las ocho preguntas, las opiniones de cada representante estaba próxima a la media de las opiniones de la cincunscripción. El análisis también indica que si las opiniones de los cincunscriptores fueran a cambiar, con toda probabilidad, también lo harían las opiniones de sus representantes electos (Herrera, 1992).

Sin embargo, se encontró una relación diferente cuando las opiniones agregadas de todos los representantes fueron comparadas con las opiniones de todos los votantes. Había una diferencia significativa entre las opiniones agregadas de los representantes comparadas con las opiniones de la muestra total de votantes en cinco de las ocho preguntas. Cuando los representantes demócratas se comparan con los votantes demócratas, y los representantes republicanos con los republicanos, el grado de diferencia desaparece, pero la diferencia entre el agregado y el distrito para el Congreso y los niveles del análisis persisten. Así, los «miembros individuales del Congreso hacen un trabajo mejor representando que a sus circunscriptores que la Cámara de Representantes, en su conjunto, representando a la nación» (Herrera *et al.*, 1992: 191). Aparentemente, algo estaba actuando sobre la organización institucional del Congreso para distorsionar la eficacia de la Cámara de Representantes (Herrera, Herrera y Smith, 1992). Este descubrimiento puede explicar el hecho de que los sondeos han medido constantemente la más alta satisfacción del votante con uno de sus propios representantes, más que con el Congreso como un todo. Por ejemplo, en un Sondeo Gallup de 1994, el 51 % dijo que la mayor parte de los miembros del Congreso y la mayor parte de los líderes del Congreso eran corruptos, comparados con el 29 % que tenía esa misma sensación con sus propios representantes (*The Gallup Poll Monthly*, junio 1994).

Las elecciones al Congreso de 1994, que acabaron con décadas de dominación demócrata de ambas cámaras, fueron aclamadas por muchos como una expresión de la opinión colectiva generada por la profunda insatisfacción con las políticas y con las prácticas demócratas. Los datos de los sondeos sugieren que aparte de los asuntos específicos involucrados —especialmente los impuestos y la confianza en los programas de gobierno para tratar los problemas de la nación—, también estaba implicada la insatisfacción pública con la forma en que el sistema político estaba actuando.

Los años 1976-1990 estuvieron marcados por una desconfianza pública generalizada sobre la honestidad y la ética de los cargos electos del gobierno. En una serie de siete sondeos Gallup realizados durante este período, sólo las pequeñas minorías nacionales calificaron la honestidad y los estándares éticos de los senadores, congresistas y funcionaros estatales como «muy alta» o «alta». El porcentaje que lo hizo así para los senadores iba de un 16 % a un 24 %. Para los congresistas, de un 14 % a un 20 %, y para los funcionarios estatales, de un 11 % a un 17 % (*The Gallup Poll Monthly,* febrero de 1990). Esta persistencia y esta capacidad de penetración en la baja estima sugiere que puede haber un serio problema en la vinculación entre el público y el gobierno.

Con una evolución paralela, durante el período de 1976 a 1995, acompasando seis años de administración demócrata y 12 años de administración republicana, la proporción que sentía que se podía esperar del gobierno de Washington que hiciera lo correcto «siempre» o «la mayor parte de las veces» iba desde un 18 % a un 51 %. Sólo tres de aquellos años, la proporción que confiaba en el registro del gobierno estaba sobre la mitad, mientras que ocho años después cayó por debajo de 3 sobre 10 (*New York Times*/CBS News Poll, 8 de septiembre de 1995). Las respuestas a otra pregunta sobre las satisfacción con «la forma en que las cosas van en los Estados Unidos en ese momento» preguntado por el Sondeo Gallup durante el período de febrero de 1979 a marzo de 1995, siguió un modelo similar, aunque en este caso se registraron niveles más altos de satisfacción pública (*The Gallup Poll Monthly,* n.º 355: 25; véase también Lipset y Schneider, 1987).

En buena parte, estos resultados de sondeos reflejan los cambios en la fuerza partidista durante el período en cuestión. En el *New York Times*/CBS News Poll, la proporción que expresaba confianza en el gobierno nunca cayó por debajo del 40 % durante las dos legislaturas de mandato de Ronald Reagan, mientras que sólo en uno de los seis años de control demócrata de la Casa Blanca no alcanzó el 40 %. Por otra parte, la confianza en el gobierno cayó por debajo del 30 % durante dos años de la Administración Bush. Asimismo, en la línea de tendencia de Gallup, los más altos niveles de satisfacción se produjeron durante las Administraciones de Reagan y de Bush, mientras que la satisfacción se redujo en los últimos años de la administración de Carter y los primeros años de la Administración de Clinton. También los demócratas controlaron el Congreso durante todo el período, lo que podía ayudar a explicar por qué sólo una vez la mayoría expresaba confianza en el gobierno; y entonces sólo por los márgenes más estrechos.

Sin embargo, un examen posterior de las líneas de tendencias sugiere que había implicadas más expresiones de insatisfacción pública que de simpatía partidista. La preocupación sobre el estado de la economía y de los asuntos internacionales está claramente implicada. Así, la altas puntuaciones tanto en las tendencias del *New York Times*/CBS como en las de Gallup fueron alcanzadas durante el período de recuperación económica (1986) y en la estela de la victoria de la Guerra del Golfo (1991). También deberíamos observar que hubo menos variación en las respuestas a las preguntas del *New York Times*/CBS News que en las que preguntaban sobre la confianza en el gobierno, mientras que la pregunta de Gallup se refería más a las condiciones situacionales específicas. Este último punto, en combinación con la tendencia hacia bajos niveles de satisfacción en ambas líneas de tendencias sugiere que la satisfacción también se estaba reduciendo aún debido a otro factor persistente.

La valoración pública inicial del nuevo Congreso controlado por los republicanos indica que allí existía, independientemente del partido en el poder, una continua y profunda sospecha sobre el Congreso y sobre la forma en que el Gobierno estaba funcionando. En un sondeo realizado por el *New York Times*/CBS News Poll, en julio de 1995, seis meses después de la constitución del nuevo Congreso, sólo el 26 % dijo que los republicanos en el Congreso habían estado haciendo un buen trabajo al tratar el que ellos consideraban que era el problema más importante del país, y el 54 % dijo que estaban haciendo un trabajo insuficiente. Esto coincide casi exactamente con el 26 % que dijo que el presidente Clinton estaba haciendo un buen trabajo tratando ese problema, y el 56 %, un trabajo insuficiente. Es más, cuando se les preguntó sobre si Ross Perot (cuya candidatura para presidente como un independiente en 1992 había sido sorprendentemente fuerte) podría hacer un trabajo mejor que cualquiera de los republicanos o Clinton, el 20 % respondió «Sí» y el 58 % «No».

Como respuesta a otras dos preguntas en el mismo sondeo, el 56 % desaprobaba la forma en la que el Congreso estaba ejecutando su trabajo, y el 47 % estaba «especialmente desilusionado con las cosas que los republicanos habían hecho en el Congreso». Incluso un 48 % dijo también que tenía la impresión de que «en total», las cosas que «los republicanos han hecho desde que tomaron el control del Congreso han sido para el bien del país» (*New York Times*/CBS News Poll, 8 de septiembre de 1995: 4-9). Y una encuesta Gallup descubrió que el 64 % tenía la sensación de que lo que los republicanos estaban haciendo en el Congreso era meramente política, como siempre, y el 60 % pensaba que no habían cumplido la mayor parte de lo que se habían propuesto hacer durante los tres primeros meses de controlar el Congreso (*The Gallup Poll Monthly,* n.° 355, abril de 1995). Para situar esto en su contexto, a principios de 1995, por un margen del 44 % al 11 %, el peso de la opinión era que el nuevo Congreso haría más que el viejo (*The Gallup Opinion Monthly,* n.° 352, enero de 1955).

A mediados de 1990 también dominaba el pensamiento público una creencia de que la corrupción política era endémica en el Congreso. En un sondeo Gallup realizado medio año antes de las elecciones al Congreso de 1994, el 49 % dijo que el Congreso era más corrupto que lo había sido durante los 20 años anteriores, comparado con el 7 % que decía que era menos corrupto (*The Gallup Poll Monthly,* n.° 345, junio de 1994). Después de la victoria republicana aquel otoño, las expectativas de mejora eran sólo moderadamente optimistas. Una mayoría del 56 % no esperaba ninguna mejora, aunque por una ratio de 28 % a 12 %, el peso de la opinión era que el nuevo Congreso sería menos corrupto que el viejo (*The Gallup Opinion Monthly,* n.° 352, enero de 1995). Más generalmente, en el verano de 1995, el *New York Times*/CBS News mencionaba que el 59 % no podía nombrar un cargo público electo actual a quien admirase.

Quizá más importante aún, incluso aunque el porcentaje de quienes tenían la impresión de que tener elecciones hace que el gobierno preste atención a lo que la gente piensa se elevó hasta un 41 % desde el 35 % que lo creían así en 1992, lo que todavía estaba por debajo del 65 % que respondía una encuesta de la Universidad de Michigan en 1964. De forma similar, una mayoría del 58 % tenía la sensación de que la gente como ellos mismos piensa que «no tienen mucho que decir sobre lo que el gobierno hace». Es por tanto significativo que los sondeos realizados después del fracaso demócrata de 1994 mostraran que las elecciones al Congreso ofrecían evidencia de que la crisis de confianza pública no había sido resuelta y que más que la victoria republicana se habría necesitado restablecer la confianza mayoritaria. En un sondeo realizado inmediatamente después de la victoria republicana de 1994, una pluralidad del 48 % dijo que esperaba que el nuevo Congreso diera mayor respuesta a lo que el público deseaba, pero el 36 % dijo que no habría diferencia (*The Gallup Poll Monthly,* n.º 352, enero de 1995).

Un sondeo del *New York Times*/CBS News realizado en la primavera de 1996 refuerza la conclusión de que había implicadas más simpatías partidistas. En ese sondeo, el 45 % tenía la impresión de que «tener dos partidos da a los votantes bastantes opciones», mientas que el 48 % decía que «tener sólo dos partidos no puede ofrecer a los votantes opciones suficientes». En respuesta a otra pregunta, una mayoría de un 53 % tenía la impresión de que el país necesita un tercer partido político. No obstante, las mayorías dijeron que tener un tercer partido no se diferenciaría mucho a la hora de permitir «a la gente como tú decir algo más en el gobierno» (57 %) o «producir mejores candidatos» (53 %). Lo que se esperaba que acometiera un tercer partido era que «tratara temas que los partidos actuales no hacen» (*New York Times*/CBS News Poll, 31 de marzo a 2 de abril 1996). Aparentemente, la pérdida de confianza no era tanto en la mecánica del voto, sino en la respuesta del que resultaba electo.

Hay claras razones de preocupación en que, a lo largo del tiempo, los fallos repetidos en mantener la confianza de la opinión colectiva, en las sucesivas administraciones, pueden debilitar la legitimidad continuada del gobierno democrático, entre la ciudadanía en general. Por otra parte, el compromiso del gobierno demócrata parece tener una elasticidad que no debería ser infravalorada. En abril de 1995, a pesar de la insatisfacción generalizada hacia ambos partidos: el demócrata y el republicano y sus líderes, por un margen del 64 % al 27 %, una mayoría abrumadora de los adultos de los Estados Unidos estaba muy, o algo, satisfecha con la forma en que la democracia funciona en este país» (*The Gallup Poll Monthly,* n.º 357, junio de 1995).

La insatisfacción con el funcionamiento de la conexión entre la opinión colectiva y las instituciones políticas puede conducir a una reestructuración de los sistemas de partidos más que a un rechazo de la democracia en sí misma. Lo que la reestructuración podría acarrear y cómo afectaría a lo largo del tiempo la legitimidad del gobierno democrático es otro asunto sobre el que no tenemos datos. Lo que podemos declarar con confianza es que la legitimidad continuada en el proceso de opinión pública en una democracia descansa tanto en lo bien que la opinión colectiva esté unida a las instituciones de gobierno como en la creencia ideológica en la democracia.

El mantenimiento de los vínculos democráticos entre la opinión colectiva y el gobierno

No puede haber muchas dudas en el hecho de que para que los vínculos institucionales funcionen adecuadamente en una democracia, la calidad de la opinión colectiva debe reunir los criterios mínimos de conocimiento y de compromiso. Sin embargo, como hemos visto, hay buenas razones para llegar a la conclusión de que cualesquiera que sean las limitaciones que puedan existir a este respecto en el plano individual, pueden superarse, en un grado sorprendente, en el plano colectivo. Es más, aunque la oposición elitista-populista es improbable que se resuelva completamente a un nivel ideológico, eso, en sí mismo, no impone necesariamente un amenaza para el gobierno democrático.

Es más preocupante la cuestión de la organización institucional. Dado que la aparición de la democracia no es producto de un proceso de evolución en un solo sentido, la legitimidad continuada de los gobiernos basados en la unión de la opinión colectiva con el gobierno no es, y no debería ser, asumida como inevitable. Siempre existe la posibilidad de que la fe en el proceso de opinión pública como la base para el gobierno pueda en algún momento debilitarse hasta el punto de que alguna otra forma de gobierno sería preferida por muchos. Tampoco deberíamos olvidar que la fe contemporánea en la legitimidad de la opinión colectiva como una base para el gobierno contrasta con el viejo temor de que la democracia anima a la demagogia y, finalmente, degenera en tiranía.

La Constitución de los Estados Unidos estableció un marco político que creaba los canales por los que la opinión colectiva podía ser expresada sin liberar un potencial desestabilizador en el proceso de la opinión pública. Las recientes expresiones de pérdida de confianza en la sensibilidad del gobierno, en los sistemas de voto y en los líderes políticos han conducido a algunos a sugerir que el marco general puede estar necesitando una reforma. Las propuestas para las reformas han estado basadas, en buena medida, en diferentes diagnósticos de lo que falla.

Muchos populistas se quejan de que el compromiso directo del público con el gobierno necesita ser reforzado a través de procedimientos tales como la confianza aumentada en las primarias, mociones y referendos directos. En el polo opuesto están los que piensan que es necesario reforzar los partidos políticos y otros controles institucionales que limiten la influencia de un público incompetente e indisciplinado. Ambos diagnósticos comparten la preocupación de que los Estados Unidos están experimentando un fallo en la forma en que la opinion publica se une y se integra con el proceso político. Hasta un punto considerable, estos diagnósticos en conflicto pueden interpretarse como manifestaciones de las diferencias ideológicas continuadas entre los elitistas y los populistas. Hacerlo así es dirigir los intentos de la reforma a la cuestión del grado de competencia y de compromiso individual que los miembros del público tienen, ignorando la cuestión de lo adecuadamente que están funcionando los vínculos institucionales entre la opinión colectiva y el gobierno.

Un aspecto importante de esta última cuestión es la comunicación entre el electorado y las autoridades del gobierno. Como hemos visto, a mediados de 1990, gran parte del público percibía que el gobierno no estaba respondiendo a sus necesidades de una forma responsable. Aparentemente, las elecciones no están funcionando adecuadamente como un canal para hacer conocida la opinión pública a los funcionarios del gobierno y a las agencias de forma que esto tiene que ser atendido. Una razón probable para esto es que los resultados de las elecciones, habitualmente hacen un trabajo mejor al reflejar lo que el público no desea que se haga. Como resultado, raramente se definen mandatos públicos. Las dificultades para mantener la comunicación *entre* las elecciones exacerba la situación. Incluso cuando hay victorias decisivas, hay miríadas de asuntos específicos que continúan, por no mencionar los nuevos, en los que los resultados de las elecciones no arrojan mucha luz con respecto a los juicios colectivos.

Si la insatisfacción con la actuación del gobierno continúa y la valoración de la gestión se reduce, tienen que ser reforzados los vínculos existentes entre la opinión colectiva y el gobierno. Aunque la forma de lograr eso es un tema que está lejos del alcance de este trabajo, el modelo del proceso de opinión pública es relevante para el problema: la legitimidad de la opinión pública en las democracias ha creado un ambiente psicológico que anima a la gente a tener opiniones y a sentirse libres de expresarlas. Incluso para los que no están ni informados, ni comprometidos, la libertad de expresión es un valor que genera expectativas de que el gobierno preste más atención a su deseos, una expectativa que debe tener la esperanza de ser restablecida. De forma confluyente, en una sociedad compleja y heterogénea, la opinión colectiva no estará normalmente dominada por un único punto de vista sino por la competencia y el conflicto de opiniones. El problema, por tanto, no es desarrollar soluciones que sólo den respuesta a la opinión mayoritaria, sino desarrollar un *modus vivendi* entre las facciones, habitualmente enfrentadas.

CAPÍTULO 7

LOS SONDEOS Y EL PROCESO DE OPINIÓN PÚBLICA

De acuerdo con los primeros profesionales que los pusieron en práctica, los sondeos de opinión fueron desarrollados en la década de 1930 como una contribución al gobierno democrático. Su objetivo autoproclamado era hacer que el gobierno fuera más sensible a toda la gente y no sólo a los grupos de intereses poderosos, para darle la vuelta al control de las elites, atrincheradas era la formación y la expresión de la opinión colectiva a través de la nueva tecnología de la comunicación, para dar expresión permanente a los deseos del pueblo y no sólo en tiempo de elecciones, para hacer que el público conozca su propio pensamiento y aumente así su fuerza política, y para oponerse a la amenaza a la democracia planteada por los dictadores fascistas y comunistas (Bruner, 1944; Crespi, 1989; Gallup y Rae, 1940). El alto nivel de insatisfacción con el gobierno, discutido en el capítulo 6, indica que la proliferación de sondeos de opinión no ha conducido a la consecución de este objetivo. Por el contrario, los sondeos han sido, repetida y duramente, criticados como una amenaza metodológicamente insana a la democracia (Ginsberg, 1986; Rogers, 1949).

Después de que la técnica del sondeo fuera desarrollada en las democracias occidentales se introdujo tanto en los Estados autoritarios como en los totalitarios. Parece extraño, dada la limitada legitimidad de la opinión pública en estos últimos. Una revisión del rol actual de los sondeos, tanto en estados democráticos como no democráticos —por qué se realizan, por quién, y bajo qué condiciones, y cómo los usan—, explicaría esta aparente anomalía.

Sondeos de opinión en los estados no democráticos

Las autoridades políticas en los estados no democráticos no planean o esperan que la investigación de la opinión sea usada para forzarles a ser sensibles ante sus problemas. Su utilización de los sondeos no es una señal de que hayan aceptado la legitimidad política de la opinión pública. Como mucho, tanto en los estados autoritarios como en los totalitarios, los sondeos podrían ser utilizados con objetivos administrativos, análogos al uso de la investigación de marketing para mejorar la planificación de una empresa comercial. También se da el caso de que la investigación de la opinión representa diferentes roles en los estados autoritarios y totalitarios, y de alguna forma, eso corresponde a las diferencias entre los dos con respecto a la legitimidad de la opinión pública.

La España de Franco

España, bajo la dictadura militar de Francisco Franco es un ejemplo destacado de un régimen autoritario en el que las encuestas, en general, y los sondeos de opinión en particular, fueron realizados en condiciones de inesperada libertad. Sería un error muy serio infravalorar la naturaleza represiva y dictatorial del régimen de Franco. Pero sería igualmente equivocado asumir que, dado que la opinión colectiva no tenía un rol legítimo en el gobierno, todas las expresiones del pensamiento público eran inevitablemente extirpadas. La investigación de la opinión fue considerablemente tolerada, hasta cierto punto, como una actividad intelectual que podría incluso tener un uso práctico para los administradores, pero sólo si no se convertía en una parte de la vida política de la nación. Los científicos sociales tenían una libertad aceptable para realizar encuestas, pero no tenían ninguna oportunidad de difundir la información a través del debate y la discusión del público general. Por otra parte, si la información que producía tenía valor administrativo, eso ampliaba su habilidad para estudiar la opinión, pero, como resulta evidente en la siguiente descripción, realizar sondeos y otras encuestas no tenía un efecto democratizador.

La siguiente descripción sumaria de la investigación de encuestas en España bajo Franco está basada, sobre todo, en la información que ha sido ofrecida por Juan Linz, un experto sociólogo americano que estuvo involucrado en muchos de los estudios importantes realizados durante las últimas décadas de la dictadura de Franco (Linz, comunicación personal, 1995).

Desde principios de la década de 1960 hasta la muerte de Franco, en 1975, y el subsiguiente establecimiento de un gobierno democrático, se realizaron numerosas encuestas por grupos académicos y empresas de investigación comercial privada. Aunque los investigadores siempre eran sensibles a la realidad de operar bajo una dictadura represiva, tenían una libertad considerable en el diseño y en la implementación de sus estudios. También podían mantener frecuentes e incluso continuos contactos con los científicos sociales, agencias internacionales y empresarios privados de otros países.

Se realizaron una gran variedad de encuentas para patrocinadores gubernamentales y no gubernamentales, que incluían organizaciones gubernamenales como la Organización Oficial de la Juventud, la Escuela de Organización Industrial (una escuela de Management del Ministerio de Industria), y la Oficina Nacional de Planificación; empresarios privados españoles, la Fundación para el Fomento de Estudios Sociales y de Sociología Aplicada (FOESSA; cuyas fuentes de financiación incluían el Ministerio de Educación y Ciencia), y fuentes internacionales (p. ej., Organización Económica para la Cooperación y el Desarrollo [OECD], y la Fundación Volkswagen). Gran parte de esta investigación fue realizada bajo la dirección de sociólogos y académicos destacados como Amando de Miguel y Linz.

Se fundaron algunas empresas comerciales de encuestas en los primeros años de la década de 1960, que incluían Data (una empresa de Linz afiliada a los Asociados de Investigación Internacional cuyas oficinas centrales estaban en la ciudad de Nueva York) e ICSA (afiliados de Gallup Internacional). En consecuencia, los cargos más importantes de estas dos firmas estaban en contacto regular con los investigadores de encuestas en Europa occidental, Norteamérica y cualquier otro lugar. Como negocios privados con ánimo de lucro, fueron regulados por el gobierno, pero sólo por la ley corporativa. En ocasiones, los entrevistadores de los estudios tanto académicos como comerciales estaban por entonces sometidos al hostigamiento de la policía local, pero cuando eso ocurría los investigadores podían dirigirse a las autoridades más altas para que les resolvieran el problema.

Estas firmas realizaban encuestas estándar de investigación de mercado, pero también realizaban encuestas patrocinadas por el gobierno, que eran habitualmente encargadas con fines prácticos y administrativos. Entre los temas tratados estaban: elites locales en comunidades rurales; sistemas de poder comunitario; estructura social española; consumo y ahorro, juventud, sociología industrial; y sistemas de valores sociales. Estas compañías también ofrecían servicios de trabajo de campo y de tabulación a los investigadores académicos y, a veces, apoyaban la investigación académica. Las encuestas de marketing y administrativas eran ocasionalmente ampliadas por los investigadores a investigaciones sociológicas más amplias (por ejemplo, políticas de intereses de grupos, actividades de presión grupal, y el Mercado Común). Esto abrió la posibilidad de formular preguntas políticas, incluso algunas relacionadas con la Guerra Civil española que había llevado a Franco al poder.

Al diseñar estos estudios, los investigadores podían trabajar siguiendo sus conocimientos de la literatura teórica y metodológica de los Estados Unidos y de Europa occidental. Habitualmente, eran libres de diseñar los cuestionarios y los planes de análisis, y de escribir sus informes, con patrocinadores que tenían poco o nada que decir sobre estos asuntos. Por otra parte, no se hacían muchas preguntas sobre el, entonces, asunto público. La circunspección y la censura autoimpuesta permitía a los investigadores tratar los temas sensibles. En una ocasión, Linz expuso algunos de los hallazgos potencialmente más turbadores, políticamente hablando, en un libro publicado por el Instituto de Estudios Políticos, una institución gubernamental no sujeta a censura.

A pesar de las limitadas restricciones a las que las escuestas eran sometidas, los resultados no conseguían una amplia distribución, especialmente no llegaban al público general. La mayor parte de las encuestas realizadas bajo contrato y que solamente trataban de conseguir información para el cliente, ni siquiera eran distribuidas dentro de los círculos del gobierno (algunas ni a Franco). La ausencia de interés, la inercia y el cambio de personal ocasionaba que, muchas encuestas que eran financiadas por el gobierno, no fueran nunca completamente analizadas o imprimidas ni siquiera para su distribución limitada. También, aunque muchas encuestas investigaban la opinión pública y los temas políticos, ninguna era patrocinada por los medios de comunicación para su publicación. Por otra parte, había pocas restricciones a su publicación para las audiencias académicas. La censura no era habitualmente un problema serio; al menos, ése es el caso de un capítulo que había sido retirado de una encuesta FOESSA patrocinada. Sin embargo, tuvo considerable circulación dentro de la comunidad académica.

En la década de 1960, el ministro de Información y Turismo fundó el Instituto Español de la Opinión Pública oficial (IEOP), cuyos directores fueron, en su mayor parte, académicos que trabajaron con una independencia considerable, a pesar incluso de que el gobierno usaba los datos que ellos emitían. IEOP inició una publicación —*Revista de Estudios de Opinión Pública*— que prácticamente se convirtió en un periódico líder social y científico. Entre otras cosas, esta revista publicó los datos básicos de muchas encuestas.

La Unión Soviética

La postura de los investigadores de encuestas y de opinión en la Unión Soviética era profundamente diferente. La disciplina, en sí misma, estaba ideológicamente bajo sospecha. No sólo estaban los investigadores siempre sujetos al estrecho control político, sino que se les prohibió, durante dilatados períodos de tiempo, hacer ningún tipo de investigación empírica. La escasa investigación de encuestas que se realizaba era, primariamente, para uso administrativo, bajo estrecha seguridad. Incluso así, los resultados eran habitualmente suprimidos, tanto por razones políticas o debido a la inseguridad burocrática. Conseguir que la investigación se publicara, aunque sólo fueron para audiencias académicas, siempre era difícil. Los controles del Partido intentaban dar la impresión de que la política y la práctica oficial coincidían y expresaban el pensamiento popular. Pero en tanto en cuanto la Unión Soviética continuaba siendo un estado totalitario, el rol aceptado era que la pequeña investigación sobre la opinión se realizaba para mantener y prolongar la ficción de que el gobierno estaba respondiendo a la opinión colectiva, incluso mientras su libertad de expresión estaba reprimida.

La teoría marxista-leninista rechazaba la investigación de la opinión púbica porque se consideraba como parte de la sociología, que a su vez era rechazada como una seudociencia burguesa. La opinión ortodoxa consistía en que el materialismo dialéctico considera la sociología innecesaria; también la sociología es teóricamente insana porque asume que el conflicto social (la lucha de clases en particular) es característica de todas las sociedades, lo que incluye las comunistas. Como resultado, la sociología se enseñaba como una disciplina separada hasta mediados de 1980 (Doktorov, comunicación personal, 1995; Smith, 1990).

Además, los burócratas tanto del partido como los administrativos temían que los resultados de las encuestas, que contradecían la política oficial o revelaban la gestión personal inadecuada, serían enviados a sus superiores y utilizados contra ellos. En determinadas condiciones, las encuestas que producían resultados críticos sobre la preocupación de individuos específicos y sus departamentos eran permitidas por su valor para la administración central y no como un *input* para la discusión pública. En 1979, en un momento en que las barreras contra la investigación de encuestas se estaban relajando, Eduard Shevardnatze, quien más tarde llegaría a ser uno de los colaboradores más próximos de Mikhail Gorbachev, organizó un centro de investigación de la opinión pública bajo los auspicios del Comité Central del Partido Georgiano. Los sondeos que realizó fueron utilizados para mostrar la calidad de los servicios del Estado; las autoridades políticas cuyos departamentos obtenían informes negativos eran despedidos (Doktorov, comunicación personal, 1995; Smith, 1990).

El Partido trataba de controlar todas las fases del proceso de investigación. Había sólo dos tipos de patrocinadores, el aparato político mismo, es decir, organizaciones centrales, regionales y locales del Partido; y el aparato económico, tales como ministros, mandos territoriales, directores de fábricas y así sucesivamente, todo ello sujeto a la supervisión y el control del Partido. El propio Partido no ofrecía apoyo financiero para los estudios que pedía que se realizaran. En cambio, sí utilizaba su poder para ordenar a los investigadores que trabajaran en proyectos como parte de sus obligaciones en sus trabajos regulares. Los investigadores trabajaban, o bien para instituciones académicas cuyas plantillas estaban sometidas a la revisión de la KGB (policía secreta), o para otras organizaciones industriales cuyas actividades estaban sujetas a la administración central (Doktorov, comunicación personal, 1995).

La oposición mantenida hacia el estudio sociológico se relajó en el período posterior a Stalin, especialmente bajo Khrushchev. Esto permitió a unos pocos equipos en Moscú y en Leningrado, que se las habían arreglado para conseguir la tolerancia política, realizar estudios empíricos utilizando el método de investigación de encuestas. Un líder pionero en estas actividades fue Boris Grushin, que realizó algunas encuestas para el periódico *Komsomolskaya Pravda*, en los últimos años de la década de 1950 y los primeros de 1960. Sin embargo, después de la publicación inicial de resultados que revelaron la oposición pública a algunos aspectos de la política oficial gubernamental, el departamento que patrocinaba estas encuestas fue cerrado y el trabajo interrumpido. Otro pionero en la realización de los sondeos de opinión para los periódicos fue Vladimir Shlapentokh, más tarde emigrado a los Estados Unidos (Shlapentokh, comunicación personal, 1996; Zaslavskaya, comunicación personal, 1995).

Grushin se trasladó al Instituto de Investigaciones Sociológicas Especiales (ISSI), donde dirigió el proyecto «Siete Días», una investigación que produjo una compleja descripción de la vida social de la ciudad de Tagonrog. Este proyecto fue apoyado por la propaganda del departamento del Comité Central del Partido Comunista de la Unión Soviética, donde estaban representados algunos progresistas y conservadores. Se «dedicaba al estudio de la opinión pública» junto con temas socioeconómicos, legales y demográficos. Descubrió que los trabajadores tenían un nivel de compromiso en la actividad ideológica, que era mucho más bajo que el de la *intelligentsia* (Schlapentokh, 1986). Estos resultados, que «fueron contadictorios para muchos mitos ideológicos soviéticos» (Schlapentokh, 1986: 109), fueron discutidos en una pequeña reunión convocada en la Academia de Ciencias Sociológicas bajo el Comité Central del Partido Comunista. Sólo fueron invitadas 30 personas a asistir a esta reunión y la mayor parte del informe nunca se publicó, y sólo una pequeña parte vio la luz muchos años después (Zaslavskaya, comunicación personal, 1995).

De 1972 a 1988, como parte de un cambio negativo general contra la sociología, Grushin fue obligado a trasladarse al Instituto de Filosofía de la Academia de Ciencias, donde redujo su trabajo a problemas teóricos de la opinión pública (Zaslavskaya, 1995). Resulta indicativo del cambio en el estatus de Grushin y de la investigación de la opinión en general, que alrededor de 1970 fuera enviado oficialmente por sus superiores a pasar tres meses en París, en el Instituto Francés de la Opinión Pública (Institut Français de l'Opinion Publique, IFOP, el afiliado francés de Gallup) para estudiar metodología de la investigación, con la expectativa de que desarrollaría un centro de investigación similar en la Unión Soviética. Sin embargo, no hubo continuidad, y el francés, que comprendió que estaba teniendo dificultades personales, no pudo contactar con él (Riffault, comunicación personal, 1995).

El sistema de control trataba de utilizar la escasa investigación de opinión que se realizaba como un esfuerzo por mantener la legitimidad del Partido Comunista, como la voz del pueblo. Pero, a lo largo del tiempo, se iban acumulando evidencias de que algo estaba básicamente equivocado. Los investigadores como Grushin,

Zaslauskaya, y Levada, que utilizaban esta evidencia para pedir una reforma básica, desempeñaron papeles importantes en las reformas de Gorbachev a finales de 1980. Surgió una notable contribución del trabajo realizado por algunos sociólogos y economistas en localizaciones provinciales, especialmente en la Ciudad Académica en las afueras de Novosibirsk, a unas 2.000 millas de Moscú. Supieron aprovechar la ventaja de la lejanía geográfica para integrar alguna investigación de opinión en los estudios económicos que eran de uso administrativo, sin el conocimiento o la interferencia de los funcionarios del Partido.

Un estudio conocido como *El Informe de Novosibirsk (The Novosibirsk Report)* que se publicó en 1983 investigaba las «opiniones de las personas no urbanas sobre sus problemas, estructuras, valores, motivaciones, etc.» (Doktorov, comunicación personal, 1995) dentro del contexto de una investigación sobre los problemas socioeconómicos de los pueblos pequeños. Dos de los temas investigados eran por las razones por las que los jóvenes dejaban las áreas rurales y los trabajadores estaban tan poco motivados. Estudios como éste condujeron a economistas y a sociólogos como Abel Abalbegyan, Tatiana Zaslavskaya y Yuri Levada a retar las estadísticas económicas oficiales y a llegar a la conclusión de que se necesitaba una reforma profunda para solucionar los serios problemas que estaban siendo ignorados por la burocracia soviética (Doktorov, comunicación personal, 1995; Smith, 1990; Zaslavskaya, 1995). *The Novosibirsk Report* se presentó en abril de 1983 a una audiencia invitada de unos 150 investigadores (scholars) en la Ciudad Académica. Se imprimió una edición limitada y numerada del informe pero nunca se difundió públicamente. Cuando el *Washington Post* publicó una historia basada en el informe, los altos funcionarios negaron que hubiera unas conversaciones serias de reforma y que la KGB utilizara las copias numeradas para rastrear la filtración (Smith, 1990).

La numeración de los informes y el compromiso de la KGB en este incidente era propio del rígido control ejercido por el Partido Comunista sobre la distribución de los resultados de la encuesta. Antes de Gorbachev, los informes de la investigación de la opinión eran confidenciales, mecanografiados en cantidad limitada, y distribuidos directamente a clientes tales como los cuerpos oficiales del gobierno o los directores de organizaciones. La publicación en los periódicos estaba limitada a los descubrimientos favorables y a las críticas «suaves». Las contribuciones a la literatura científica estaban limitadas a la metodología, ilustraciones de conceptos teóricos y, si un patrocinador estaba de acuerdo con un estudio, se utilizaría en disertaciones restringidas. Era peligroso difundir los informes de la investigación de forma que pudieran entrar en la literatura sociológica general, tanto dentro como fuera de la Unión Soviética (Doktorov, comunicación personal, 1995).

Durante la década de 1960, un período de liberalización relativa, se realizaron algunas encuestas entre los lectores de *Trud, Pravda, Izvestia* y *Literaturnaia Gazeta* que investigaban el compromiso con las creencias y los valores oficialmente tolerados. Los resultados de estas encuestas contradecían la política oficial; así que fueron rápidamente suprimidos y las encuestas no continuaron (Shlapentokh, 1986).

A pesar del hecho de que algunos sociólogos, altamente profesionales y desde posiciones protegidas, podían realizar investigación con algún grado de libertad, aun así, tenían que protegerse ellos mismos contra la disciplina del Partido. Cualquier implicación negativa de su investigación tenía que ser restringida a aspectos discretos de organizaciones específicas y no podía relacionarse con las bases del sistema soviético y sus valores. La autocensura era un suplemento del control directo para evitar la intervención oficial. Una táctica habitual era formular las preguntas de forma que sólo se pudieran obtener resultados positivos. Por ejemplo, en un estudio de 1971 sobre las reacciones a los recientes cambios sociales, una pregunta cuestionaba las medidas que, en la nueva constitución, tendrían una influencia positiva en varios aspectos de la vida. Las categorías de respuesta eran «sin duda», «probablemente», y «difícil de contestar» (Doktorov, comunicación personal, 1995). Con preguntas como éstas, los investigadores podían esperar que los resultados de su investigación no fueran atacados como anti-soviéticos.

La Europa comunista del Este

La investigación de la opinión se llevaba a cabo en muchos Estados comunistas de la Europa del Este, lo que incluía Alemania del Este, Polonia, Checoslovaquia, Hungría y Yugoslavia. Las circunstancias bajo las que se desarrollaba la investigación de la opinión, al principio, en aquellos países difería significativamente, en su forma, de las de la Unión Soviética. Muchos de los profesionales pioneros tenían contacto intelectual y personal con los sociólogos de Occidente y con los investigadores de encuestas. Para ellos no resultaba extraño haber estudiado en los Estados Unidos o en la Europa occidental, asistir a congresos profesionales internacionales y colaborar con las publicaciones del oeste. Algunos podían mantener contactos limitados bajo el gobierno comunista, al menos, eventualmente. Sin embargo, el rol de la investigación de la opinión en estos países difería poco, si es que lo hacía, de su papel en la Unión Soviética. Algunos puntos ilustran la dificultad de las condiciones, rígidamente controladas, bajo las que se realizaba la investigación de opinión en países de la Europa del Este gobernados por comunistas.

En 1947, el IFOP convocó un congreso internacional en París, al que asistieron unos 25 representantes de los institutos europeos de investigación, entre los que estaban el Dr. Cenek Adamec de Checoslovaquia, así como los representantes de Polonia y de Hungría (Riffault, comunicación personal, 1995). La descripción de Adamec de su *background* y de su experiencia en la investigación de la opinión da medida del nivel que algunos cientificos sociales de la Europa central y del Este tenían, así como de sus intereses. Eran activos desarrollando el campo de investigación de la opinión, así como el estatus cambiante de la investigación de la opinión bajo el gobierno comunista (Adamec, comunicación personal, 1995).

Antes de la II Guerra Mundial, Adamec había estudiado en los Estados Unidos y en Francia (habiéndo conocido a Hadley Cantril, George Gallup, Rensis Likert y Jean Stoetzel, entre otros). También estudió investigación de la opinión en Inglaterra, donde, entre otras cosas, se familiarizó con la metodología del muestreo y la «observación masiva». Después de haber servido con la Brigada Armada Checoslovaca en Inglaterra durante la II Guerra Mundial, al final de la guerra se unió a la plantilla del recientemente creado Instituto Checoslovaco para la Opinión Pública. El Instituto fue fundado en 1945 bajo la dirección de Joseph Kopta, quien se había impresionado por el significado de los sondeos de opinión (tal como había practicado en Gran Bretaña y en los Estados Unidos) como una herramienta para el gobierno democrático (Adamek y Viden, 1947). En 1947, Adamek prestó sus servicios como vicepresidente de la Comisión Europea para la Investigación de la Opinión Pública con sede central en Williamstown, Massachusetts, y llegó a ser un miembro de la sección Opinión Pública y Paz Mundial. También publicó en *Public Opinion Quarterly* y en *International Journal of Public Opinion Research.*

Como en la Unión Soviética, la oposición ideológica a la investigación de la opinión tuvo que ser vencida por sus satélites de la Europa del Este. En la República Democrática de Alemania (RDA, Alemania del Este), la investigación de la opinión estaba justificada como una «herramienta de la política empleada para asegurar el control eficiente de la sociedad por la elite del partido [...] utilizada en la toma de decisiones, en la evaluación de las políticas ya implementadas, o en la manipulación y la movilización de los ciudadanos» (Siger, 1990: 324-325). La definición oficial de investigación de opinión era:

> Una herramienta valiosa para la actividad del liderazgo. Sirve el propósito de traer al *partido, el Estado y la gente* a un contacto más cercano entre unos y otros, y así mejorar sus relaciones. Facilita la toma de decisiones y la preparación de resoluciones y medidas políticas en todos niveles de la sociedad socialista (Sieger, 1990: 325).

La necesidad de vencer la resistencia ideológica de la investigación de la opinión es también evidente en una publicación especial de 1959 de la revista francesa *Sondages, Revue Française de l'Opinion Publique*, que estaba dedicada a los estudios polacos en sociología y en opinión pública. La Introducción de la publicación comienza estableciendo la buena fe ideológica de la sociología, así como la de la investigación de la opinión a pesar de la «opinión predominante» que el marxismo excluye del uso de la sociología, de la investigación sociológica, y de las encuestas de opinión pública. Para validar la sociología y la investigación de la opinión se argumentó que el marxismo es una teoría sociológica profunda y que la investigación de las encuestas tenía un valor práctico para ayudar a los constructores de una sociedad socialista en las postrimerías de la II Guerra Mundial. Este argumento entonces era usado para justificar el establecimiento de un Centro para las Encuestas de Opinión Pública. Aunque «su creación encontraba grandes dificultades [...] comenzaba la investigación con problemas prácticos» (Szczepanski, 1959: 9-11).

La jutificación ideológica no liberaba la investigación de la opinión de un control estricto del partido. En Checoslovaquia, un segundo instituto de investigación de opinión había sido organizado en 1967, durante el período que condujo a la «primavera de Praga» y liberalizó temporalmente el país. Sin embargo, después de la derrota del gobierno liberal de Dubcek, el instituto fue disuelto y sus obligaciones transferidas a la Oficina Nacional de Estadística (SSO). Dado que la SSO no tenía personal entrenado en la investigación de encuestas, seis miembros de la plantilla del segundo instituto fueron transferidos a él, pero fueron despedidos después de un año. Un tercer instituto de investigación, dominado por los comunistas, fue organizado en 1972 y continuó las operaciones hasta que el gobierno comunista fue derrocado en 1989. Este instituto informaba directamente al Comité Central del Partido Comunista más que a la SSO, de la que, formalmente, era una división. La presidencia del instituto era siempre comunista, como lo era gran parte de su personal. La investigación de encuestas en este tercer instituto estaba considerada como una artesanía y no como una profesión (Adamec, comunicación personal, 1995).

En la Alemania de Este, toda la investigación de la opinión estaba bajo el control estricto del Partido Unitario Socialista (SED), con toda la investigación de encuestas llevada a cabo por los institutos de investigación controlados por agencias del gobierno central (Sieger, 1990). La Oficina Central para Estadísticas controlaba la autorización, la financiación, la coordinación y la publicación de estudios realizados por los cuatro institutos de ciencias sociales. Los Consejos Científicos de Investigación de la Ciencia Social en la RDA constaban de científicos y de representantes del partido, coordinados y consultados sobre la investigación realizada por estos institutos. Otros institutos de investigación de encuestas informaban al Ministerio de Comercio y Suministros, la Secretaría de Estado para Trabajo y Salarios, y el Ministerio de Transportes. De esta forma, el SED era capaz de mantener estrecha supervisión sobre toda la investigación de encuestas.

Un estudio sobre la reacción al aumento de las restricciones en los viajes a la Alemania del Este en 1989, justo antes del colapso del gobierno comunista, ilustra cómo el diseño de las encuestas y la interpretación de los resultados de los estudios administrativos fueron configurados por la política y la ideología oficiales. La respuesta a las opciones estaban formuladas para reflejar positivamente los nuevos acuerdos: «un gran acontecimiento, un paso hacia la coexistencia pacífica, la evidencia de sinceridad, y de confianza reforzadora» (Sieger, 1990: 326). Los resultados eran interpretados para indicar que la identificación como ciudadanos de la República Democrática de Alemania era tan fuerte, que había poco peligro de éxodo masivo.

Tanto en Checoslovaquia como en la Alemania del Este, las encuestas se realizaban para servir a las necesidades administrativas y no para mostrar la opinión pública. La policía secreta se ocupaba de esto último. Así, los estudios realizados por el tercer instituto checoslovaco se referían a la investigación de marketing, salud pública, cultura y medición de audiencias de los *mass media*. Sin embargo, incluso los estudios de salud, aparentemente no políticos, tenían ramificaciones, de forma que un consultor del partido era asignado a cada estudio. Cuando se les pedía que participaran en un estudio de nutrición que era patrocinado por el Comité Central del Partido Comunista Checoslovaco, Adamec recomendaba investigar la relación entre la nutrición y la salud pública. La respuesta a esta recomendación era que el único interés de la investigación estaba en la adecuación del suminstro de alimentos. Aparentemente, el Partido estaba enterado del descontento público y estaba interesado en averiguar si las necesidades de alimentación básicas se estaban cumpliendo y nada más (Adamec, comunicación personal, 1995).

La expansión y la contracción de la investigación de la opinión como reacción a la apertura o al estrechamiento de los controles totalitarios que se producían en la Unión Soviética también tuvo lugar en la Europa del Este. La corta duración del segundo instituto de investigación en Checoslovaquia y su sustitución por el tercer instituto resulta bastante ilustrativo. En Polonia, una investigación publicaba en el número especial de *Sondages* de 1959, mencionado arriba (se había realizado después de las revueltas de los trabajadores de 1956) que esto había llevado a una temporal liberalización del control del gobierno. Anteriormente,

> durante el período 1948-1955, la investigación sociológica, y también las encuestas de opinión pública, no encontraban un clima favorable [...] el rol de la prensa, como el de la radio, la televisión o las películas estaba subordinado a esta doctrina: deben combatir los efectos y las influencias de la ideología hostil y ampliar el espíritu de la ideología socialista (Szczepanski, 1959: 9).

El uso administrativo de la investigación de la opinión en la Europa del Este reproducía lo que ya hemos visto que existía en la Unión Soviética, Polonia y Checoslovaquia. Las encuestas eran realizadas sobre temas tales como los hábitos de consumo de medios, familia y mujer, educación y juventud, trabajo y lugar de trabajo, tiempo de ocio, preferencias morales, problemas sociales y política social, política e ideología, etnicidad y países extranjeros, e investigación de mercado.

La utilidad administrativa para los regímenes totalitarios al obtener *feedback* de sus actividades de comunicación extensiva explica por qué la investigación de audiencias era una de las mayores áreas de investigación de encuestas en Checoslovaquia, Alemania del Este y Polonia. También explica la razón por la que los investigadores de Hungría, Polonia y Checoslovaquia visitaron la Corporación Sueca de Difusión: para aprender sobre la metodología de la investigación occidental. Estas visitas tuvieron lugar, al menos durante el período de 1968 a 1972, posiblemente incluso antes, y más tarde también (Webb, correspondencia personal, 1995).

Tanto en la Unión Soviética como en la Europa del Este, los períodos en los que los controles totalitarios se relajaron fueron también marcados por contactos directos en aumento, aunque temporales, entre los investigadores de encuestas en los Estados gobernados por los comunisas y los de Europa occidental y los Estados Unidos. A lo largo de los años, mediante Jean Stoetzel y su vinculación con la UNESCO, the World Association for Public Opinion Research (WAPOR) hizo repetidos intentos de mantener contacto con los investigadores de encuestas en los países comunistas, con un éxito limitado e intermitente. En 1965, la WAPOR, bajo la presidencia de Leo Bogart, de los Estados Unidos, participó en un congreso especial en Dubrovnik, Yugoslavia (Bogart, comunicación personal, 1995). La iniciativa para convenir y organizar el congreso vino de Fedor Rocco, un yugoslavo que presidía una empresa de investigación de mercado en Zagreb. Asistieron al congreso unos 100 investigadores de Estados comunistas, entre los que se encontraban Alemania del Este, Polonia, y el país huésped, Yugoslavia. Estuvo caracterizado por una fuerte presencia del Partido Comunista. Un grupo de representantes occidentales de la WAPOR asistió también. Aunque el tema del congreso era «¿hay una opinión pública mundial?», el punto central fue la investigación de marketing y de audiencias no políticas.

Para comprender cómo se llevó a cabo este congreso es necesario enfatizar algunos puntos. Bajo Tito, Yugoslavia se había desgajado del bloque soviético con el pretexto de incorporar los mecanismos de mercado a la economía del Estado. Como resultado, hubo considerable interés en aquel país por aprender sobre la metodología de la investigación de mercado. También —el congreso tuvo lugar a mediados de la década de 1960— un momento en el que, como hemos visto, los controles totalitarios sobre la investigación de la opinión estaban siendo relajados en muchos países comunistas. Durante este período, un representante del instituto yugoslavo de investigación de marketing visitó algunas empresas de investigación en los Estados Unidos. Fue extremadamente importante el hecho de que el asunto del congreso fuera una cuestión metodológica.

Sólo hubo una comunicación sobre un tema de investigación políticamente relevante, ofrecido por un norteamericano, que fue objeto de un ataque metodológico extremadamente hostil e inmediato (Sharp, comunicación personal, 1995). La comunicación informaba sobre el resultado de un estudio de las reacciones de un grupo de 30 a 35 estudiantes norteamericanos en sus contactos con otros estudiantes, que se encontraron durante un viaje patrocinado por los metodistas de la Unión Soviética y otros países controlados por comunistas en la Europa del Este. Estos estudiantes fueron supervisados antes y después del viaje con relación a sus expectativas y percepciones de los pares que se encontrarían en el viaje. Esta comunicación informaba que estos 30 o 35 estudiantes norteamericanos dijeron que los estudiantes que se encontraban de los países comunistas sólo deseaban hablar sobre cosas como la música rock, la fotografía, y otros temas de interés para la juventud de todo el mundo y no sobre asuntos ideológicos tales como las diferencias entre el gobierno de los Estados Unidos y los países comunistas. Aunque los hallazgos de la comunicación se describían como un estudio de casos de este grupo, todos los cuales fueron supervisados, y no como una muestra representativa de una poblacion más amplia, el presidente de la asociación yugoslava de estadística inmediatamente le increpó porque lo que él había llamado «muestra» era demasiado pequeña. Sólo circunscribiéndose a aspectos de la investigación de encuestas que eran administrativamente útiles fue posible que el congreso se desarrollara con cierta tanquilidad. No se celebraron congresos subsiguientes, a pesar del interés continuo de la WAPOR.

Como en la España de Franco, el rol de los sondeos, en la Unión Soviética y sus satélites en la Europa del Este, estaba claramente circunscrito por el limitado papel del proceso que la opinión pública tenía en cada uno de ellos, y no por las cualidades inherentes a la metodología. Los sondeos fueron tolerados al principio, durante los períodos de liberalización política e incluso entonces sólo si eran útiles administrativamente. Esto nos deja el interrogante de si, en un ambiente abierto al proceso de opinión pública, los sondeos pueden tener un efecto democrático.

Los sondeos de opinión y la democracia

La sospecha, la desconfianza y la oposición de los gobiernos totalitarios hacia la investigación de la opinión están claramente basadas en el miedo a su potencial subversivo, y no a su posible valor como información que puede ser utilizada para objetivos administrativos. También está claro que los sondeos pueden ser subversivos porque son capaces de documentar el descontento público e incluso la oposición a la política y a la práctica oficial. Eso quiere decir temor de que los sondeos pudieran reforzar la expresión de la opinión pública, lo que explica la respuesta totalitarista hacia ellos. No obstante, algunos científicos sociales, políticos, periodistas, filósofos y también los ciudadanos normales han criticado los sondeos como una amenaza para la democracia. Una revisión de sus críticas arroja luz sobre el rol de los sondeos como un canal a través del cual la opinión pública podría influenciar legítimamente al gobierno democrático. Para la mayor parte, las críticas han tenido dos objetivos: la adecuación metodológica de los sondeos, y el efecto que tienen en el proceso político.

Se han dirigido muchas críticas a los estándares metodológicos de los sondeos, especialmente a la adecuación de los métodos de muestreo y a la redacción de las preguntas (Crespi, 1988). El hecho es que hay un lugar considerable para el amejoramiento metodológico en la mayor parte de los sondeos comerciales, no habiendo alcanzado la mayor parte de ellos los estándares de la investigación académica de las encuestas. Teniendo en cuenta el número de organizaciones de sondeos que existen, la diversidad en el entrenamiento profesional, el *background*, y la experiencia de sus plantillas, y los limitados presupuestos de los que habitualmente se dispone, no es sorprendente que lo hagan así. Por otra parte, debe reconocerse que algunos emplean métodos aceptables e intentan mejorar lo que están haciendo. En cualquier caso, aunque muchas de las críticas metodológicas de cómo se realizan las encuestas están justificadas, eso no quiere decir que el método es inherentemente defectuoso. Sin embargo, hay críticos que adoptan esta postura, de forma que incluso hubiera una mejora general de los estándares y las prácticas de los sondeos líderes fueron a la norma, la preocupación de estos críticos no sería superada.

Más allá del tema de la mera competencia técnica, de la responsabilidad y de la honestidad, muchos críticos tienen dudas sobre la capacidad del método de sondeos como para captar toda la complejidad y la dinámica de la opinión pública. Estas dudas son alimentadas y reforzadas por la práctica de muchos sondeos que no hacen más que informar del resumen de los porcentajes («marginales» en la jerga técnica) sobre un número limitado de cuestiones como si fuesen «opinión pública» (Crespi, 1989). Como se ha matizado, de hecho, esta práctica distorsiona la naturaleza de la opinión pública como proceso. Algunos de los sondeos de los periódicos líderes intenta solucionar este problema utilizando marginales para enriquecer las informaciones sobre las noticias analizadas (Kagay, 1995; Morin, 1995). También, los mejores sondeos han trabajado en desarrollar preguntas que prueben el pensamiento público y en aplicar técnicas analíticas sofisticadas que tienen mucho más que tabular que cuántas personas contestaron «sí» o «no» a las preguntas individuales. Se pueden encontrar algunos ejemplos en los capítulos 2 y 3.

Quizá los ejemplos más conocidos de que el sondeo es un proceso orientado viene del análisis de tendencias en la popularidad presidencial y lo que el público considera que son los problemas más importantes de la nación. Este tipo de sondeo, que intenta medir la opinión colectiva en la interacción dinámica con los acontecimientos políticos y socioeconómicos que se suceden, contrasta con el sondeo instantáneo que informa sobre el porcentaje que está de acuerdo o en contra de algunas propuestas particulares como si fueran una descripción adecuada de lo que es la opinión pública. En su cobertura de las elecciones presidenciales, *The New York Times* desarrolló una estrategia de sondeo que intentaba rastrear la dinámica de las campañas vividas a largo, medio y corto plazo (Kagay, 1995).

Pero el progreso en hacer del sondeo un proceso más orientado no responde a la crítica de que la opinión colectiva no puede ser reducida a números, ya que hay una dimensión cualitativa que se pierde inevitablemente por un método cuantitativo. El método del «grupo piloto» en el que 8 o 10 personas se reúnen durante una o dos horas para discutir sobre un tema bajo la orientación de un moderador se ha adoptado por algunos sondeos de medios de comunicación como una forma de probar la dinámica cualitativa de la opinión (Traugott, 1995). Este método tiene sus debilidades metodológicas, entre las que destacan que los grupos no pueden ser considerados como muestras representativas de nada, y que el análisis es susceptible de enjuiciamientos subjetivos y prejuiciados. Sin embargo, la experiencia es que cuando se utilizan en conjunción con las encuestas bien diseñadas, estos grupos de discusión pueden ser una valiosa herramienta cualitativa para analizar la dinámica de la opinión. Aunque éste no es el caso, utilizar grupos de discusión para estudiar la opinión ha sido profundamente criticado por muchos, entre los que se encuentran algunos que minusvaloran las limitaciones de las encuestas cuantitativas.

Muchos críticos de sondeos tienen una desconfianza subyacente en la investigación de la opinión que, en ocasiones, se expresa en términos metodológicos pero que es resistente al progreso metodológico. Las raíces de esta desconfianza están relacionadas con los efectos de la investigación de la opinión en el proceso político y en presupuestos sobre cuál es el rol legítimo del proceso de opinión pública en una democracia. Estos asuntos tienen que ver, en su mayor parte, con los usos manipuladores que se hacen de la investigación de la opinión, y con lo que la investigación de la opinión hace en la comunicación entre el público y los políticos, y la sospecha elitista de los sondeos como un empeño populista. Los sondeos se han convertido en una fuente básica de información utilizada por los políticos y los asesores para planificar las campañas de las elecciones y de la «información pública». Es decir, una de las aplicaciones más importantes de los sondeos no es descubrir lo que el público piensa en orden a servirlo mejor, sino para ganar las elecciones e influenciar el pensamiento público sobre asuntos de actualidad (Crespi, 1989). Los sondeos se han convertido en una parte integral de una tecnología cara de la comunicación, que ha transformado el funcionamiento histórico de los partidos políticos y que trata al público como su objetivo, más que como su amo. Sin embargo, también en el caso de influenciar la forma en que los políticos seleccionan los temas sobre los que hacer campaña, los sondeos tienen, hasta un cierto punto, conocimiento indirecto y creciente de la sensibilidad frente a los deseos y las preocupaciones del público. Así, los sondeos han contribuido simultáneamente a la eficacia manipulativa y a la respuesta política de los centros de poder establecidos. Hasta el punto de que el equilibrio de estos dos efectos enfrentados se inclina en la dirección de la creciente respuesta, los sondeos pueden aumentar la confianza en el gobierno democrático. Por otra parte, si la balanza se inclina hacia la eficacia manipuladora, los sondeos pueden contribuir al crecimiento de la alienación y la anomia política.

También se debería reconocer que el uso manipulador de los sondeos no es inherente al método, pero, en cambio, es una consecuencia de su aplicación por las empresas comerciales que sirven a intereses particulares. Hipotéticamente, uno puede concebir los sondeos como que están realizados por clientes políticos con el fin de descubrir cómo transmitir su mensaje y no qué decir. Tales sondeos ampliarían la comunicación del público con los políticos y reforzarían la vinculación democrática. Sin embargo, son pocos, si es que hay alguno, los sondeos que se han realizado así, y hay pocas razones para esperar que esto vaya a ser así.

Otra crítica común sobre los sondeos es que para ser elegidos, los políticos simplemente «sigan los sondeos». Asumiendo, por el momento, que la debilidad metodológica de muchos sondeos patrocinados por medios haya sido corregida (para nuestros propósitos, hacer esta asunción está garantizada, porque nos estamos centrando en la desconfianza de cualquier tipo de investigación de opinión), esta crítica se traduce en una crítica elitista de la democracia populista. La preocupación evidente es que los representantes electos no confiarán en su juicio y en su conocimiento, presuntamente superior, para tomar una decisión, sino en las opiniones del público general supuestamente imprudentes y no informadas. Se critica la confianza en los sondeos porque se teme que los sondeos puedan convertirse en un agente que controle la influencia de la opinión colectiva, así que cuanto más exactamente midan la opinión colectiva, más temibles resultan.

«Seguir los sondeos» se refiere simultáneamente tanto a la eficacia manipuladora como a la respuesta creciente, lo que significa manipular al electorado teniendo una respuesta no crítica hacia los deseos del público. Así, esta crítica es una combinación no esperada de dos factores: desconfianza elitista general de la calidad del pensamiento del público general, y la alienación política que aparece cuando se percibe que los sondeos no son más que una herramienta que ayuda a gobernar a las elites poderosas mediante la manipulación de la comunicación política.

Con relación a los efectos de los sondeos en la política, definitivamente se basa en el miedo de que puedan sustituir, en buena medida, las elecciones como el vínculo entre la opinión colectiva y los gobiernos. Sin embargo, si los sondeos fueran a mejorar la comunicación entre los líderes políticos y sus circunscripciones, mejorando la sensatez y la comprensión anterior, las prioridades, las necesidades y los deseos recientes, tales objeciones deberían ser díficiles de defender. Por otra parte, hasta el punto de que los sondeos van más allá, mejorando la comunicación política y llegan a ser parte del proceso de gobierno, eso debería justificar muchas críticas. El proceso de opinión pública incluye una serie compleja, y en continua evolución, de interacciones de las que surgen los juicios colectivos. Pero también vimos que el proceso no es un medio para gobernar a la gente. Por la misma razón, tampoco lo son los informes de los sondeos. Se deberían desarrollar algunos procedimientos para trasladar los resultados de los sondeos de opinión pública al proceso de la acción política. Ahí hay algunos problemas serios.

Si los resultados de los sondeos se utilizan como directivas que las legislaturas deben seguir se convierten en seudoplebiscitos. Eso es peligroso, aunque no sea por otra razón de que, en manos de profesionales sin principios, los sondeos son susceptibles de la manipulación metodológica. Mediante su utilización sesgada o prejuicida en la redacción, en las muestras, y en la monopolización de los medios de comunicación, y en la distribución cuidadosa del tiempo, los resultados de los sondeos «oficiales» pueden ser distorsionados para conseguir los fines deseados. La existencia de competencia en los sondeos, cuyos resultados pueden ser comparados unos con otros, más que confiar en un sondeo único oficial, se convierte en un preventivo eficaz contra tal manipulación. Pero la competencia de sondeos, cuyos resultados inevitablemente variarán en alguna medida debido al error muestral y a las variaciones en la formulación de las preguntas, no puede servir como un cuerpo de gobierno.

Al menos tan importante como los plebicistos, se han convertido en la herramienta favorita de los gobiernos totalitarios que tratan de justificarse como la verdadera expresión de la voluntad popular. Confiar en los sondeos plebiscitarios podría minar la democracia y pavimentar el camino para el gobierno totalitario. La legimitidad de la democracia se consigue por el funcionamiento eficaz de los canales de comunicación entre la opinión colectiva y el gobierno, no por el cortocircuitado de aquellos canales.

La contribución potencial de los sondeos a una relación democrática

La naturaleza del proceso de la opinión pública por sí misma impone las limitaciones reales sobre lo que los sondeos pueden llevar a cabo, de una forma válida, en una democracia. Ignorar esos límites haría imposible que los sondeos pudieran hacer la clase de contribución al gobierno democrático que son capaces de hacer. Si fuese a ocurrir eso hay un riesgo real de que los sondeos contribuyeran a la corrupción de los gobiernos democráticos. Si respetamos el hecho de que lo mejor que los sondeos pueden es mejorar las dos vías de comunicaión *entre* los ciudadanos y sus gobiernos, y limitar su rol a eso solamente, entonces, y sólo entonces, los sondeos podrían funcionar para reforzar la democracia.

CAPÍTULO 8

UN PROCESO CALIDOSCÓPICO

La idea de la opinión pública como proceso ha sido un tema persistente en la literatura de las ciencias sociales al menos durante 10 años. No obstante, esta idea ha sido desarrollada imperfectamente como un paradigma analítico, por dos razones. En primer lugar está el error de reconocer que la opinion pública no es el resultado final de un proceso, sino que existe en el proceso mismo. Este error proviene de centrar la atención en los supuestos efectos de la opinión pública en lugar de su forma de funcionamiento. Una teoría satisfactoria de la opinión pública puede desarrollarse sólo entendiendo como proceso el objeto de nuestra atención.

En segundo lugar, la multidimensionalidad del proceso de opinión pública, y las implicaciones de esta multidimensionalidad, no han sido adecuadamente confrontadas. La complejidad del proceso de opinión pública requiere analizar tanto las dimensiones psicológicas, sociológicas y políticas como examinar sus interrelaciones. Obviamente, eso no puede hacerse reduciendo el proceso de opinión pública a unos números resumen, como a menudo se hace en los informes y análisis periodísticos. Pero incluso cuando se evita eso, la riqueza de su textura y la complejidad de su estructura se pierde si tratamos el proceso de opinión pública como una secuencia unidimensional. El modelo del proceso que se ha presentado aquí es un intento de encajar estos elementos, a veces disparatados, en un todo coherente.

El proceso de opinión pública es calidóscopico: un modelo abigarrado, cambiante y sin fin de las opiniones individuales y colectivas cuyo significado e importancia existen en los modelos y no sólo en el contenido de estas opiniones. Para comprender lo que está ocurriendo a lo largo del tiempo tenemos que examinar la forma en que un modelo complejo fluye hacia el siguiente, y el siguiente, y el siguiente. Cualquier modelo que podamos examinar, tanto si son los resultados de una elección o de un sondeo, no es más que un «marco congelado» e incluso es demasiado complicado para ser abarcado por algo menos que un análisis multidimensional.

Una pregunta obvia en el estudio de la opinión pública como proceso es «¿De dónde procede?». No aparece repentinamente del aire. Incuestionablemente, el proceso implica la formación y el modelado de opiniones individuales. Como hemos visto, éstas son el resultado de los esfuerzos de un individuo para juzgar circunstancias controvertidas, para poder tratarlas. Las opiniones individuales no son meramente repetir como un loro descerebrado lo que otros han dicho, son *inputs* significantes en la formación de la opinión. Cuando se confrontan con un tema, las creencias, los valores y los intereses individuales y el estado emocional ayudan a estructurar y a dar singificado al tema, en formas personalmente relevantes. Esta relevancia puede ser intensa, como es el caso de las opiniones fuertemente mantenidas, o puede ser débil, como cuando las opiniones son inestables y triviales. En todos los casos, ayudan a definir cómo llegan los individuos a un acuerdo, si es que llegan, y cómo juzgan los temas.

Pero las opiniones individuales no son productos de sistemas de actitud preexistentes actuando aisladamente del mundo circundante. La formación y la persistencia de las opiniones individuales es tanto un producto del ambiente sociopolítico en que los individuos viven, como de procesos puramente psicológicos. Eso significa que las opiniones individuales emergen de la interacción creativa entre procesos externos e internos.

Es más, el proceso de opinión pública es mucho más que una representación de las opiniones individuales. Las posturas de un individuo en el sistema de comunicación —con el que uno entra en contacto (tanto cara a cara como indirectamente), el control y la influencia ejercida por otros canales de comunicación que uno utiliza, el nivel al que se espera que uno esté (o no esté) animado a participar en la expresión pública de la opinión— dirigen el intercambio de opiniones individuales para generar una conciencia de cómo se relacionan nuestras opiniones con las opiniones de los otros. El intercambio interactivo resultante, no sólo afecta la formación de las opiniones individuales, de al menos igual significación, sino que conduce a la aparición de las opiniones colectivas. Esa aparición pone en escena el drama en el que la gente decide cómo tratar colectivamente los asuntos y cómo se enfrentan a ellos. En ausencia de opiniones colectivas, el proceso más amplio es cortocircuitado. Una vez que las opiniones colectivas han aparecido, su significación política es una función de cómo las instituciones ya existentes tienen que aceptarlas como legítimas. El vínculo demócrático eficaz con el gobierno depende de la participación en un sistema que activa y moviliza las opiniones colectivas de una manera que conducen a la identificación con la política y apoya el sentimiento de que el funcionamiento de la política incluye y refleja aquellas opiniones. Esto requiere un sistema de comunicación interactiva entre el gobierno y los gobernados, creando una red de interdependencia sentida, en lugar de sentimientos de exclusión y de separatismo.

La no unión mina la eficacia del proceso de la opinión pública. El debilitamiento a largo plazo de las vinculaciones entre la opinión colectiva y el gobierno no hace más que destruir la confianza en la administración particular y amargar la competencia entre partidos.

La pérdida resultante de confianza de uno mismo en la eficacia política, como ciudadano individual y como miembro de asociaciones políticamente activas, puede minar la confianza en las instituciones gubernamentales establecidas para expresar las esperanzas y los temores públicos y para prestar servicio a sus necesidades y a sus deseos. Dado que la función política de la opinión colectiva es fundamental para la legitimidad del principio de democracia por sí mismo, cuando la confianza en los vínculos existentes se debilita deben desarrollarse nuevos vínculos si el gobierno democrático quiere continuar.

En los Estados Unidos, las elecciones y toda la parafernalia de las campañas electorales son el centro de una red interactiva. Pero, como la experiencia de un cuarto de siglo en que se ha erosionado la confianza en el gobierno muestra, realizar sondeos no es suficiente por sí sólo para mantener los vínculos eficaces entre el proceso de opinión pública y el gobierno. Irradiando del centro de las elecciones hay una intrincada red de instituciones políticas y no políticas que debe suplementar y complementar las elecciones como vínculos entre el público y el gobierno. Las arenas políticas de la red consisten en organizaciones de partido, audiencias del gobierno, debates legislativos, *lobbies*, y así sucesivamente. Las arenas significativas no políticas incluyen los medios informativos, las asociaciones voluntarias y los grupos informales, o de amigos, vecinos, compañeros de trabajo, y parientes. La existencia de una red en funcionamiento hace posible que la opinión colectiva aparezca como una parte de la vinculación entre el pueblo y su gobierno. Los sondeos de opinión pública son controvertidos, a veces eficaces. Pero la aportación del siglo XX a esta red, en la práctica, puede ser disfuncional.

Para que funcione la opinión pública como una fuerza política legitimadora, tanto los elementos no políticos como los políticos de la red de comunicación deben estar abiertos al público y relacionados unos con otros. Entonces, la red puede dar expresión a los intereses de varios sectores del electorado en el funcionamiento día a día del gobierno, de forma que la acción gubernamental se convierta en algo más que cumplir la legislación popularmente aceptada. Además de esto, la respuesta debe incluir un sentido de participación y de identificación. Hasta el punto de que si la red de comunicación no funciona así, el público se sentirá excluido, aun aquellos que tienen el derecho formal al voto, y conducirá a una reducción concomitante en cuanquier sentido de la participación política, de la eficacia política y del poder que puede existir.

A veces, la confianza reducida en el gobierno puede estar combinada con la percepción de que los cargos políticos y los medios de comunicación están monopolizados o controlados por sectores privilegiados de la sociedad. En los Estados Unidos, estos intereses especiales han sido definidos, en más de una ocasión, como elites socio-económicas, o, irónicamente, minorias étnico-raciales en desventaja, que han sido singularizadas por una atención especial o de mejora. Hasta el punto de que esta combinación conduce a una decadencia en la creencia de que el gobierno está funcionando realmente de una forma sensible al público, confianza que está en el interés propio para apoyar la democracia, así como el compromiso con los valores de la democracia, que se podría esperar que se debilitaran.

Bajos tales circunstancias, adherirse simplemente a las formas de las elecciones democráticas podría convertirse en una «capa de ritual» para el gobierno autoritario de un oligopolio privilegiado. Una buena parte del público general se transformaría entonces en una masa pasiva no participativa, entregando a las elites privilegiadas el derecho a gobernar. Alternativamente, el mayoritarismo asociado con las elecciones generales puede generar una aceptación generalizada de la sensibilidad creciente del gobierno hacia la opinión colectiva en formas que soslayen las instituciones intermedias como los partidos políticos y las cámaras legislativas. El plebiscitarismo resultante tiene el potencial de evolucionar hacia movimientos totalitarios.

Claramente, el calidoscopio de las opiniones invididuales de la opinión colectiva y de las instituciones legitimizadoras no puede ser abarcado si nos limitamos nosotros mismos a analizar los elementos discretos del proceso de opinión pública. La dinámica del proceso de opinión pública, y si aquélla conducirá al gobierno democrático, con preferencia sobre el gobierno autoritario o totalitario, puede lograrse adecuadamente alcanzada sólo integrando los subprocesos componentes en un todo multidimensional.

Aunque el principio de que la opinión pública existe como proceso ha sido el tema central de este trabajo, hay razones válidas para conseguir medidas descriptivas de las reflexiones del público sobre asuntos específicos en momentos concretos. Lo más importante, en una democracia, es que los políticos necesitan conocer los deseos de sus circunscripciones. En otro nivel, los científicos sociales necesitan medidas válidas y fiables del grado de apoyo público, a favor o en contra, a posturas concretas y los análisis del proceso de la opinión pública tienen que ser testables. Lo que necesitamos hacer al medir el estado de la opinión pública con relación a asuntos concretos es aplicar el modelo del proceso de forma que enriquezca los resultados de las encuestas, evitando las habitualmente estáticas, frecuentemente superficiales, y a veces, conclusiones engañosas que un modelo de no proceso puede engendrar.

En el mínimo más absoluto, el modelo de proceso exige que reconozcamos que los juicios del público pueden, y, de hecho, cambian a lo largo del tiempo, así que nunca es correcto asumir que una vez que un juicio se ha alcanzado es inmutable. En lugar de eso, Cantril (1944) demostraba en la primera década del sondeo moderno de la opinión pública que había que hacer un cuadro con la tendencia de la opinión frente a la secuencia de los acontecimientos de *background* que hagan posible no sólo medir el nivel que alcanzan los cambios de opinión, sino también analizar por qué y cómo ocurre eso.

Pero el modelo del proceso que ha sido presentado aquí necesita bastante más que un análisis del cómo y del porqué del cambio de las opiniones individuales a lo largo del tiempo. También nos exige que relacionemos las dimensiones colectivas y legitimadoras de la opinión pública en la dimensión individual. La investigación de la comunicación debe ir más allá de los estudios de los «efectos» convencionales de cómo están influenciadas las opiniones individuales por lo que otros dicen, y deben centrarse en la forma en la que los individuos llegan a enterarse de la opinión de otros y llegan a reconocer cómo sus opiniones individuales se funden en una fuerza colectiva. Los estudios sobre cómo la aparición del conocimiento común configura y dirige a la opinión colectiva, hacen dinámica las mediciones y el análisis de la opinión pública de forma que el modelo de elección que ahora domina los sondeos de opinión y las encuestas no pueda lograrse. Nuestra interpretación sobre la forma en que los movimientos públicos —tales como el de liberalización de la mujer, el derecho a la vida, el medio ambiente «verdes», los derechos civiles y las «milicias» de la derecha— aparecen en escena y afectan el clima político, que se beneficiaría enormemente de tales estudios.

Comparativamente, analizar la dimensión política exige mucho más que usar variables a nivel individual tales como la identificación política, la eficacia política y la participación. Además, se necesitan medidas del nivel de: qué opiniones alternativas son aceptadas o rechazadas como asuntos legítimos para el debate politico, o qué formas de expresión colectiva e individual de la opinión se consideran políticamente legítimas para asuntos concretos, y a quién se le considera legítimamente intitulado para participar, e incluso dirigir, en la toma de decisiones en temas concretos. La historia de la opinión pública en asuntos como el segracionismo, el aborto, el control de las armas, Vietnam, acción positiva, el cuidado de la salud y el bienestar no pueden ser abarcados si nuestra atención se centra en las opiniones individuales con la exclusión de estos procesos de legitimación.

Además, aplicar lo que sabemos sobre las dimensiones colectivas y de legitimidad del proceso de la opinion pública a la aparición de las opiniones individuales reforzará nuestra habilidad para medir y analizar las últimas. Los vaivenes repentinos y fuertes en las opiniones individuales que se producen, en ocasiones, en los índices de los sondeos presidenciales, o las preferencias del candidato, así como los acontecimientos aleatorios, una vez que analizamos sistemáticamente la opinión individual como una parte independiente del proceso de opinión pública, y no como su fuerza conductora, comenzarán a ser cada vez más comprensibles y menos irracionales.

La escasez de estudios sobre la génesis del conocimiento común y la legitimidad de las opiniones no es tanto un asunto metodológico como teórico. Una vez que se ha reconocido la necesidad de tales estudios, los diseños de investigación adecuados pueden ser desarrollados con prontitud. El valor más importante del modelo de proceso mutidimensional es que hace esa necesidad auto-evidente. Así, además de satisfacer la necesidad de una teoría comprensiva de la opinión pública, el modelo del proceso también suministra una agenda para la investigación empírica en áreas que tienen que actualizarse porque han sido ignoradas durante mucho tiempo.

En resumen, el modelo estructura, dirige y da sentido al estudio de la opinión pública de forma que integra la teoría y la metodología.

El proceso multidimensional no es sólo una abstracción teórica.

Tiene sus raíces en la realidad y aplicado a la investigación empírica enriquece tanto nuestros datos como nuestros diseños analíticos.

REFERENCIAS BIBLIOGRÁFICAS

Adamec, C., & Viden, I. (1972). Polls come to Czechoskovakia. *Public Opinion Quarterly, 11*, 548-552.

Adamek, R. J. (1994). Public opinion and Roe v. Wade: Measurement difficulties. *Public Opinion Quarterly, 58*, 409-418.

Albig, W (1956). *Modern public opinion*. New York: McGraw-Hill.

Alexander, H. E., & Margolis, J. (1978). The making of the debates. In G. F. Bishop, R. G. Meadow, & M. Jackson-Beek (Eds.), *The presidential debates: Media, electoral, and policy perspectives* (pp. 18-32). New York: Praeger.

Alinsky, S. (1969). *Reveille for radicals*. New York: Vintage Books.

Allport, F. (1924). *Social psychology*. Boston: Houghton Mifflin.

Allport, F. (1937). Toward a science of public opinion. *Public Opinion Quarterly, 1*, 23.

Allport, G. W (1954). The historical background of modern social psychology. In G. Lindzey (Ed.), *Handbook of social psychology* (pp. 3-56). Cambridge, MA: Addison-Wesley.

Allport, G. W (1967). Attitudes. In M. Fishbein (Ed.), *Readings in attitude theory and measurement* (pp. 1-13). New York: Wiley.

Anderson, L. R., & Fishbein, M. (1965). Prediction of attitude from the number, strength, and evaluative aspect of beliefs about the attitude object: A comparison of summation and congruity theories. *Journal of Personality and Social Psychology, 3*, 43 7-443.

Applebome, P. (1993, june 5). The Guinier battle: Where ideas that hurt Guinier thrive. *New York Times*, p. A9.

Arendt, H. (1973). *The origins of totalitarianism*. New York: Harcourt Brace Jovanovich.

Bacalhau, M. (1990). Transition of the political system and political actitudes in Portugal. *International Journal of Public Opinion Research, 2*,141-154.

Back, K. W. (1988). Metaphors for public opinion in literatura. *Public Opinion Quartely, 52*, 278-288.

Bailey, R., Jr. (1974). *Radicals in urban politics: The Alinsky approach*. Chicago: University of Chicago Press.

Barnouw, E. (1975). *Tube of plenty: The evolution of American television*. New York: Oxford University Press.

Bashkirova, E. (1988, june 12-16). *Public opinion in the USSR*. Paper presented at the Gallup International Conference, Helsinki, Finland.

Becker, L. B., Sobowale, I. A., Cobbey, R. E., & Eyal, C. H. (1978). Debates' effects on voters' understanding of candidates and issues. In G. F. Bishop,

R. G. Meadow, & M. Jackson-Beek (eds.), *The presidential debates: Media, electoral, and policy perspectives* (pp. 126-139). New York: Praeger.

Bell, D. (ed.) (1955). *The new American right*. New York: Criterion Books. 167.

Bell, D. (ed.) (1964). *The radical right*. Garden City, NY: Anchor Books.

Beninger, J. R. (1987). Toward an old paradigm: The half-century flirtation with mass society. *Public Opinion Quarterly, 51*, 4.

Berelson, B., Lazarsfeld, P. F., & McPhec, W. N. (1954). *Voting: A study of opinion formation in a presidential campaign*. Chicago: University of Chicago Press.

Berke, R. L. (1995). Change-minded voters of'94 find that unease remains. *New York Times*, pp. 1,7.

Bishop, G. F. (1982). Effects of presenting one versus two sides of an issue in survey questions. *Public Opinion Quarterly, 46*, 69-85.

Bishop, G. F. (1987). Experiments with the middle response altemative in survey questions. *Public Opinion Quarterly, 51*, 220-232.

Bishop, G. F., Oldendick, R. W., & Tuchfarber, A. J. (1984). What must my interest in politics be if I just told you 'I don't know'?. *Public Opinion Quarterly, 48*, 510-519.

Bishop, G. F., Oldendick, R. W., & Tuchfarber, A. J. (1983). Effects of filter questions in public opinion surveys. *Public Opinion Quarterly, 47*(4), 528-546.

Bishop, G. F., Tuchfarber, A. J., & Oldendick, R. W (1986). Opinions on fictitious issues: The pressure to answer survey questions. *Public Opinion Quarterly, 50*, 240-250.

Bishop, G. F., Oldendick, R. W., Tuchfarber, A. J., & Bennet, S. E. (1980). Pseudo-opinions on public affairs. *Public Opinion Quarterly, 44*, 198-209.

Blumberg, N. B. (1954). *One party press: Coverage of the 1952 presidential campaign in 55 daily newspapers*. Lincoln: University of Nebraska Press.

Blumer H. (1939). Collective behavior. In R. E. Park (Ed.), *An outline of the principles of sociology* (pp. 221-240). New York: Barnes and Noble.

Blumer, H. (1948a). Public opinion and public opinion polling. *American Sociological Review, 13*(5), 542-549.

Blumer, H. (1948b). Rejoinder to Woodward and Newcombe. *American Sociological Review, 13*(5), 554.

Blumler, J. G., & Katz, D. (Eds.) (1974). *The uses of mass cornmunications: Current perspectives on gratification research*. Beverly Hills, CA: Sage.

Bogart, L. (1956). *The age of television*. New York: Frederick Ungar Publishing Company.

Bogart, L. (1967). No opinion, don't know, and maybe no answer. *Public Opinion Quarterly, 31*,331-345.

Bogart, L. (1985). *Polls and the awareness of public opinion*. Hillsdale, NJ: Lawrence Erlbaum Associates.

Bogart, L. (Ed.). (1992). *Project clear: Social research and the desegregation of the United States army*. New Brunswick, NJ: Transaction Publishers.

Boorstin, D. J. (1974). *The Americans: The democratic experience*. New York: Vintage Books.

Brehm, J. (1960). A dissonance analysis of attitude-discrepant behavior. In M. Rosenberg, C. I. Hovland, W. J. McGuire, R. R Abelson, & J. W. Brehm (Eds.), *Attitude organization and change: An analysis of consistency among attitude components* (pp. 164-197). New Haven, CT: Yale University Press.

Bridgwater, W., & Kurtz, S. (eds.). (1963). *The Columbia encyclopedia* (3rd ed.). New York: Columbia University Press.

Brinkley, A. (1994). 1936. In A. M. Schlesinge; Jr. (ed.), *Running for president: The candidates and their mates* (pp. 183-185). New York: Simon & Schuster.

Brosius, H.-B., & Engel, D. (1996). The causes of third-person effects: Unrealistic optimism, impersonal impact, or generalizad negative actitudes towards media influence. *International Journal of Public Opinion Research, 8*, 142-162.

Brosius, H.-B., & Kcpplinge; H. M. (1995). Killer and victim issues: Issue competition in the agenda-setting process of German television. *International Journal of Public Opinion Research*, 7, 211-231.

Bruneau, T. C. (198l). Patterns of politics in Portugal since the April revolution. In J. B. de Macedo & S. Serfaty (Eds.), *Portugal since the revolution: Economic and political perspectives* (pp. 1-52). Boulder, CO: Westview Press.

Bruner, J. S. (1944). *Mandate from the people*. New York: Dueli, Sloan and Pearce.

Bryce, J. (1891). *The American commonwealth*. New York: Macmillan.

Bryce, J. (1921). *Modern democracies*. New York: Macmillan.

Bureau of the Census, U.S. Department of Commerce (1975). *Historical statistics of the United States: Colonial times to 1970*, Washington, DC: Author.

Burnham, W D. (1978). The appearance and disappearance of the American voter. In American Bar Association (Ed.), *The disappearance of the American voter*. Chicago: Editor.

Campbell, A., Gurin, G., & Miller, W. E. (1954). *The voter decides.* Evanston, IL: Row, Peterson & Co.

Cantor, N. F. (1993). *The civilization of the middle ages*. New York: Harper Collins.

Cantril, H. (1941). *The psychology of social movements*. New York: Wiley.

Cantril, H. (1944). *Gauging public opinion*. Princeton, NJ: Princeton University Press.

Cantril, H. (1958). *The politics of despair*. New York: Basic Books.

Cantril, H., Strunk, M. (1951). *Public opinion: 1935-1946*. Princeton, NJ: Princeton University Press.

Chaiken, S., Liberman, A., & Eagly, A. H. (1989). Heuristic and systematic information processing within and beyond the persuasion context. In J. S. Uleman & J. A. Bargh (Eds.), *Unintended thought* (pp. 212-252). New York: Guilford.

Chein, I. (1948). Behavior theory and the behavior of attitudes: Some critical comments. *Psychological Review*, *55*, 175-178.

Childs, H. L. (1937). By public opinion I mean. *Public Opinion Quarterly*, *1*(3), 327-336.

Clymer, A. (1993, July 25). Filibuster delays service measure. *New York Times*, p. 21.

Cohen, A. R. (1960). Additional consequences of induced discrepancies between cognition and behavior. *Public Opinion Quarterly*, *24*, 297-318.

Cohen, J., Mutz, D., Price, V., & Gunther, A. (1988). Perceived impact of defamation. *Public Opinion Quarterly*, *52*, 161-173.

Commission on Freedom of the Press (1947). *A free and responsible press*. Chicago, IL: University of Chicago Press.

Comstock, G., Chaffee, S., Katzman, N., Mccombs, M., & Roberts, D. (1978). *Television and human behavior*. New York: Columbia University Press.

Converse, P. E. (1964). The nature of belief systems in mass politics. In D. E. Apter (Ed.), *Ideology and discontent* (pp. 206-261). New York: The Free Press.

Converse, P. E. (1970). Attitudes and non-attitudes: Continuation of a dialogue. In E. R. Tufte (Ed.), *The quantitative analysis of social problems* (pp. 168-189). Reading, MA: Addison Wesley.

Converse, P. E. (1974). Comment: The status of non-attitudes. *American Political Science Review*, *68*, 650-660.

Cooley, C. H. (1909). *Social organization*. New York: Charles Scribner & Sons.

Cooley, C. H. (1918). *Social process*. New York: Charles Scribner & Sons.

Crespi, I. (1978). The role of television in declining voter participation. In American Bar Association (Ed.), *The disappearance of the American voter* (pp. 169-176). Chicago: Editor.

Crespi, I. (1981, October/November). Does the public approve of Ronald Reagan? *Public Opinion*, pp. 20,41.

Crespi, I. (1988). *Pre-election polling: Sources of accuracy and error*. New York: Russell Sage.

Crespi, I. (1989). *Public opinion, polls, and democracy*. Boulder, CO: Westview Press.

Curti, M. (1959). *The making of an American community: A case study of democracy in a frontier county*. Stanford, CA: Stanford University Press.

Dahl, R. H. (1961). *Who governs? Democracy and power in an American city.* New Haven, CT: Yale University Press.

Davis, J. A. (1992). Changeable weather in a cooling climate atop the liberal plateau: Conversion and replacement in forty-two General Social Survey items. *Public Opinion Quarterly*, *56*, 261-306.

Davison, W. P. (1958). The public opinion process. *Public Opinion Quarterly*, *22*, 91-106.

Davison, W. P. (1968). Public opinion. In D. L. Sills (Ed.), *International encyclopedia of the social sciences* (Vol. 13, pp. 188-197). New York: Free Press.

Davison, W. P. (1983). The third-person effect in communications. *Public Opinion Quarterly*, *47*, 1-14.

Declaration of Independence (198l). *World book encyclopedia*. Chicago: World Book Child, Craft Industries.

Delli Carpini, M. X., & Williams, B. A. (1994). Methods, metaphors, and media research: The uses of television in political conversation. *Communication Research*, *21*(6), 782-812.

de Toqueville, A. (1954). *Democracy in America*. New York: Vintage.

de Toqueville, A. (1955). *The old regime and the French revolution*. Garden City, NY: Anchor Books.

Deutschmann, P. J. (1962). Viewing, conversation, and voting intentions. In S. Kraus (Ed.), *The great debates: Background-perspective-effects* (pp. 232-252). Bloomington: Indiana University Press.

Donsbach, W. (1994, August). From "How it all began" to ARIMA analysis. *WAPOR Newsletter*, p. 1.

Doob, L. W. (1947). The behavior of attitudes. *Psychological Review*, *54*,135-156.

Doob, L. W. (1948). *Public opinion and propaganda*. New York: Henry Holt and Company.

Duncan, O. D., & Stenbeck, M. (1988). No opinion or not sure? *Public Opinion Quarterly, 52*,513-525.

Einseidel, E. F. (1994). Mental maps of science: Knowledge and actitudes among Canadian adults. *International Journal of Public Opinion Research, 6*, 35-44.

Eisenstadt, E. N. (Ed.). (1971). *Political sociology*. New York: Basic Books.

Eisenstein, E. L. (1987). *The printing revolution in early modern Europe*. Cambridge, MA: Cambridge University Press.

Elmer-Dewitt, P (1994). Battle for the soul of the Internet. *Time, 144*(4), pp. 50-56.

Ettema, J. S., Brown, J. W, & Luepker, R. V (1983). Knowledge gap effects in a health information campaign. *Public Opinion Quarterly, 47*, 516-527.

Evan, W M. (1959). Cohort analysis of survey data: A procedure for studying long-term opinion change. *Public Opinion Quarterly, 23*, 63-72.

Fascist Grand Council (1972). The charter of labor. In C. Cohen (Ed.), *Communism, fascism, and democracy* (p. 362). New York: Random House.

Festinger, L. (1957). *A theory of cognitive dissonance*. Evanston, IL: Row Peterson & Co.

Fields, J. M., & Schuman, H. (1976). Public beliefs about the beliefs of the public. *Public Opinion Quarterly, 40*, 427-448.

Fishbein, M. E, & Raven, B. H. (1962). The AB scales: An operational definition of belief and attitude. *Human Relations, 15*, 35-44.

Friedgut, T. H. (1979). *Political participation in the USSR*. Princeton, NJ: Princeton UniversityPress.

Friedrich, C. J. (1969). The evolving theory and practice of totalitarian regimes. In C. Friedrich, M. Curtis, & B. R. Barber (Eds.), *Totalitarianism in perspectiva: Three views*. New York: Praeger.

Gallup, G. H. (1947). The quintamensional plan of question design. *Public Opinion Quarterly, 11*, 385-393.

Gallup, G. H. (1972a). *The sophisticated poll watcher's guide*. Princeton: Princeton Opinion Press.

Gallup, G. H. (1972b). *The Gallup poll: Public opinion 1935-1971* (Vol. 1-3). New York: Random House.

Gallup, G. H., & Rae, S. F. (1968). *The pulse of democracy: The public-opinion poll and how it works*. New York: Greenwood Press. (Original work published 1940.)

The Gallup opinion index/The Gallup poll monthly (1965-1995). Princeton: Author.

Gamson, W. A. (1992). *Talking politics*. New York: Cambridge University Press.

Gans, H. J. (1980). *Deciding what's news: A study of CBS Evening News, NBC Nightly News, Newsweek, and Time*. New York: Vintage Books.

Gentile, G. (1972). The philosophic basis of fascism. In C. Cohen (Ed.), *Communism, fascism, and democracy: The theoretical foundations* (pp. 340-344). New York: Random House.

Gilliam, M., & Granberg, D. (1993). Should we take don't know for an answer. *Public Opinion Quarterly, 57*, 348-357.

Ginsberg, B. (1986). *The captive public: How mass opinion promotes state power*. New York: Basic Books.

Glazer, N., & Moynihan, D. P. (1963). *Beyond the melting pot: The Negroes, Puerto Ricans, Jews, Italians, and Irish of New York City*. Cambridge, MA: The MIT Press.

Glynn, C. J., & McLeod, J. M. (1984). Public opinion du jour: An examination of the spiral of silence. *Public Opinion Quarterly, 48*, 731-740.

Goldhamer, H. (1980). The social effects of communications technology. In H. Lasswell, D. Lemer, & H. Speier (Eds.), *Propaganda, communication and world history* (pp. 349-397). Honolulu: University Press of Hawaii.

Goldner, F. H. (1 99 l). Rhetorical reticence, if you're for it I'm against it, or at least I'll keep my mouth shut: Opinion expression and formation in the context of polarized groups. *International Journal of Public Opinion Research, 3*(3), 220-237.

Graber, D. (1978). Problems in measuring audience effects of the 1976 debates. In G. F. Bishop, R. G. Meadow, & M. Jackson-Beek (Eds.), *The presidential debates: Media, electoral, and policy perspectives* (pp. 105-125). New York: Praeger.

Green, B. E. (1954). Attitude measurement. In G. Lindzey (Ed.), *Handbook of social psychology* (pp. 335-369). Cambridge, MA: Addison-Wesley.

Greenhouse, L. (1995, june 30). Justices in 5-4 vote reject districts drawn with race the predominate factor. *New York Times*, p. A1.

Haberman, C. (1 993, September 2 l). Pact's fate in hands of Israeli rabbi. *New York Times*, p. A 12.

Hagner, P. R., & Rieselbach, L. (1978). The impact of the 1976 Presidential debates: Conversion or reinforcement? In G. E Bishop, R. G. Meadow, & M. Jackson-Beek (Eds.), *The presidential debates: Media, electoral, and policy perspectives* (pp. 169-17 l). New York: Praeger.

Hahn, H., & Stout, R. (1994). *The Internet complete reference*. Berkeley, CA: Osborne McGraw-Hill.

Heider, F. (1958). *The psychology of interpersonal relations*. New York: Wiley.

Herrera, C. L., Herrera, R., & Smith, E. R. A. N. (1992). Public opinion and Congressional representation. *Public Opinion Quarterly, 56*, 185-205.

Hippler, H. J., & Schwartz, N. (1989). 'No opinio' filters: A cognitive perspectiva. *International Journal of Public Opinion Research, 1*(1), 77-87.

Horam, M. (1975). *Naga polity*. Delhi: B.R. Publishing Corporation.

Hovland, C. l., Lumsdaine, A. A., & Sheffield, F. D. (1949). *Experiments on mass communications*. Princeton, NJ: Princeton University Press.

Hovland, C. I., Janis, I. L., & Kelley, H. H. (1953). *Communication and persuasion: Psychological studies of opinion changes*. New Haven, CT: Yale University Press.

Hunter, F. (1980). *Atlanta's policy maker's revisited*. Chapel Hill, NC: University of North Carolina Press.

Jahoda, M., & Warren, N. (Eds.). (1966). *Attitudes*. Baltimore, MD: Penguin Books.

Johnston, D. (1995, September 14). Use of computer networks for child sex sets off raids. *New York Times*, p. A1.

Johnston, D. (1996, August 11). The fine print in cyberspace. *New York Times*, p. D4.

Kagay, M. R. (1995). The evolving use of public opinion polls by the New York Times: The experience in the 1992 presidential election. In P. J. Lavrakas,

M. W. Traugott, & P. V. Miller (Eds.), *Presidential polls and the new media* (pp. 143-191). Boulder CO: Westview Press.

Katz, C., & Baldassare, M. (1994). Popularity in a freefall: Measuring a spiral of silence at the end of the Bush presidency. *International Journal of Public Opinion Research*, *6*(1), 1-12.

Katz, D. (1960). The functional approach to the study of attitudes. *Public Opinion Quarterly*, *24*, 163-204.

Katz, D. (1972). Attitude formation and public opinion. In D. D. Nimmo & C. M. Bonjean (Eds.), *Political attitudes and public opinion* (pp. 13-26). New York: David McKay Company.

Katz, E. (1957). The two-step flow of communication: An up-to-date report on an hypothesis. *Public Opinion Quarterly*, *21*(1), 67-78.

Katz, E. (1992). On parenting a paradigm: Gabriel Tarde's agenda for opinion and communications research. *International Journal of Public Opinion Research*, *4*(1), 80-85.

Katz, E., & Feldman, J. J. (1962). The debates in light of research: a survey of surveys. In S. Kraus (Ed.), *The great debates: Background-perspective-effects* (pp. 173-223). Bloomington: Indiana University Press.

Katz, E., & Lazarsfeld, P. F. (1955). *Personal influence*. New York: The Free Press.

Kelman, Herbert C. (1961). Processes of opinion change. *Public Opinion Quarterly*, *25*, 57-78.

Key, V. O. (1961). *Public opinion and American democracy*. New York: Knopf

Key, V. O. (1966). *The responsable electorate: Rationality in presidential voting, 1936-1960*. Cambridge, MA: Belknap Press of Harvard University Press.

Kiesler, C. A., Collins, B. E., & Miller, N. (1969). *Attitude change: A critical analysis of theoretical approaches*. New York: Wiley.

Klapper, J. T (1960). *The effects of mass communications*. Glencoe, IL: The Free Press.

Kolbert, E. (1995, April 23). Prime time snubs Mr. Clinton for reruns. *New York Times Week in Review*, p. 3.

Konner, M. (1995, October 13). A giant leap backward. *New York Times*, p. A33.

Krech, D., & Crutchfield, R. S. (1948). *Theory and problems of social psychology*. New York: McGraw-Hill.

Krosnick, J. A., & Abelson, R. P (1994). The case for measuring attitude strength in surveys. In J. M. Tanur (Ed.), *Questions about questions: Inquiries into the cognitive basis of surveys* (pp. 177-203). New York: Russell Sage.

Lang, G. E., & Lang, K. (1962). Reactions of viewers. In S. Kraus (Ed.), *The Great Debates: Background-Perspective-Effects* (pp. 313- 330). Bloomington: Indiana University Press.

Lang, G. E., & Lang, K. (1978). The formation of public opinion: Direct and mediated effects of the first debate. In G. F. Bishop, R. G. Meadow, & M. Jackson-Beek (Eds.), *The presidential debates: Media, electoral, and policy perspectives*. New York: Praeger.

Lang, G. E., & Lang, K. (1 983). *The battle for public opinion*. New York: Columbia University Press.

Lanoue, D. J. (1992). One that made a difference: Cognitive consistency, political knowledge, and the 1980 presidential debate. *Public Opinion Quarterly*, *56*, 168-184.

Lasorsa, D. (1989). Real and perceived effects of 'Amerika'. *Journalism Quarterly, 66*, 373-378, 529.

Lasswell, H. D. (1927). The theory of political propaganda. *The American Political Science Review*, Vol. XXI.

Lazarsfeld, P. F., Berelson, B., & Gaudet, H. (1948). *The people's choice* (2nd ed.). New York: Columbia University Press.

Lewis, F. H. (1995, September 14). Elite Internet address will now cost $50 a year. *New York Times*, p. D1.

Lewis, N. A. (1993, May 5). Woman in the news: Guerilla fighter or civil rights-Lani Guinier. *New York Times*, A8.

Linz, J. J. (1970). An authoritarian regime: Spain. In E. Allardt & S. Rokkan (Eds.), *Mass politics: Studies in political sociology* (pp. 251-381). New York: Free Press.

Linz, J. J. (1975). Totalitarian and authoritarian regimes. In F. I. Greenstein & N. Polsby (Eds.), *Macropolitical theory* (pp. 174-412). Reading, MA: Addison-Welsey.

Linz, J. J. (1976). Some notes toward a comparative study of fascism in sociological historical perspective. In W. Laqueur (Ed.), *Fascism: A reader's guide* (pp. 3-121). Los Angeles: University of California Press.

Linz, J. J. (1978). Non-competitive elections in Europe. In G. Hermut, R. Rose, & A. Rouquie (Eds.), *Elections without choice* (pp. 36-65). New York: Wiley.

Linz, J. J. (1993). Authoritarianism. In J. Krieger (Ed.), *The Oxford companion to politics of the, world* (pp. 60-64). New York: Oxford University Press.

Lippmann, W. (1925). *The phantom public*. New York: Macmillan.

Lippmann, W. (1946). *Public opinion*. New York: Penguin Books. (Original work published 1928.)

Lippmann, W. (1955). *The public philosophy*. Boston: Little, Brown.

Lipset, S. M. (1963). *The first new nation: The United States in historical and cornparative perspective*. New York: Basic Books.

Lipset, S. M., & Schneider, W. (1987). The confidence gap during the Reagan years, 1981-1987. *Political Science Quarterly, 102*, 1-23.

Lowe, F. E., & McCormick, T. C. (1957). A study of the influence of formal and informal leaders in an election campaign. *Public Opinion Quarterly, 20*(4), 651-662.

Lowell, A. L. (1926). *Public opinion and popular government*. New York: Longmans Green.

Luttbeg, N. (1974). *Public opinion and public policy*. Homewood, IL: Dorsey Press.

Lyttelton, A. (1976). Italian fascism. In W. Laqueur (Ed.), *Fascism: A reader's guide* (pp. 125-150). Los Angeles: University of California Press.

Mccombs, M. E. (1992). Explorers and surveyors: Exploring strategies for agenda-setting, research. *Journalism Quarterly, 69* (4), 813-824.

McCombs, M. E., & Shaw, D. L. (1972). The agenda-setting function of mass media. *Public Opinion Quarterly, 36*, 176-177.

McCombs, M. E., & Shaw, D. L. (1977). The agenda-setting function of the press. In D. L. Shaw &M. E. McCombs (Eds.), *The emergence of political issues: The agenda-setting function of the press* (pp. 1-18). St. Paul, MN: West Publishing Company.

McGuire, W (1960). Cognitive consistency and attitude change. *Journal of Abnormal and Social Psychology, 60*, 345-353.

McGuire, W (1967). The current status of cognitive consistency theories. In M. Fishbein (ed.), *Readings in attitude theory and measurement* (pp. 401-42 l). New York: Wiley.

McGuire, W. J. (1969). The nature of attitudes and attitude change. In G. Lindzey & E. Aronson (eds.). *Handbook of social psychology* (2nd ed., Vol. 3, pp. 136-314). Reading, PA: Addison Wesley.

McGuire, W. (1986). The vicissitudes of attitudes and similar representational constructs in twentieth century psychology. *European Journal of Social Psychology, 16*, 89-139.

McLean, I. (1989). *Democracy and new technology*. Cambridge, England: Polity Press.

McNamara, R. (1995). *In retrospect: Tragedy and lessons of Vietnam*. New York: Times Books.

Macpherson, C. B. (1980). *Burke*. New York: Hill & Wang.

Manglapas, R. S. (1987). *Will of the people: Original democracy in non-western societies*. New York: Greenwood Press.

Margolick, D. (1993, june 4). Musty academic speculation or blueprint for political action. *New York Times*, p. A18.

Marwell, G., Aiken, M. T, & Demerath, N. J., III (1987). The persistence of political acttitudes among 1960s civil rights activists. *Public Opinion Quarterly, 51*, 359-375.

Mayer, W. G. (1993). Trends in media usage. *Public. Opinion Quarterly, 57*, 593-611.

Mayer, W. G. (1992). *The changing American mind: How and why American public opinion changed between 1960 and 1988*. Ann Arbor: University of Michigan Press.

Mayer, W. G. (1994). The rise of the new media. *Public Opinion Quarterly, 58*, 124-146.

Mead, G. H. (1934). *Mind, self, and society*. Chicago: University of Chicago Press.

Mead, G. H. (1968). *Social theory and social structure*. New York: The Free Press.

Mead, M. (1937). Public opinion mechanisms among primitive peoples. *Public Opinion Quarterly, 1*(3), 5-16.

Menache, S. (1990). *The Vox Dei: Communication in the middle ages*. New York: Oxford University Press.

Menzel, H., & Katz, E. (1956). Social relations and innovation in the medical profession: The epidemiology of a new drug. *Public Opinion Quarterly, 19*(4), 337-352.

Merton, R. K. (1949). *Social theory and social structure*. Glencoe, IL: The Free Press.

Meyer, A. G. (1993). Totalitarianism. In J. Krieger (Ed.), *The Oxford companion to politics of the world* (pp. 916-917). New York: Oxford University Press.

Miller, J. C. (1943). *Origins of the American revolution*. Boston: Little, Brown.

Moore, D. W. (1987). Political campaigns and the knowledge-gap hypothesis. *Public Opinion Quarterly, 51*, 186-200.

Morin, R. (1995). The 1992 election and the polls: Neither politics nor polling as usual. In P. J. Lavrakas, M. W. Traugott, and P. V. Miller (Eds.), *Presidential polls and the new media* (pp. 123-142). Boulder, CO: Westview Press.

Mutz, D. C. (1989). The influence of perceptions of media influence: Third-person effects and the public expression of opinions. *International Journal of Public Opinions Research*, *1*, 3-13.

Neuman, W. R. (1986). *The paradox of mass politics: Knotvledge and opinion in the American electorate*. Cambridge, MA: Harvard University Press.

Nimmo, D., Mansfield, M., & Curry, J. (1978). Persistence and change in candidate images. In G. F. Bishop, R. G. Meadow, & M. Jackson-Beek (Eds.), *The presidential debates: Media, electoral, and policy perspectives* (pp. 140-156). New York: Praeger.

Noelle-Neumann, E. (1 984). *The spiral of silence: Public opinion-our social skin*. Chicago, IL: University of Chicago Press.

O'Gorman, H. J. (1975). Pluralistic ignorance and white estimates of white support for racial integration. *Public Opinion Quarterly*, *39*, 311-330.

O'Gorman, H. J., & Garry, S. L. (1976). Pluralistic ignorance–A replication and extension. *Public Opinion Quarterly*, *40*, 449-458.

Oppenheim, A. L. (1964). *Ancient Mesopotomia*. Chicago, IL: University of Chicago Press.

Ortega y Gasset, J. (1950). *The revolt of the masses*. New York: New American Library.

Osgood, C. E. (1960). Cognitive dynamics in the conduct of human affairs. *Public Opinion Quarterly*, *24*, 341-365.

Osgood, C. E., & Tannenbaum, P H. (1955). The principle of congruity in the prediction of attitude change. *Psychological Review*, *66*, 42-55.

Page, B. I., & Shapiro, R. Y (1992). *The rational public: Fifty years of trends in Americans' policy preferences*. Chicago, IL: University of Chicago Press.

Palmer, P. A. (1950). The concept of public opinion in political theory. In B. Berelson & M. Janowits (Eds.), *Reader in public opinion and communication* (pp. 3-13). Glencoe, IL: The Free Press.

Palmieri, M. (1972). The corporativa idea. In C. Cohen (Ed.), *Communism, fascism, and democracy: The theoretical foundations*. New York: Random House.

Pear, R. (1992, November 5). The 1992 elections: Disappointment-the turnout; 55 % voting rate reverses 30-year decline. *New York Times*, p. B4.

Perloff, R. M. (1996). Third-person effect research 1983-1992: A review and synthesis. *International Journal of Public Opinion Research*, *5*, 167-184.

Petty, R. E., & Cacioppo, J. T (1981). *Attitudes and persuasion: Classic and contemporary approaches*. Dubuque, IA: William C. Brown Company.

Petty, R. E., & Cacioppo, J. T (1986). *Communication and persuasion: Central and peripheral routes to attitude change*. New York: Springer-Verlag.

Plato (n.d.). *The republic* (B. Jowett, trans.) New York: The Modern Library.

Ponza, M., Duncan, G. J., Corcoran, M., & Groskind, F. (1988). The guns of autumn: Age differences in support for income transfers to the young and old. *Public Opinion Quarterly*, *52*, 441-466.

Popkin, S. (1991). *The reasoning voter: Communication and persuasion in presidential campaigns*. Chicago: University of Chicago Press.

Popov N. P. (1992). Political views of the Russian people. *International Journal of Public Opinion Research*, *4*, 321-334.

Pravda, A. (1978). Elections in communist party states. In G. Hermet, R. Rose, & A. Rouquie (Eds.), *Elections without choice* (pp. 169-195). New York: Wiley.

Price, V (1992). *Communication concepts 4: Public opinion*. Newbury Park, CA: Sage.

Price, V., & Allen, S. (1996). Opinion spiral, silent and otherwise. *Communications Research, 17*, 369-392.

Price, V., & Tewkbury, D. (1996). Measuring the third-person effect of news: The impact of question order, contrast and knowledge. *International Journal of Public Opinion Research*, 8, 120-141.

Priester, J. R., & Petty, R. C. (1995). Source attribution and persuasion: Perceived honesty as a determinant of message scrutiny. *Personality and Social Psychology Bulletin, 21*(6), 637-654.

Reynolds, D. S. (1995). *Walt Whitman's America*. New York: Knopf

Rogers, E. M. (1995). *Diffusion of innovations*. New York: The Free Press.

Rogers, E. M., & Shoemaker, F. F. (1971). *Communication of innovations: A cross-cultural approach* (2nd ed.). New York: The Free Press.

Rogers, L. (1949). *The pollsters*. New York: Knopf.

Rojas, H., Shah, D. V., & Fisher, R. J. (1996). For the good of others: Censorship and the third-person effect. *International Journal of Public Opinion Research, 8*, 163-185.

Rojas, H., Shah, D. V., & Fisher, R. J. (1968). *Beliefs, attitudes and values*. San Francisco, CA: Jossey-Bass.

Rokeach, M. (1960). *The open and closed mind*. New York: Basic Books.

Rosenberg, M. J. (1960). A structural theory of attitude dynamics. *Public Opinion Quarterly, 24*, 319-340.

Rosenberg, M. J., & Abelson, R. P. (1960). An analysis of cognitive balancing. In M. Rosenberg, C. I. Hovland, W. J. McGuire, R. P. Abelson, & J. W. Brehm (Eds.), *Attitude organization and change: An analysis of consistency among attitude components* (pp. 112-163). New Haven, CT: Yale University Press.

Rosenberg, M. J., & Hovland, C. (1960). Cognitive, affective, and behavioral components of attitudes. In M. J. Rosenberg, C. I. Hovland, W. J. McGuire, R. P. Abelson, & J. W. Brehm, *Attitude organization and change* (pp. 1-14). New Haven, CT: Yale University Press.

Rosenberg, M. J., Hovland, C. I., McGuire, W J., Abelson, R. P, & Brehm, J. W. (1960). *Attitude organization and change: An analysis of consistency among attitude components*. New Haven, CT: Yale University Press.

Ross, E. A. (1969). Social control. New York: Macmillan. (Original work published 1901) Rossi, P. H., & Freeman, H. E. (1993). *Evaluation: A systematic approach*. Newbury Park, CA: Sage.

Rousseau, J. J. (1952). The Social Contract. In R. M. Hutchins (Ed.), *Great books of the western world* (Vol. 8, pp. 387-484). Chicago, IL: Encyclopaedia Brittanica, Inc.

Rucinski, D., & Salmon, C. T (1989). The 'other' as the vulnerable voter: A study of the third-person effect in the 1988 campaign. *International Journal of Public Opinion Research, 2*, 345-368.

Sack, K. (1995, September 13). Legislators letting court remap Georgia. *New York Times*, P. A14.

Sanchez, M.-E., & Morchio, G. (1992). Probing "don't know" answers: Effects on survey estimates and variable relationships. *Public Opinion Quarterly, 56*, 454-474.

Sapir, E. (1931). Communication. In E. R. Seligman (Ed.), *Encyclopedia of the social sciences* (pp. 78-80). New York: Macmillan.

Schattschneider, E. E. (1975). *The semisovereign people: A realist's view of democracy in America*. Hinsdale, IL: The Dryden Press.

Schmitter, P. C. (1978). The impact and meaning of "non-competitive, non-free and insignificant" elections in authoritarian Portugal, 1933-74. In G. Hermet, R. Rose, & A. Rouquie (Eds.), *Elections without choice* (pp. 145-168). New York: Wiley.

Schuman, H., & Presser, S. (1978). The assessment of "no opinion" in attitude surveys. In K. R. Schuessler (Ed.), *Sociological methodology* (pp. 241-275). New York: Wiley.

Scott, J., & Zac, L. (1993). Collective memories. *Public Opinion Quarterly, 57*(3), 315-331.

Scott, W. A. (1968). Attitude measurement. In G. Lindzey & E. Aronson (Eds.), *Handbook of social psychology* (Vol. 2, pp. 204-273). Reading, MA: Addison-Wesley.

Shlapentokh, V (1986). *Soviet public opinion and ideology: Mythology and pragmatism in interaction*. New York: Praeger.

Sherif, C. W., Sherif, M., & Nebergal, R. E. (1965). *Attitude and attitude change: The social judgement-involvement approach*. Philadelphia, PA: Saunders.

Sieger, K. (1990). Opinion research in East Germany-a challenge to professional standards. *International Journal of Public Opinion Research, 2*, 323-344.

Sigelman, L., & Presser, S. (1988). Measuring public support for the new Christian right: The perils of point estimation. *Public Opinion Quarterly, 52*, 325-337.

Simon, H. A. (1957). *Models of man*. New York: Wiley.

Singer, E., & Ludwig, J. (1987). South Africa's press restrictions: Effects on press coverage and public opinion toward South Africa. *Public Opinion Quarterly, 51*, 315-334.

Smith, H. (1990). *The new Russians*. New York: Random House.

Smith, M. B. (1947). The personal setting of public opinion: A study of actitudes toward Russia. *Public Opinion Quarterly, 11*(4), 507-523.

Smith, M. B., Jr., Bruner, J. S., & White, R. W. (1956). *Opinions and personality*. New York: Wiley.

Smith, T. W. (1980). America's most important problem-a trend analysis, 1946-1976. *Public Opinion Quarterly, 44*, 169-180.

Smith, T. W. (1992). Are conservative churches growing? *Review of Religious Research, 33*, 305-329.

Smith, T. W. (1994). Is there real opinion change? *International Journal of Public Opinion Research, 6*, 187-203.

Speier, H. (1951). Morale and Propaganda. In D. Lerner (Ed.), *Propaganda in war and crisis* (pp. 3-25). New York: George W. Stewart.

Speier, H. (1980). The rise of public opinion. In H. Lasswell, D. Lerner, & H. Speier (Eds.), *Propaganda and communication in world history* (Vol. 2, pp. 147-167). Honolulu: University Press of Hawaii.

Stevenson, H. N. C. (n.d.). *The economics of the central Chin tribes*. Bombay: The Times of India Press.

Stimson, J. A. (1991). *Public opinion in America: Moods, cycles, and swings*. Boulder, CO: Westview Press.

Swain, C. M. (1993). Black majority district a bad idea. *New York Times*, p. A23.

Szczepanski, J. (1959). Introduction: Études polonaises de sociologie et d'opinion publiques [Introduction: Polish studies of sociology and public opinion]. *Sondages: Revue Françasise de l'Opinion Publique*, No. 1, pp. 7-11.

Tannenbaum, P, Greenberg, B. S., & Sivemian, F. J. (1962). Candidate images. In S. Kraus (Ed.), *The great debates: Background-perspective-effects* (pp. 271-288). Bloomington: Indiana University Press.

Thomas, W. I., & Znaniecki, E. (1958). *The Polish peasant in Europe and America*. New York: Dover Publications.

Thurstone, L. L. (1928). Attitudes can be measured. *American Journal of Sociology, 33*, pp. 539-554.

Tichenor, P. J., Donohue, G. A., & Olien, C. N. (1970). Mass media flow and differential growth in knowledge. *Public Opinion Quarterly, 34*, pp. 159-170.

Times Mirror Center for the People and the Press. (1995, October 16). *Technology in the American household: Americans going online ... explosive growth, uncertain destinations*. Washington, DC: Times Mirror.

Trager, J. (1992). *The people's chronology*. New York: Henry Holt and Company.

Traugott, M. W (1995). The use of focus groups to supplement campaign coverage. In P. J. Lavrakas, M. W Traugott, & P V Miller (Eds.), *Presidential polls and the new media* (pp. 51-66). Boulder, CO: Westview Press.

Tripothi, R. (1942). *History of ancient India*. Delhi: Motilal Banarsidass.

Uleman, J. S., & Bargh, J. A. (eds.) (1989). *Unintended thought*. New York: Guilford.

Wanta, W., & Hu, Y.-W. (1994). Time-lag differences in the agenda-setting process: An examination of five news media. *International Journal of Public Opinion Research, 6*, 225-240.

Weber, M. (1961). Types of Rationality. In T. Parsons, E. Shils, K. D. Naegle, & J. R. Pitts (Eds.), *Theories of society* (Vols. I and II, pp. 1063-1065). New York: The Free Press.

Weber, M. (1968). *Economy and society*. New York: Bedminister Press.

Weimann, G. (1991). The influentials: Back to the concepts opinion leaders? *Public Opinion Quarterly, 55*, 267-279.

Weimann, G., & Brosius, H.-B. (1994). Is there a two-step flow of agenda setting? *International Journal of Public Opinion Research, 6*, 323-341.

Wiebe, G. D. (1951). Merchandizing commodities and citizenship on television. *Public Opinion Quarterly, 15*(4), 679-691.

Wiebe, G. D. (1952). Responses to the televised Kefauver hearings: Some social psychological implication. *Public Opinion Quarterly, 16*(2), 179-200.

Wiebe, G. D. (1953). Some implications of separating opinions from attitudes. *Public Opinion Quarterly, 17*, pp. 328-352.

Will, G. (1995, October 21). Why should voters demand secrecy? The Times (Trenton), p. A17.

Willnat, L. (1996). Mass media and political outspokeness in Hong Kong: Linking the third-person effect and the spiral of silence. *International Journal of Public Opinion Research, 8*, 187-212.

Wolfinger, R. E., & Rosenstone, S. J. (1980). *Who votes?* New Haven, CT: Yale University Press.

Wood, G. S. (1992). *The radicalism of the American revolution*. New York: Knopf.

Young, K. (1954). Comments on the nature of "public" and "public opinion". In D. Katz, S. Eldersveld, & A. M. Lee (Eds.), *Public opinion and propaganda: A book of readings* (pp. 62-69). New York: Dryden Press.

Zajonc, R. B. (1960). The concepts of balance, congruity, and dissonance. *Public Opinion Quarterly*, *24*, 280-296.

Zaller, J. R. (1992). *The nature and origins of mass opinions*. New York: Cambridge University Press.

Zhao, X., Zhu, J.-H., Li, H., & Bleske, G. L. (1994). Media effects under a monopoly: The case of Beijing in economic reform. *International Journal of Public Opinion Research*, *6*, 95-117.

ÍNDICE ONOMÁSTICO

ÍNDICE TEMÁTICO

Impreso en el mes de septiembre de 2000
en HUROPE, S. L.
Lima, 3 bis
08030 Barcelona